DIANLI YINGXIAO FUWU GUANLI

电力营销服务管理

国网宁夏电力有限公司固原供电公司　组编

中国电力出版社
CHINA ELECTRIC POWER PRESS

图书在版编目（CIP）数据

电力营销服务管理 / 国网宁夏电力有限公司固原供电公司组编. —北京：中国电力出版社，2023.12
ISBN 978-7-5198-8259-4

Ⅰ. ①电⋯　Ⅱ. ①国⋯　Ⅲ. ①电力工业–市场营销–营销服务–中国　Ⅳ. ①F426.61

中国国家版本馆 CIP 数据核字（2023）第 207999 号

出版发行：中国电力出版社
地　　址：北京市东城区北京站西街 19 号（邮政编码 100005）
网　　址：http://www.cepp.sgcc.com.cn
责任编辑：雍志娟
责任校对：黄　蓓　常燕昆
装帧设计：郝晓燕
责任印制：石　雷

印　　刷：三河市万龙印装有限公司
版　　次：2023 年 12 月第一版
印　　次：2023 年 12 月北京第一次印刷
开　　本：787 毫米×1092 毫米　16 开本
印　　张：13.5
字　　数：275 千字
印　　数：0001—1000 册
定　　价：98.00 元

编　委　会

主　任　刘晓宏

副主任　侯春生

委　员　陈锋锐　王金泉　逯偲宏　赵荣幸
　　　　陈一平

编　写　组

组　长　王　卓　汪映隆

编写人员　黄　宁　姬文平　杜炳帅　赵一凡
　　　　张　亮　李付军　宋颖奇　陈海燕
　　　　赵宝华　周玉军　范伟健　杨金伟
　　　　于兴龙

前　　言

公司在实际发展的过程中，电力营销工作是核心体系，只有提高电力营销效率，才能提升供电公司的经济效益，要达到预期的发展目的必须要制定完善的电力营销服务方案，保证可以提高电力营销服务质量。要制定完善的电力营销服务流程，提高服务工作的规范性与标准性，才能增强电力营销效果。

当前国家促进消费侧"双碳"的挑战越来越大，国网公司作为能源输送和转换利用的重要枢纽，需要担负更大责任、更多任务。随着全球能源危机、用能增加以及新能源技术的增加，新能源发电越来越广，并逐步形成新型能源与电力市场，习近平总书记在第七十五届联合国大会上作出碳达峰、碳中和的郑重承诺，强调要构建以新能源为主体的新型电力系统，明确了"双碳"背景下我国能源电力转型发展的方向。清洁低碳，形成清洁主导、电为中心的能源供应和消费体系，生产侧实现多元化、清洁化、低碳化，消费侧实现高效化、减量化、电气化。

目前，在推动能源转型工作中，还存在分布式光伏并网服务规范程度不高、能效市场服务核心竞争力不强等问题，需要聚焦重点问题、重点领域，持续完善工作模式、市场策略。省发改委1161号文件明确"电网投资到用户红线"，外线工程建设责任主体由客户转为电网企业，对政企协同联动、业扩配套工程建设等提出更高要求。"让电等发展""外线快于内线"将成为客户的切实期盼和具体诉求，公司业扩和居配工程管理模式亟需创新变革、积极应对，但工作人员在实际政策落实和服务标准执行中各有偏差，客户重复诉求屡有发生，供电线路频繁跳闸，台区低电压、高线损的情况层出不穷，极易给客户造成不良感知。因此，需要人员具备较高的理论基础和技能水平，准确理解国家的电价政策，准确执行、计算电费，进一步加强台区线损精益化管理，全面做好台区技术和管理降损工作，减少"跑冒滴漏"，维护国家、企业和客户利益，营造企业发展的新立足点和效益增长点。目前市场上关于电力营业业务知识书籍较少，加上电力营销政策文件、理论知识更新迭代极快，因此，编写一套能够覆盖电力营销业务基础知识的教材具有很强的现实意义。

作　者

2023 年 12 月

目　录

前言

第一章　优质服务与客户管理 ……………………………………………… 1

　　第一节　供电服务标准 …………………………………………………… 1

　　第二节　供电服务质量事件与服务过错认定 …………………………… 19

　　第三节　95598客户诉求业务管理 ……………………………………… 20

第二章　营销业务质量管理 ………………………………………………… 31

　　第一节　业务扩充 ………………………………………………………… 31

　　第二节　变更用电 ………………………………………………………… 40

　　第三节　供用电合同 ……………………………………………………… 56

第三章　电费电价管理 ……………………………………………………… 62

　　第一节　居民生活用电 …………………………………………………… 62

　　第二节　农业生产用电 …………………………………………………… 65

　　第三节　工商业用电 ……………………………………………………… 67

第四章　台区线损管理 ……………………………………………………… 72

　　第一节　台区线损基础知识 ……………………………………………… 72

　　第二节　线损的计算与分析 ……………………………………………… 73

　　第三节　线损异常基本处理方法 ………………………………………… 79

　　第四节　线损治理分析案例 ……………………………………………… 84

第五章　营销现场稽查技术 ………………………………………………… 90

　　第一节　营销稽查业务内容概述 ………………………………………… 90

　　第二节　营销稽查的业务内容 …………………………………………… 91

第三节 营销稽查组织机构 …………………………………………… 92

第四节 营销稽查责任范围 …………………………………………… 95

第五节 用电稽查人员职责 …………………………………………… 95

第六节 稽查业务的稽查方式 ………………………………………… 95

第七节 营销现场稽查结果的应用 ………………………………… 100

第六章 营销新型业务服务 …………………………………………… 109

第一节 充电桩现场施工与验收 …………………………………… 109

第二节 充电桩安装施工流程 ……………………………………… 110

第三节 充电桩的检验验收合格标准 ……………………………… 117

第四节 屋顶分布式光伏建设 ……………………………………… 120

第五节 屋顶分布式光伏安装流程 ………………………………… 126

第六节 分布式光伏并网服务 ……………………………………… 129

第七节 多能服务 …………………………………………………… 197

参考文献 ……………………………………………………………… 206

第一章

优质服务与客户管理

第一节　供电服务标准

一、供电服务"十项承诺"和员工服务"十个不准"

1. 国家电网有限公司供电服务"十项承诺"

第一条　电力供应安全可靠。城市电网平均供电可靠率达到 99.9%,居民客户端平均电压合格率达到 98.5%;农村电网平均供电可靠率达到 99.8%,居民客户端平均电压合格率达到 97.5%;特殊边远地区电网平均供电可靠率和居民客户端平均电压合格率符合国家有关监管要求。

第二条　停电限电及时告知。供电设施计划检修停电,提前通知用户或进行公告。临时检修停电,提前通知重要用户。故障停电,及时发布信息。当电力供应不足,不能保证连续供电时,严格按照政府批准的有序用电方案实施错避峰、停限电。

第三条　快速抢修及时复电。提供 24 小时电力故障报修服务,供电抢修人员到达现场的平均时间一般为:城区范围 45 分钟,农村地区 90 分钟,特殊边远地区 2 小时。到达现场后恢复供电平均时间一般为:城区范围 3 小时,农村地区 4 小时。

第四条　价费政策公开透明。严格执行价格主管部门制定的电价和收费政策,及时在供电营业场所、网上国网 App(微信公众号)、"95598"网站等渠道公开电价、收费标准和服务程序。

第五条　渠道服务丰富便捷。通过供电营业场所、"95598"电话(网站)、网上国网 App(微信公众号)等渠道,提供咨询、办电、交费、报修、节能、电动汽车、新能源并网等服务,实现线上一网通办、线下一站式服务。

第六条　获得电力快捷高效低压非居民客户,以及高压单电源客户、高压双电源客户的业扩报装供电企业各环节合计办理时间分别不超过 6 个、22 个、32 个工作日。居民客户全过程办电时间不超过 5 个工作日。

第七条 电表异常快速响应。受理客户计费电能表校验申请后，5个工作日内出具检测结果。客户提出电表数据异常后，5个工作日内核实并答复。

第八条 电费服务温馨便利。通过短信、线上渠道信息推送等方式，告知客户电费发生及余额变化情况，提醒客户及时交费；通过邮箱订阅、线上渠道下载等方式，为客户提供电子发票、电子账单，推进客户电费交纳一次都不跑。

第九条 服务投诉快速处理。"95598"电话（网站）、网上国网App（微信公众号）等渠道受理客户投诉后，24小时内联系客户，5个工作日内答复处理意见。

第十条 保底服务尽职履责。公开公平地向售电主体及其用户提供报装、计量、抄表、结算、维修等各类供电服务，并按约定履行保底供应商义务。

2. 国家电网有限公司员工服务"十个不准"

第一条 不准违规停电、无故拖延检修抢修和延迟送电。

第二条 不准漠视客户合理用电诉求，推诿搪塞怠慢客户。

第三条 不准违反政府部门批准的收费项目和标准向客户收费。

第四条 不准阻塞客户投诉举报渠道。

第五条 不准无故拒绝或拖延客户用电申请、增加办理条件和环节。

第六条 不准营业窗口擅自离岗或做与工作无关的事。

第七条 不准为客户工程指定设计、施工、供货单位。

第八条 不准接受客户吃请和收受客户礼品、礼金、有价证券等。

第九条 不准擅自变更客户用电信息、对外泄露客户个人信息及商业秘密。

第十条 不准利用岗位与工作便利侵害客户利益、为个人及亲友谋取不正当利益。

二、供电产品质量标准

1. 安全标准

电力系统应满足《电力系统安全稳定导则》（GB 38755—2019）中规定的安全标准。标称频率为50Hz的电力系统频率偏差限值：电力系统正常运行条件下频率偏差限值为±0.2Hz。当系统容量较小时，偏差限值可以放宽到±0.5Hz。冲击负荷引起的系统频率变化为±0.2Hz，根据冲击负荷性质和大小以及系统的条件也可适当变动限值，但应保证近区电力网、发电机组和用户的安全、稳定运行以及正常供电。

2. 供电电压

在电力系统正常状况下，供电企业供到用户受电端的供电电压允许偏差为：35kV及以上电压供电的，电压正、负偏差的绝对值之和不超过标称电压的10%；20kV及以下三相供电的，为标称电压的±7%；220V单相供电的，为标称电压的+7%，−10%。

在电力系统非正常状况下，用户受电端的电压最大允许偏差不应超过标称电压的±10%。

电网正常运行时，电力系统公共连接点负序电压不平衡度允许值为 2%，短时不应超过 4%。

0.38kV～220kV 各级公用电网电压（相电压）总谐波畸变率是：0.38kV 为 5.0%；6kV～10kV 为 4.0%；35kV～66kV 为 3.0%；110kV～220kV 为 2.0%。

3. 其他

省级电力公司城市电网年平均停电时间不超过 8.76 小时（对应供电可靠率不低于 99.9%）；农村电网年平均停电时间不超过 17.52 小时（对应供电可靠率不低于 99.8%），由省级电力公司根据此目标分解制定所属地市公司和县公司的供电可靠性目标。供电设备计划检修：对 35kV 及以上电压供电的客户，每年停电不应超过一次；对 10kV 供电的客户，每年停电不应超过三次。

在电力供应不足或因电网原因不能保证连续供电的，严格按照政府批准的有序用电方案实施错避峰、停限电。

三、供电服务渠道标准

1. 供电营业厅

（1）服务渠道描述

供电营业厅是供电企业为客户办理用电业务需要而设置的固定或流动的服务场所。本文中仅对固定地点营业厅的设置提出要求。

（2）服务网络布设

供电营业厅的服务网络应覆盖公司的供电区域，其布设应综合考虑所服务的客户类型、客户数量、服务半径，以及当地客户的消费习惯，合理设置。供电营业厅应设置在交通方便、容易辨识的地方。

供电营业厅按 A、B、C 三级设置，其要求如下：

A 级营业厅为地区中心营业厅，设置于地级及以上城市，每个地区范围内最多只能设置 1 个；

B 级营业厅为区县中心营业厅，设置于县级及以上城市，每个区县范围内最多只能设置 1 个；

C 级营业厅或 C 级自助营业厅为区县的非中心营业厅，设置于城市区域、郊区和乡镇，数量可视当地服务需求确定；

各地按照当地行政服务中心要求设立服务窗口的，依据所承办的业务，参照本书中供电营业厅相关内容执行。

（3）服务功能

供电营业厅的服务功能包括：① 业务办理；② 交费；③ 告示；④ 引导；⑤ 洽谈；⑥ 互动体验及展示。

各级供电营业厅应具备的服务功能如下：A 级营业厅：第①～⑥项服务功能；B 级营业厅：第①～⑤项服务功能；C 级营业厅：第①～③项服务功能；C 级自助营业厅提供第①、②项服务功能。

（4）服务方式

供电营业厅的服务方式包括：① 面对面；② 电话；③ 书面留言；④ 传真；⑤ 客户自助。服务方式的要求如下：

各级供电营业厅应具备的服务方式为：A、B 级营业厅：第①～⑤种服务方式；C 级营业厅：第①～③、⑤种服务方式；C 级自助营业厅：第⑤种服务方式。

具备条件的供电营业厅，应提供邮寄、远程在线服务、电子邮件服务等服务方式。

各级供电营业厅要求的营业时间如下：

A、B 级营业厅实行无周休、无午休；C 级营业厅可结合服务半径、营业户数、日均业务量等实际情况灵活执行周休制；C 级自助营业厅及其他各级营业厅的自助服务区域应提供 24 小时服务，不具备安防条件的除外。

除提供 24 小时服务的 C 级自助营业厅外，其他各等级营业厅在法定节假日期间，可根据实际客户服务需求安排营业时间，至少提前 5 个工作日在营业厅、电子渠道公告，并做好交费、线上业务办理等提示，同步向 95598 供电服务热线报备。

（5）服务人员

供电营业厅的服务人员包括：① 营业厅主管；② 营业员（包括但不限于引导、业务受理、收费、线上渠道工单处理等职责）。

服务人应满足如下要求：

供电营业厅的服务人员经岗前培训合格，方能上岗工作。要求 A 级厅的第①、②类服务人员、B 级厅第①类服务人员达到普通话水平测试三级及以上水平；除 C 级自助营业厅外，各级供电营业厅均配备第①、②类服务人员。

（6）服务环境

供电营业厅的功能分区包括：① 综合业务办理区；② 业务待办区；③ 咨询引导区；④ 自助服务区；⑤ 展示体验区；⑥ 客户洽谈服务区。

服务环境的要求如下：

各级供电营业厅应具备的功能分区如下：

A、B 级营业厅：第①～⑥个功能区；

C 级营业厅：第①、②、④个功能区；

C 级自助营业厅：第④个功能区；

C 级营业厅、C 级自助营业厅可依据客流量、业务量和客户需求，灵活设置其他功能区域。

供电营业厅应整洁明亮、布局合理、舒适安全，做到"四净四无"，即"地面净、桌面净、墙面净、门面净；无灰尘、无纸屑、无杂物、无异味"。营业厅门前无垃圾、杂物，不随意张贴印刷品。

（7）服务设施及用品

供电营业厅的服务设施及用品包括：服务环境标识、便民设施、自助服务终端、引导设施、展示体验设施、办公设备用品、安全应急设施等。

服务设施及用品的要求如下：一是各级供电营业厅应根据客户需求、业务需要等配置相应的服务设施及用品；二是各项设施及用品摆放整齐、清洁完好、适时消毒；三是供电营业厅入口处应配有"营业中"或"休息中"标志牌；四是功能区指示牌应醒目，必要时可设有中英文对照标识，少数民族地区应设有汉文和民族文字对应标识；五是服务专用录音电话录音、音视频监控系统信息至少保留三个月。

（8）渠道质量标准

供电营业厅应对外公告营业时间。供电营业厅撤并、迁址、暂停营业应至少提前 30 天对外公告。供电营业厅名称、服务项目、营业时间变动的应提前 7 天公告。

供电营业厅应准确公示服务承诺、服务项目、业务办理流程、95598 供电服务热线、网上国网 App、95598 智能互动网站、服务监督电话、电价、收费项目及标准。

营业人员必须提前做好各项营业准备工作，准点上岗，按照公告时间准时营业。因故必须暂时停办业务时，应列示"暂停服务"标志。临下班时，对于正在处理中的业务应照常办理完毕后方可下班。下班时如厅内仍有等候办理业务的客户，应继续办理。

实行首问负责制、一次性告知和限时办结制。居民客户收费办理时间一般每件不超过 5 分钟，用电业务办理时间一般每件不超过 20 分钟。

客户填写业务登记表时，营业人员应给予热情的指导和帮助，并认真审核；具备条件的地区应提供免填单服务。

客户来办理业务时，应主动接待，并适当进行电子渠道的推广，不得怠慢客户。如前一位客户业务办理时间过长，应礼貌地向下一位客户致歉。

开展营业厅服务设施巡检，如发生故障不能使用，应当天报修处理，摆设"暂停使用"标志牌，并在 10 天内修复。

因业务系统、服务设施出现故障等突发情况影响业务办理时，若短时间内可以恢复，应请客户稍候并致歉；若需较长时间才能恢复，除向客户说明情况并致歉外，应请客户留下联系电话，以便另约服务时间。

2. 95598 供电服务热线

95598 供电服务热线是国家电网有限公司为电力客户提供的 7×24 小时电话服务热线。95598 供电服务热线由国家电网有限公司统一管理。95598 供电服务热线的服务功能包括：信息查询，故障报修、咨询、投诉、举报、意见、建议、表扬和服务申请的受理，停电信息公告，客户信息更新，信息订阅。

（1）服务方式

95598 供电服务热线的服务方式包括：① 客户自助；② 人工服务；③ 短信；④ 电子邮箱；⑤ 智能语音。

服务方式的要求：95598 供电服务热线应 7×24 小时人工受理客户故障报修；对于第①、③、④、⑤种服务方式，95598 供电服务热线应提供 7×24 小时不间断服务。

（2）服务人员

95598 客服专员包括：普通话客服专员、英语客服专员，并应根据客户需求设置民族语言客服专员。

95598 客服专员普通话达到普通话水平测试三级及以上水平（少数民族座席除外），语言表达准确清晰，岗前培训合格。

（3）渠道质量标准

95598 客服专员应在振铃 3 声（12 秒）内接听，一般情况下不得先于客户挂断电话。95598 客服专员接听或外呼电话时应做到专心聆听，适时引导，准确快速判断客户反映的问题，使用恰当语言总结客户诉求，重要内容重复确认，并准确回答客户问题。95598 客服专员对于超出解答能力范围的问题，应与客户确认并详实记录问题，按时限要求派发工单。95598 客服专员对涉及非公司业务诉求应礼貌说明情况，并做好记录；对带有主观恶意的骚扰电话，使用标准话术提示客户后可先行挂断电话并向上级汇报。

3. 电子渠道

（1）服务渠道描述

电子渠道是供电企业通过网络与客户进行交互、提供服务的途径，包括 95598 智能互动网站、网上国网（移动客户端），以及依托第三方平台的微信公众号、微信小程序、支付宝生活号、数字电视媒体等。

服务网络布设：网上国网（移动客户端）、95598 智能互动网站由国家电网有限公司统一规划设计、统一布设，依托第三方平台的微信公众号、微信小程序、支付宝生活号、数字电视媒体等渠道由国网客户服务中心和各省（自治区、直辖市）公司独立布设。

（2）服务功能

电子渠道的服务功能包括：① 业务办理；② 收费；③ 告示；④ 能效服务；⑤ 新能源；⑥ 会员服务。

服务功能要满足以下要求：

各类电子渠道应具备的服务功能如下：网上国网（移动客户端）：第①～⑥项服务功能；95598 智能互动网站：第①～⑥项服务功能；依托第三方平台的微信公众号、微信小程序、支付宝生活号、数字电视媒体等：第①项服务功能中的信息查询功能及②、③、⑥项服务功能。

除站内公告、营业网点查询外，其他功能根据注册、实名认证、绑定用电户号开放相应的功能权限。

电子渠道应提供导航服务，以方便客户使用。

（3）服务方式及人员

电子渠道的服务方式包括：① 客户自助；② 在线人工客服；③ 智能客服机器人；④ 信息推送；⑤ 留言。

服务方式的设置标准满足以下要求：

各类电子渠道应具备的服务方式如下：网上国网（移动客户端）：第①～⑤项服务方式；95598 智能互动网站：第①～③，⑤项服务方式；依托第三方平台的微信公众号、微信小程序、支付宝生活号、数字电视媒体等：第①～④项服务方式。

对于第①、③、⑤种服务方式，电子渠道应提供 7×24 小时不间断服务；网上国网（移动客户端）应 7×24 小时受理故障报修。

（4）渠道质量标准

电子渠道应 24 小时受理客户需求，如需人工确认的，故障报修类需求，电子客服专员在 3 分钟内与客户确认；其他需求在 1 小时内与客户确认；不能立即办结的，通过派发工单至责任单位处理。

电子渠道应公告在线人工客服时段。

网上国网（移动客户端）、95598 智能互动网站应准确公示服务承诺、服务项目、业务办理流程、投诉监督电话、电价、收费项目及标准。

通过电子渠道受理业务时，应提供办理各项业务的说明资料及填写样例。

电子渠道应提供稳定、畅通的服务，因运维升级导致部分或全部功能暂停服务时，应提前公告相关信息。

4. 客户现场

客户现场服务渠道是指供电企业服务人员到客户需求所在地进行服务的一种途径。

（1）服务功能

现场服务的服务功能包括：处理新装、增容及变更用电，故障抢修，电费收取，电能计量装置校验，电能计量装置换装，保供电，服务信息告知，专线客户停电协商，能效公共服务，服务申请处理及服务诉求收集等。

故障抢修应提供 7×24 小时不间断服务。其他服务功能一般在工作时间为客户提供。

（2）服务方式及人员

现场服务方式包括：面对面、电话、短信、书面、微信。

客户现场的服务人员包括：从事业扩报装、营业计量、配电抢修、能效公共服务等服务的人员。客户现场服务人员应经相应的岗前培训合格，方可上岗工作。

（3）服务设施及用品

现场服务的设施及用品包括：① 现场安全设施；② 移动作业终端；③ 电能表现场

检验设备；④ 多媒体记录设备等。

在公共场所工作时，应有安全措施，悬挂施工单位标志、安全标志，并配有礼貌用语；在道路两旁工作时，应在恰当位置摆放醒目的警示牌。

（4）渠道质量标准

到客户现场服务前，应与客户预约时间，讲明工作内容和工作地点，请客户予以配合；现场服务时，应按约定时间准时到达现场，高效服务。

进入客户现场时，应主动出示工作证件，并进行自我介绍。

到客户现场工作时，应携带必备的工具和材料。工具、材料应摆放有序，严禁乱堆乱放。如需借用客户物品，应征得客户同意，用完后应先清洁再轻放回原处，并向客户致谢。

应遵守客户内部有关规章制度，尊重客户的民族习俗和宗教信仰。如在工作中损坏了客户原有设施，应恢复原状或等价赔偿。

现场工作结束后应立即清理，不能遗留废弃物，做到设备、场地整洁。

5. 银行及其他代办机构

银行及其他代办机构服务渠道是指供电企业委托银行、通信运营商及其他机构（以下统称代办机构），代为提供电费收取及相关服务的特定服务途径。应考虑与多家代办机构合作，以对供电企业自有营业厅形成延展补充。

代办机构的服务功能主要包括：电费收取、欠费查询。

各代办机构的营业网点，应严格按照与供电企业签署的协议提供服务。

代办机构的服务方式包括：面对面、客户自助。代办机构营业网点应具有电力企业委托的经营权。代办机构应公布电费收取窗口的营业时间和收费方式。

6. 社区及其他渠道

社区及其他服务渠道是供电企业利用居民社区等服务网络向客户提供服务的一种途径。

各级供电企业应综合考虑供电区域内客户需求、现有服务网络的布设情况以及实际具备的服务能力等因素，合理布设社区及其他服务点。

社区及其他服务点的服务功能包括：咨询，信息公告（停电信息公告、用电常识宣传等），电费催费通知送达，自助交费（可选）等。

社区及其他服务渠道的服务方式包括：面对面、客户自助；设施及用品包括：服务信息公告栏、宣传资料，自助服务终端（可选）。

供电企业应明确到社区服务的时间，并提前向社区居民公告。可在社区设置兼职或专职的社区服务人员，社区服务人员应具备电力行业相关知识。

四、供电服务项目标准

1. 新装、增容、变更用电、分布式电源并网及市政代工服务

根据客户提出的用电需求，统一受理客户的新装、增容、变更用电、分布式电源并网服务、市政代工业务。新装、增容业务包括：低压居民新装（增容）、低压非居民客户新装（增容）、高压客户新装（增容）、小区新装、低压批量新装、装表临时用电、无表临时用电新装等；变更用电包括：改类、减容（减容恢复）、暂停（暂停恢复）、暂换（暂换恢复）、移表、暂拆（复装）、过户、更名、分户、并户、销户、临时用电延期、临时用电终止、迁址、改压。

服务人员包括：营业员、95598 客服专员、电子客服专员、客户经理、现场勘查人员、审图与检验人员、装表接电人员等。

服务渠道包括：供电营业厅、95598 供电服务热线、电子渠道、客户现场。

（1）服务流程

新装、增容流程为：由受理客户申请开始，高压项目经过供电方案答复（含现场勘查）、业务费用收取（双电源及以上客户有此环节）、设计审查（重要客户或有特殊负荷的客户有此环节）、中间检查（重要客户或有特殊负荷的客户有此环节）、竣工检验和装表接电（含外部工程实施、合同签订、采集终端安装）、客户资料归档和回访等流程，服务结束；低压居民和实行"三零"服务（即"零上门""零审批""零投资"）的低压非居民项目经过受理签约、施工接电、客户资料归档和回访等流程，服务结束；未实行"三零"服务的低压非居民项目经过供电方案答复、装表接电、客户资料归档和回访等流程，服务结束。

减容、暂换流程为：由受理客户申请开始，经过现场勘查及方案答复、图纸审核（重要或有特殊负荷的客户有此环节）、中间检查（重要或有特殊负荷的客户有此环节）、竣工检验、变更供用电合同、装表接电（含特抄、设备封停）、客户资料归档和回访等流程，服务结束。

减容恢复、暂换恢复流程为：由受理客户申请开始，经过现场勘查及方案答复、竣工检验、变更供用电合同、装表接电（含特抄、设备启封）、客户资料归档和回访等流程环节，服务结束。

暂停、暂拆流程为：由受理客户申请开始，经过现场勘查、办理停电手续、现场拆表、设备封停、客户资料归档等流程环节，服务结束。

暂停恢复、复装流程为：由受理客户申请开始，经过现场勘查、办理停电手续、现场暂拆恢复、装表接电、设备启封、客户资料归档等流程环节，服务结束。

过户、更名流程为：由受理客户申请开始，经过现场勘查、电费结算、签订供用电合同、客户资料归档等流程环节，服务结束。

销户流程为：由受理客户申请开始，经过现场勘查、拆除采集终端或拆表停电、交纳并结清相关费用、终止合同、客户资料归档等流程环节，服务结束。

改类流程为：由受理客户申请开始，经过现场勘查、签订供用电合同、装表接电、客户资料归档等流程环节，服务结束。

迁址、移表、分户、并户、改压的流程为：由受理客户申请开始，经过现场勘查及方案答复、图纸审核（重要客户或有特殊负荷的客户有此环节）、中间检查（重要客户或有特殊负荷的客户有此环节）、竣工检验、签订供用电合同、装（换）表接电（含采集终端装拆）、客户资料归档和回访等流程环节，服务结束。

临时用电延期流程为：由受理客户申请开始，经过现场勘查、变更供用电合同、客户资料归档及回访等流程环节，服务结束。

临时用电终止流程为：由受理客户申请开始，经过现场勘查、与客户结清有关费用、终止供用电合同、终止供电、客户资料归档等流程环节，服务结束。

分布式电源并网服务流程为：由受理客户申请开始，经过现场勘查、接入系统方案制定与审查、答复接入系统方案、图纸审核、计量装置安装（含采集终端安装）、签订合同、并网验收与调试、客户资料归档和回访等流程环节，服务结束。

市政代工流程为：由受理市政部门申请开始，经过现场勘查及方案答复、受电工程图纸审核（重要客户或有特殊负荷的客户有此环节）、中间检查（重要客户或有特殊负荷的客户有此环节）、竣工检验、装表接电、资料归档等流程环节结束服务。

（2）项目质量标准

根据国家有关法律法规，本着平等、自愿、诚实信用的原则，以合同形式明确供电企业与客户双方的权利和义务，明确产权责任分界点，维护双方的合法权益。书中所涉时限以国家或公司最新要求为准。

严格执行政府部门批准的收费项目和标准，严禁利用各种方式和手段变相扩大收费范围或提高收费标准。

业务受理期限：低压居民新装（增容）、低压非居民客户新装（增容）、高压客户新装（增容）1个工作日。

供电方案答复期限：未实行"三零"服务的低压非居民客户，不超过3个工作日；高压单电源客户不超过10个工作日，高压双电源客户不超过18个工作日。

设计审查期限：高压客户不超过3个工作日。

向高压客户提交拟签订的供用电合同文本（包括电费结算协议、调度协议、并网协议）期限：重要或有特殊负荷的客户自受电工程设计文件和有关资料审核通过后，不超过7个工作日；重要或有特殊负荷以外的客户，自供电方案确认后，不超过7个工作日；对于存在产权分界点变更的用户，在客户资料归档前完成《合同事项变更确认书》。

中间检查期限：不超过2个工作日。

竣工检验和装表接电期限：低压客户不超过 2 个工作日；高压客户不超过 6 个工作日；对于有特殊要求的客户，按照与客户约定的时间装表接电。

全过程办电最长时间：低压居民客户不超过 3 个工作日；实行投资界面延伸的，单电源高压客户不超过 60 个工作日，双电源高压客户不超过 80 个工作日；实行"三零"服务的低压非居民客户，不超过 20 个工作日。

用户办理暂拆或复装手续后，供电企业应在 5 个工作日内执行暂拆或复装接电。

居民用户更名、过户业务在正式受理且费用结清后，5 个工作日内办理完毕。暂停、临时性减容（无工程的）业务在正式受理后，5 个工作日内办理完毕。

对基本电价计费方式变更、居民峰谷变更的改类业务，自受理之日起，不需换表的 2 个工作日内办理完毕，需换表的 5 个工作日内办理完毕；对调整需量用电的改类业务，自受理之日起，2 个工作日内办理完毕。

分布式电源项目接入系统方案时限：受理接入申请后，10kV 及以下电压等级接入、且单个并网点总装机容量不超过 6MW 的分布式光伏单点并网项目不超过 20 个工作日，光伏多点并网项目不超过 30 个工作日，非光伏分布式电源项目不超过 40 个工作日；受理接入申请后，35kV 电压等级接入、年自发自用电量大于 50% 的分布式电源项目不超过 60 个工作日；受理接入申请后，10kV 电压等级接入且单个并网点总装机容量超过 6MW、年自发自用电量大于 50% 的分布式电源项目不超过 60 个工作日。

分布式电源项目，在受理设计审查申请后，10 个工作日内答复审查意见。

分布式电源项目，在受理并网验收及并网调试申请后，380（220）V 电压等级接入电网的，5 个工作日内完成关口计量和发电量计量装置安装、签订合同；10kV 及以上电压等级接入电网的，5 个工作日内完成关口计量和发电量计量装置安装、签订合同及《并网调度协议》。

接入电网的分布式电源项目，在电能计量装置安装、合同和协议签署完毕后，5 个工作日内组织并网验收及并网调试。

不准无故拒绝或拖延客户用电申请、增加办理条件和环节。对客户用电申请资料的缺件情况，受电工程设计文件的审核意见、中间检查和竣工检验的整改意见，均应以书面形式一次性完整告知，由双方签字确认并存档。

严禁供电企业直接、间接或者变相指定用户受电工程的设计、施工和设备材料供应单位，限制或者排斥其他单位的公平竞争，侵犯用户自由选择权。

回访时应了解客户在办电过程中对供电服务工作的评价及满意程度。高压新装、增容业务在业务受理环节和装表接电后归档后 7 个工作日内分别开展回访；减容、暂停、分布式电源项目新装、低压新装、低压增容业务，在业务办理环节归档后 7 个工作日内集中开展一次回访。

2. 故障抢修服务

受理客户对供电企业产权范围内的供电设施故障报修后，到达现场进行故障处理、恢复供电的服务。

服务人员包括：95598 客服专员、电子客服专员、营业员、配电抢修人员。

服务渠道包括：供电营业厅、95598 供电服务热线、电子渠道、客户现场。

服务流程为：由受理客户故障报修开始，经过接单派工、故障处理、抢修结果回访、资料归档等流程环节，服务结束。

项目质量标准：一是供电抢修处理人员到达现场的时间一般为：城区范围 45 分钟；农村地区 90 分钟；特殊边远地区 2 小时。若因特殊恶劣天气或交通堵塞等客观因素无法按规定时限到达现场的，供电抢修处理人员应在规定时限内与客户联系、说明情况并预约到达现场时间，经客户同意后按预约时间到达现场。二是电网故障导致客户停电时，在故障点明确后 20 分钟内发布故障停电信息。客户查询故障抢修情况时，应告知客户当前抢修进度或抢修结果。三是供电抢修处理人员到达现场后恢复供电平均时间一般为：城区范围 3 小时，农村地区 4 小时。

3. 咨询服务

为客户提供电价电费、停送电信息、供电服务信息、用电业务、业务收费、客户资料、计量装置、法律法规、服务规范、能效公共服务、电动汽车充换电、用电技术及常识等内容的咨询服务。

服务人员包括：95598 客服专员、营业员、电子客服专员、业务处理人员。

服务渠道包括：95598 供电服务热线、供电营业厅、电子渠道、客户现场、社区及其他渠道。

服务流程为：由受理客户咨询申请开始，经过核实客户信息、处理客户申请、回复客户结果、办结归档等流程环节，服务结束。

受理客户咨询时，对不能当即答复的，应说明原因，并在 5 个工作日内答复客户。

4. 投诉、举报、意见和建议受理服务

受理客户的投诉、举报、意见和建议，按规定向客户回复处理结果。

服务人员包括：95598 客服专员、营业员、电子客服专员、业务处理人员。

服务渠道包括：95598 供电服务热线、供电营业厅、电子渠道、客户现场。

（1）服务流程

投诉：由受理客户投诉开始，经过联系客户，调查处理，应客户要求回复回访，办结归档等流程环节，服务结束。

举报：由受理客户举报开始，经过调查处理，应客户要求回复回访，办结归档等流程环节，服务结束。

意见（建议）：由受理客户建议开始，经过调查研究，回复回访，办结归档等流程环节，服务结束。

（2）服务时限

受理客户投诉后，24 小时内联系客户，4 个工作日内进行工单办结。

受理客户举报、建议、意见业务后，应在 9 个工作日内答复客户。

（3）其他

处理客户投诉应以事实为依据，以法律为准绳，以维护客户的合法权益和保护国有财产不受侵犯为原则。

建立投诉、举报、意见回访闭环管控机制。除客户明确提出不需回访及匿名外，均应开展回访工作，坚持"谁受理、谁回访"的原则，不得多级回访。

严格保密制度，尊重客户意愿，满足客户匿名需求，为投诉举报人做好保密工作。

不准阻塞客户投诉举报渠道，不准隐瞒、隐匿、销毁投诉举报情况，不准打击报复投诉举报人。

5. 用电异常服务申请

受理客户的欠费复电登记、电器损坏核损、电能表异常、抄表数据异常、服务平台异常等服务申请，按规定向客户回复处理结果。

服务人员包括：95598 客服专员、营业员、电子客服专员、业务处理人员。

服务渠道包括：95598 供电服务热线、供电营业厅、电子渠道、客户现场、社区及其他渠道。

服务流程为：由受理客户服务申请开始，经过核实处理、回复回访、办结归档等流程环节，服务结束。

受理客户服务申请后：电器损坏核损业务 24 小时内到达现场；电能表异常业务 5 个工作日内处理；抄表数据异常业务 5 个工作日内核实；服务平台异常业务 4 个工作日内核实处理；其他服务申请类业务 6 个工作日内处理完毕。

6. 客户信息更新服务

为客户提供联系方式、业务密码等客户信息更新服务。

服务人员包括：95598 客服专员、营业员、电子客服专员。

服务渠道包括：供电营业厅、95598 供电服务热线、电子渠道、社区及其他渠道、客户现场。

服务流程为：由受理客户信息更新申请开始，经过验证客户身份、客户提供资料、信息更新、资料归档等流程环节，服务结束。

7. 交费服务

供电企业向客户提供电子渠道交费、自助服务终端交费、坐收、代扣、代收交费等多种方式的交费服务。

服务人员包括：营业员、95598 客服专员、电子客服专员等涉及电费和营业费用收取的工作人员。

服务渠道包括：供电营业厅、95598 供电服务热线、电子渠道、银行及其他代办机构、社区及其他渠道。

（1）服务流程

电子渠道交费、自助服务终端或代收交费流程为：由客户通过电子渠道、自助服务终端或代收申请交费开始，经客户交费，营销系统销账，告知客户交费信息，服务结束。

代扣流程为：对于已通过银行柜台、电子渠道等建立户号与付款账号代扣关系的客户，经营销系统结算电费发起代扣、系统批量销账、告知客户扣款信息等，服务结束。

坐收流程为：由供电营业厅受理客户交费申请开始，告知客户电费账户信息、收取电费、向客户开具收费凭证等，服务流程结束。

（2）项目质量标准

客户交费期限、电力营业网点、电费收款账户等信息发生变更时，应至少在变更前 3 个工作日告知客户。

坐收时，收费人员应核对户号、户名、地址等信息，告知客户应交电费金额及收费明细，避免错收，收费后应主动向客户提供收费发票。与客户交接钱物时，应唱收唱付，轻拿轻放，不抛不丢。

由供电企业引起电费差错，应于 7 个工作日内将差错电费退还客户，涉及现金款项退费的应于 10 个工作日内完成。

收费后应实时销账，因供电企业原因未实时销账且产生违约金的，经审批后，应对供电企业原因造成的相应部分违约金金额进行减免。

严格按供用电合同约定执行电费违约金制度，不得随意减免电费违约金，因营销业务应用系统或网络故障等非客户原因造成客户无法按时交纳电费且产生电费违约金的，可经审批同意后实施电费违约金免收。

智能交费客户可用余额低于预警阈值时，供电企业应主动向客户发送预警短信或通过电子渠道提醒客户及时交费。

8. 票据或账单服务

供电企业通过发放、邮寄、邮箱订阅、线上渠道下载等方式向客户提供电费、营业费用的票据或账单的服务。

服务人员包括：涉及票据或账单服务的工作人员。

服务渠道包括：供电营业厅、客户现场、电子渠道。

（1）服务流程

票据或账单发放流程为：由供电营业厅或电子渠道受理客户要求、提供电费票据或账单的申请开始，经过验证客户身份、开具票据或账单给客户，或提供电子化查询下载等流程环节，服务结束。

票据或账单寄送流程为：由供电营业厅受理客户寄送票据或账单申请开始，经过验证客户身份、办理票据或账单寄送给客户等流程环节，服务结束。

（2）项目质量标准

普通电子发票，应通过电子渠道推送客户，客户电费结清后可选择自助打印。

增值税专用发票，在未实现电子化前，与客户约定后应提前打印，以备客户索取或主动邮寄送达客户。

9. 客户欠费停电告知服务

通过电话、邮寄、送单、短信、电子渠道等方式，告知客户欠费停电信息，提醒客户及时交纳电费的服务。

服务人员包括：催费等服务人员。

服务渠道包括：客户现场、95598供电服务热线、电子渠道、社区及其他渠道。

服务流程为：由获知客户欠费信息开始，经过发送欠费停电通知、告知客户欠费停电信息等环节，服务结束。

智能交费、购电制客户测算电费余额不足依合同（协议）采用停电措施的，经预警后实施远程停电，及时续交电费后24小时内恢复供电；后付费客户欠电费需依法采用停电措施的，提前7天送达停电通知，费用结清后24小时内恢复供电。

10. 客户校表服务

受理客户校表的需求，为客户提供电能计量装置检验的服务。

服务人员包括：营业员、95598客服专员、电子客服专员、检测检验人员。

服务渠道包括：供电营业厅、95598供电服务热线、电子渠道、客户现场。

服务流程为：由受理客户的校验申请开始，经过预约上门时间、电能计量装置检验、发放检测结果、检测结果处理等流程环节，服务结束。

受理客户计费电能表校验申请后，应在5个工作日内出具检测结果。

11. 信息公告服务

向客户提供用电政策法规、供电服务承诺、电价、收费标准、用电业务流程、计划停电、新服务项目介绍等信息的服务。

服务人员包括：营业员、95598客服专员、电子客服专员、社区服务员及发布信息的其他人员。

服务渠道包括：供电营业厅、95598供电服务热线、电子渠道、社区及其他渠道。

服务流程为：由收集信息发布内容开始，经过内容审核、发布方式制定、信息公告等流程环节，服务结束。

因供电设施计划检修需要停电的，提前7天通过公共媒体公告停电区域、停电线路、停电时间。

在接到政府部门正式发布的电价、收费标准等政策法规后，应于7天内在营业厅、电子渠道公示。

12. 重要客户停限电告知服务

向重要客户提供计划、临时、事故停限电信息，以及供电可靠性预警的服务。

服务人员包括：停限电计划制定人员、用电检查人员、95598客服专员、电子客服专员及发布信息的其他人员。

服务渠道包括：客户现场、95598供电服务热线、社区及其他渠道。

服务流程为：由供电企业制定停限电计划开始，经过计划、临时、事故停限电及供电可靠性预警信息告知重要客户、进行相关记录、资料存档等流程环节，服务结束。

供电设施计划检修停电时，应提前7天通知重要客户；临时检修需要停电时，应提前24小时通知重要客户。

对专线进行计划停电，应与客户进行协商，并按协商结果执行。

13. 高压客户电能表换装告知服务

向高压客户提供的表计轮换相关信息告知服务。

服务人员包括：装表接电人员。

服务渠道包括：客户现场。

服务流程为：由供电企业制定电能表换装计划开始，经过与客户预约时间、客户现场换装电能表、与客户共同确认电能表指示数等流程环节，服务结束。

高压客户计量装置换装应提前预约，并在约定时间内到达现场。换装后，应请客户核对表计底数并签字确认。

14. 低压客户电能表换装告知服务

向低压客户提供的表计换装相关信息告知服务。

服务人员包括：装表接电人员。

服务渠道包括：客户现场。

服务流程为：由供电企业制定电能表换装计划开始，通知或公告客户换表时间及原因，换装电能表前对装在现场的原电能表进行底度拍照，现场换装电能表，表户复核，底度公告，服务结束。

低压客户电能表批量换装前，应至少提前3天在小区和单元张贴告知书，或在物业公司（居委会、村委会）备案，零散换装、故障换表可提前通知客户后换表；换装电能表前应对装在现场的原电能表进行底度拍照，换表后应请客户核对表计底度并签字确认，拆回的电能表应在表库至少存放1个抄表或电费结算周期。

15. 重大活动保供电服务

针对客户需求，对涉及政治、经济、文化等有重大影响的活动提供保电的服务。

服务人员包括：保供电人员。

服务渠道包括：客户现场。

服务流程为：由供电企业受理客户保供电需求开始，经过制定保供电方案、专项用电检查、指导客户进行整改、保供电设施准备、保供电人员和设施按时到位，直至保电服务结束。

重大活动保供电开始前，应按照"服务、通知、报告、督导"四到位的工作要求，完成保电场所的用电安全专项检查，对发现的隐患缺陷，向保电客户发送书面整改通知，报相关政府主管部门；应督促和指导保电场所落实自备应急电源配置，确保满足重要电力负荷的需要。

应梳理保电用户上级电源相关供电设施、线路，加强巡视值守和隐患排查，细化编制保电方案。

重大活动保供电期间，安排专责人员，指导保电活动方电气设备运维人员做好巡视排查和运行值班工作。

16. 信息订阅服务

以短信、微信、网上国网（移动客户端）等方式，向客户提供电费、停电等信息订阅的服务。

服务人员包括：营业员、95598 客服专员、电子客服专员。

服务渠道包括：供电营业厅、95598 供电服务热线、电子渠道。

（1）服务流程

订阅流程为：由受理客户的订阅申请开始，经过验证客户身份、告知订阅事项、办理订阅、发送确认订阅信息等流程环节，服务结束。

退订流程为：由受理客户的退订申请开始，经过验证客户身份、办理退订、发送确认退订信息等流程环节，服务结束。

（2）质量标准

应至少在交费截至日前 5 天向客户提供订阅的电费信息。

17. 能效公共服务

向客户提供电能基础分析、能效诊断等公共服务。

服务人员包括：营业员、客户经理、用电检查人员、电子客服专员等。

服务渠道包括：供电营业厅、客户现场、电子渠道。

（1）服务流程

电能基础分析服务流程为：由系统自动生成电能能效账单，通过电子渠道推送至客户，服务人员结合日常业务为客户解读电能能效账单，向客户展示相关案例、解决方案等，指导客户合理选择基本电费计收方案、优化峰谷用电方式、调整用电功率因数等，引导其自主开展能效提升服务，服务结束。

能效诊断服务流程为：由系统自动生成能效诊断报告，通过电子渠道推送至客户，结合日常业务为客户解读能效诊断报告，向客户展示相关案例、解决方案等，引导其自主开展能效提升服务，服务结束。

（2）项目质量标准

供电企业应每月通过电子渠道向客户推送一次电能能效账单。

五、供电服务人员标准

1. 基本道德

严格遵守国家法律、法规，诚实守信、恪守承诺。爱岗敬业，乐于奉献，廉洁自律，秉公办事。

真心实意为客户着想，尽量满足客户的合理用电诉求。对客户的咨询等诉求不推诿，不拒绝，不搪塞，及时、耐心、准确地给予解答。用心为客户服务，主动提供更省心、更省时、更省钱的解决方案。

遵守国家的保密原则，尊重客户的保密要求，不擅自变更客户用电信息，不对外泄露客户个人信息及商业秘密。

2. 服务技能

熟悉国家和电力行业相关政策、法律、法规的相关规定，掌握公司优质服务基本要求、沟通技巧、业务知识等。

熟知本岗位的业务知识和相关技能，岗位操作规范、熟练，具有合格的专业技术水平。

严格执行供电服务相关工作规范和质量标准，保质保量完成本职工作，为客户提供专业、高效的供电服务。

主动了解客户用电服务需求，创新服务方式，丰富服务内涵，为客户提供更便捷、更透明、更温馨的服务，持续改善客户体验。

积极宣传推广新型供电服务渠道和服务产品，主动引导客户使用，提升客户获得感和满意度。在服务过程中，应尊重客户意愿，不得强制推广。

3. 服务礼仪

供电服务人员上岗应按规定着装，并佩戴工号牌。保持仪容仪表美观大方，行为举止应做到自然、文雅、端庄。工作期间应保持精神饱满、注意力集中，不做与工作无关的事。

为客户提供服务时，应礼貌、谦和、热情。与客户会话时，使用规范化文明用语，提倡使用普通话，态度亲切、诚恳，做到有问必答，尽量少用生僻的电力专业术语，不得使用服务禁语。工作发生差错时，应及时更正并向客户致歉。

当客户的要求与政策、法律、法规及公司制度相悖时，应向客户耐心解释，争取客户理解，做到有理有节。遇有客户提出不合理要求时，应向客户委婉说明。不得与客户发生争吵。

为行动不便的客户提供服务时，应主动给予特别照顾和帮助。对听力不好的客户，应适当提高语音，放慢语速。

第二节　供电服务质量事件与服务过错认定

一、供电服务质量事件认定标准

1. 定义

本书所称供电服务质量事件，是指员工在供电服务过程中，未遵守有关制度标准，给客户或企业造成重大损失，损害公司品牌形象，造成不良影响的事件。

2. 分类

供电服务质量事件根据危害程度和影响范围分为四级：特别重大、重大、较大和一般供电服务质量事件。

（1）1 特别重大供电服务质量事件

国家有关部委（单位）查实属供电部门主观责任，并被国家有关部委（单位）行政处罚的供电服务质量事件；

中央或全国性新闻媒体、主要门户网站等曝光属供电部门主观责任，并产生重大负面影响的供电服务质量事件；

给客户或企业造成 100 万元及以上直接经济损失的供电服务质量事件；

公司认定的其他特别重大供电服务质量事件。

（2）重大供电服务质量事件

省级政府有关部门（单位）查实属供电部门主观责任，并被省级政府有关部门（单位）行政处罚的供电服务质量事件；

省级新闻媒体等曝光属供电部门主观责任，并产生重大负面影响的供电服务质量事件；

给客户或企业造成 50 万元及以上 100 万元以下直接经济损失的供电服务质量事件；

公司认定的其他重大供电服务质量事件。

（3）较大供电服务质量事件

地市级政府有关部门（单位）查实属供电部门主观责任，并被地市级政府有关部门（单位）行政处罚的供电服务质量事件；

省会城市、副省级城市媒体等曝光属供电部门主观责任，并产生较大负面影响的供电服务质量事件；

给客户或企业造成 20 万元及以上 50 万元以下直接经济损失的供电服务质量事件；

省公司级单位认定的其他较大供电服务质量事件。

（4）一般供电服务质量事件

县级政府有关部门（单位）查实属供电部门主观责任，并被县级政府有关部门（单位）

行政处罚的供电服务质量事件；

地市级新闻媒体等曝光属供电部门主观责任，并产生一定负面影响的供电服务质量事件；

给客户或企业造成 10 万元及以上 20 万元以下直接经济损失的供电服务质量事件；

公司认定的其他一般供电服务质量事件。

二、供电服务过错认定标准

1. 定义

本书所称供电服务过错，是指因员工未履行岗位职责或履职不当，造成客户或企业利益受损、引起客户不良感知或给企业形象造成不良影响，但未构成供电服务质量事件的供电服务行为。

2. 分类

供电服务过错根据问题性质和影响程度分为三类：一类过错、二类过错和三类过错。

一类过错：情节严重，给客户或企业造成 5 万元及以上 10 万元以下直接经济损失，或给企业形象造成较大影响的供电服务过错。

二类过错：情节较重，给客户或企业造成 1 万元及以上 5 万元以下直接经济损失，或在一定范围内给企业形象造成不良影响的供电服务过错。

三类过错：情节较轻，给客户或企业造成 1 万元以下直接经济损失，引起客户不良感知或给企业造成轻微不良影响的供电服务过错。

三、认定结果处理

各级供电服务质量事件与服务过错认定工作小组提出认定结果后，对供电服务质量事件，依据公司《员工奖惩规定》提出惩处建议；对供电服务过错，视情节轻重，提出组织处理或经济处罚建议。认定结果与惩处建议，交同级别单位员工奖惩工作办公室，对直接责任人或相关责任人予以惩处。

供电服务责任人涉嫌违反党纪的，按照干部管理权限，交由相应党组织依规依纪处理。相关人员涉嫌职务违法、职务犯罪的，由所在单位纪委报至驻国网公司纪检监察组依法处置；涉嫌其他违法犯罪情节的，移交司法机关处理。

第三节　95598 客户诉求业务管理

一、95598 客户诉求业务概述

95598 客户诉求业务是指通过 95598 电话、95598 网站、在线服务、微信公众号、短信等内部渠道，以及 12398 能源监管热线、国网公司巡视办转办供电服务事件、营销服务舆情等外部渠道受理的各类客户诉求业务。

国网客服中心为客户提供"7×24"小时服务，受理客户诉求时，应落实"首问负责制"，可立即办结的业务直接答复并办结工单；不能立即办结的业务，派发工单至责任单位处理，国网宁夏电力有限公司（以下简称"公司"）各单位处理完毕后将工单反馈至国网客服中心，由国网客服中心回复（回访）客户。

接收到外部渠道转办的客户诉求后，参照 95598 客户诉求业务分类及时录入 95598 业务支持系统。12398 等外部渠道转办的客户诉求由省（市）公司录入；国网公司巡视办转办的客户诉求及营销服务舆情由国网客服中心录入，各单位参照 95598 客户诉求业务流程处理。

95598 客户诉求业务包括投诉、举报（行风问题线索移交）、意见（建议）、故障报修、业务申请、查询咨询。

1. 投诉

国网客服中心受理客户投诉后，20 分钟内派发工单。公司各级单位应在 24 小时内联系客户，4 个工作日内调查、处理，答复客户并审核、反馈处理意见，国网客服中心应在接到回复工单后 1 个工作日内回复（回访）客户。国网营销部对国网客服中心投诉工单派发质量（准确性）进行定期抽检。

2. 举报（行风问题线索移交）、意见（建议）

国网客服中心受理客户举报（行风问题线索移交）、意见（建议）后，20 分钟内派发工单。各级单位应在 9 个工作日内调查、处理，答复客户并审核、反馈处理意见，国网客服中心应在接到回复工单后 1 个工作日内回复（回访）客户。

涉及党风廉政建设方面的行风问题举报，国网客服中心应按时移交驻公司纪检监察组处理。

3. 故障报修

国网客服中心受理客户故障报修后，根据报修客户重要程度、停电影响范围等，按照紧急、一般确定故障报修等级，2 分钟内派发工单。地市、县公司，省电动汽车公司地市分支机构根据紧急程度开展故障抢修工作。生产类紧急非抢修业务按照故障报修流程进行处理。

各级单位提供 24 小时电力故障、充电设施故障抢修服务，抢修到达现场时间、恢复供电时间应满足公司对外承诺要求。国网客服中心应在接到回复工单后 24 小时内回复（回访）客户。

4. 业务申请

国网客服中心受理客户业务申请后，20 分钟内派发工单。各级单位应在规定时限内调查、处理，答复客户并审核、反馈处理意见，国网客服中心应在接到回复工单后 1 个工作日内回复（回访）客户。

5. 查询咨询

国网客服中心受理客户查询咨询（包括信息查询、客户咨询、表扬及线上办电审核）后，不能立即办结的 20 分钟内派发工单（线上办电 5 分钟内完成资料审核）。各级单位应在规定的时限内调查、处理，答复客户并审核、反馈处理意见，国网客服中心应在接到回复工单后 1 个工作日内回复（回访）客户。

二、95598 工单管理

1. 工单填写

国网客服中心受理客户诉求时，应了解客户诉求原因，引导提供客户编号等信息，应用客户历史服务信息、知识库、客户档案等全渠道数据信息，精准解答客户诉求，尊重客户匿名保密要求，准确选择业务分类，完整记录客户姓名、地址、联系方式、回复（回访）要求、业务描述等，做到语句通顺、表达清晰、内容完整。

客户反映多个诉求按照如下要求派发工单：业务类型不同，按照业务类型的最高等级派发；业务类型相同，按照客户主要诉求所属的业务子类派发；对于时效性要求紧急的业务，应分别派发工单；属于不同供电单位的，按供电单位分别派发工单。

处理部门回复工单时，应做到规范、全面、真实，针对故障范围、复电时间、抄表方式等实现点选回单，处理情况保留人工填写。

国网客服中心回复（回访）客户时，应准确、完整记录客户意见。

2. 工单传递

国网客服中心应按照规定的流程及时限要求派发工单，各级单位按照规定的流程和要求传递、处理工单，并跟踪、督办处理进度，将审核确认后的处理意见反馈国网客服中心。

3. 工单合并

除故障报修工单外，其他工单不允许合并。工单流转各环节均可以对工单进行合并，合并时应经过核实，不得随意合并。合并后的工单处理完毕后，需回复（回访）所有工单。国网设备部对故障报修工单合并情况进行不定期抽检和考核。

4. 工单回退

各级单位对派发区域、客户联系方式等信息错误、缺失、业务分类错误的工单，填写退单原因及依据后将工单退回国网客服中心。为保证客户诉求及时传递，国网客服中心应进行业务类型变更、派发区域修改等工单处理操作。

国网客服中心在回复（回访）过程中，对工单填写不规范、回复结果违反政策法规、工单填写内容与回复（回访）结果不一致等，且基层单位未提供有效证明材料或客户对证明材料有异议的，客户要求合理的，填写退单原因及依据后将工单回退至工单提交部门。

国网客服中心与接单单位在工单派发环节对同一张工单退单，取消投诉、意见类工单退单改派，对投诉、意见业务分类存有异议的，不再回退国网客服中心，其他工单不得超过 1 次，若双方有不同意见时，由业务流程下游单位接单。

5. 工单回复（回访）

原则上派发工单应实现百分百回复（回访），如实记录客户意见和满意度评价；表扬、匿名、客户明确要求不需回复（回访）的及外部渠道转办诉求中无联系方式的工单不进行回复（回访）。

原则上每日 12:00 至 14:00 及 21:00 至次日 8:00 期间不得开展客户回复（回访），国网客服中心在回复（回访）客户前应熟悉工单回复内容，不得通过阅读工单"回复内容"的方式回访客户。遇客户不方便时，应按与客户约定时间完成回复（回访）。

由于客户原因导致回复（回访）不成功的，国网客服中心回复（回访）应安排不少于 3 次，每次间隔不小于 2 小时。3 次回访失败应写明原因，并办结工单。

回复（回访）时客户提供新证据或提出新诉求，正常开展原诉求满意度回访，新证据或新诉求应派发新工单，不应回退原工单；当客户对处理结果不认可时，应解释办结。

国网客服中心根据省公司推送的客户办电信息开展业扩回访等工作，高压新装、增容业务在业务受理环节和办理环节归档后 7 个工作日内分别开展回访，减容、暂停、分布式电源项目新装、低压业扩报装业务，在业务办理环节归档后 7 个工作日内开展一次回访。

6. 工单催办

国网客服中心受理客户催办诉求后，10 分钟内派发催办工单，催办工单流程与被催办工单一致。客户再次来电补充相关资料，需详细记录并派发催办工单。除故障报修外，其他业务催办次数原则上不超过 2 次，对于存在服务风险的，按照客户诉求派发催办工单。

客户催办时提出新的诉求，派发相应催办次数原则上不超过 2 次业务类型工单。

客户通过 95598 网站、在线服务等渠道提交的线上办电申请，国网客服中心在该项业务处理时限到期前 2 个工作日内，自动生成催办工单，直接派发至供电所或营业厅。

三、停送电信息报送

停送电信息分为生产类停送电信息和营销类停送电信息。生产类停送电信息包括计划停电、临时停电、故障停电、超电网供电能力停电、其他停电等；营销类停送电信息包括违约停电、窃电停电、欠费停电、有序用电（需求侧响应）、表箱（计）作业停电等。

停送电信息报送管理应遵循"全面完整、真实准确、规范及时、分级负责"的原则。

地市、县公司相关部门按照专业管理职责，开展停送电信息编译工作并报送至国网95598 业务支持系统，各专业对编译、录入的停送电信息准确性负责。

国网客服中心根据客户报修情况，对未及时报送停送电信息的单位，可向地市、县公司派发催报工单，地市、县公司在收到国网客服中心催报工单 10 分钟内，按照要求报送停送电信息。

1. 生产类停送电信息报送管理

报送内容主要包括：供电单位、停电类型、停电区域、停电范围、停送电信息状态、停电计划时间、停电原因、现场送电类型、停送电变更时间、现场送电时间、发布渠道、高危及重要用户、客户清单、设备清单等信息。

报送时限：计划停送电信息应提前 7 天向国网客服中心报送。临时停送电信息应提前 24 小时向国网客服中心报送。

故障停送电信息：配电自动化系统覆盖的设备跳闸停电后，应在 15 分钟内向国网客服中心报送。配电自动化系统未覆盖的设备跳闸停电后，应在抢修人员到达现场确认故障点后，15 分钟内向国网客服中心报送。

超电网供电能力停电信息原则上应提前报送停电范围及停送电时间等信息，无法预判的停电拉路应在执行后 15 分钟内报送停电范围及停送电时间。

其他停送电信息应及时向国网客服中心报送。停送电信息内容发生变化后 10 分钟内应向国网客服中心报送相关信息，并简述原因；若延迟送电，应至少提前 30 分钟向国网客服中心报送延迟送电原因及变更后的预计送电时间。

送电后应在 10 分钟内向国网客服中心报送现场送电时间。

2. 营销类停送电信息报送管理

欠费停复电、窃电、违约用电等需采取停电措施的，地市、县公司营销部门应及时在营销业务应用系统内维护停电标志。

公司按照省级政府电力运行主管部门的指令启动有序用电（需求侧响应）方案，提前 1 天向有关用户发送有序用电（需求侧响应）指令。同时，以公司为单位将有序用电（需求侧响应）执行计划（包括执行的时间、地区、调控负荷等）报送国网客服中心。有序用电（需求侧响应）类停送电信息应包含客户名称、客户编号、用电地址、供电电源、计划错避峰时段、错避峰负荷等信息。

表箱（计）作业停电，地市、县公司营销部门应提前 24 小时报送停送电信息，报送内容应包含停电区域、停电范围、停电计划时间、停电原因、现场停送电时间、设备清单、客户清单等信息。

四、重要服务事项报备

1. 定义

重要服务事项是指在供用电过程中，因不可抗力、配合政府工作、系统改造升级等原因，可能给客户用电带来影响的事项，或因客户不合理诉求可能给供电服务工作造成影响的事项。

在供用电过程中，因不可抗力、配合政府工作、系统改造升级、新业务或重点业务推广等原因，给客户用电带来影响的事项，或因客户不合理诉求可能给供电服务工作造成影响的事项，可发起重要服务事项报备。

省、市、县公司按职责范围发起重要服务事项报备申请，根据业务分类，由省公司专业部门或电动汽车公司审核发布。其中，自然灾害类报备由市（县）公司直接发布应用。符合报备范围的，国网客服中心做好客户解释，原则上以咨询办结，不再派发投诉工单。

2. 报备

配合军事机构、司法机关、县级及以上政府机构工作，需要采取停限电或限制接电等措施影响供电服务的事项。包括安全维稳、房屋拆迁、污染治理、产业结构调整、非法生产治理、紧急避险等对电力客户中止供电或限制接电的事项，以及地市级及以上政府批准执行的有序用电（需求响应）等。

因系统升级、改造无法为客户提供正常服务，对供电服务造成较大影响的事项。包括营销业务应用系统、"网上国网"、网上营业厅、充电设施大面积离线、"e充电"App异常等面向客户服务的平台及第三方支付平台。

因地震、泥石流、洪水灾害、龙卷风、山体滑坡、森林火灾，以及经县级及以上气象台、政府机关部门发布的符合应用级别的预警恶劣天气造成较大范围停电、供电营业厅或第三方服务网点等服务中断、无法及时到达服务现场，对供电服务有较大影响的事项（预警恶劣天气类型见附表）。

供电公司确已按相关规定答复处理，但客户诉求仍超出国家有关规定的，对供电服务有较大影响的最终答复事项。包括青苗赔偿（含占地赔偿、线下树苗砍伐）、停电损失、家电赔偿、建筑物（构筑物）损坏引发经济纠纷，或充电过程中发生的车辆及财物赔偿等各类赔偿事件引发的纠纷；因触电、电力施工、电力设施安全隐患等引发的伤残或死亡事件；因醉酒、精神异常、限制民事行为能力的人提出无理要求；因供电公司电力设施（如杆塔、线路、变压器、计量装置、分支箱、充电桩等）的安装位置、安全距离、施工受阻、噪声、计量装置校验结果和电磁辐射引发纠纷，非供电公司产权设备引发纠纷；因员工信贷问题、已进入司法程序或对司法判决结果不认可引发的纠纷问题。

因私人问题引起的经济纠纷、个人恩怨、用户不满处罚结果，可能引起的恶意投诉事项。

3. 报备流程

第（三）类自然灾害报备，由市、县公司直接发布应用，其他报备按照以下流程管理，国网车网技术公司内部的重要服务报备事项参照执行。

（1）发起

区（县）公司范围内的重要服务事项由责任单位在系统中发起，地市范围内的重要服务事项由地市公司供电服务指挥中心发起。

省公司范围内的重要服务事项原则上由省营销服务中心发起、审核、发布。

（2）审核

地市公司供电服务指挥中心负责本市重要服务事项审核，对不符合报备管理规定的，回退至属地单位或部门；对符合管理规定的，提交地市公司专业管理部门审批。

（3）审批

地市公司营销部、运检（设备）部、建设部等专业管理部门负责本市重要服务事项审核，符合管理规定的发布使用；对不符合报备管理规定的，回退至地市公司供电服务指挥中心。

（4）使用

当客户诉求与报备范围（一）到（三）的重要服务事项对应时，按以下标准派单：一是属于投诉场景，符合报备范围与影响投诉子类时，原则上做好客户解释并以查询咨询工单办结。二是涉及频繁停电投诉时，根据掉电记录核减影响时间段内的所有停电，掉电记录查询失败且客户表述不清或报备影响时间不能完整覆盖停电时间时，按报备数量核减。三是不属于投诉场景但符合报备范围的，原则上做好客户解释并以查询咨询工单办结。四是客户诉求超出重要服务事项报备范围，或与影响投诉子类不相符的，按相应业务分类标准派单。

当客户诉求与报备范围（四）的重要服务事项对应时，符合报备范围且与影响投诉子类相符的，做好客户服务解释工作并以查询咨询工单办结，不再派发新工单，其中信贷类问题客户反映人员与报备人员相符的即认定为符合报备范围。超出报备范围或与影响投诉子类不符的，客户反映投诉诉求时，降级派发意见（建议）工单；反映其他诉求时，按相应业务分类标准派单。

当客户诉求与报备范围（五）的重要服务事项对应时，符合报备范围且属于投诉场景的不派发投诉工单，按照客户诉求降级派发意见（建议）工单；不属于投诉场景的，原则上以查询咨询工单办结。超出报备范围的，按相应业务分类标准派单。

对于配合军事机构、司法机关、县级及以上政府机构工作，采取停限电或限制接电等措施影响供电服务的重要服务事项报备，报备的事件发生时间根据军事机构、司法机关、政府支撑材料中工作开展的具体时间确定，无工作开展具体时间的，以支撑材料落款时间为事件发生时间。

对于经县级及以上气象台、县级政府部门发布符合应用级别的预警恶劣天气的紧急重要服务事项报备，由发起单位选择预警中预计恶劣天气开始后 24 小时内的任一时点为应用时限开始时点，按不同预警级别执行应用时限。

国网客服中心对应用报备解释办结的工单，应通过系统传递给市县公司，属地单位应加强分析，形成问题闭环，做好服务风险防控。

（5）下线

针对已结束的报备事项，系统按照截止有效时限自动完成报备下线。

4. 报备内容

重要服务事项报备内容应包括：申请单位、申报区域、事件类型、事件发生时间、影响结束时间、申请人联系方式、上报内容、应对话术及相关支撑附件。客户资料颗粒度应尽量细化，原则上除了报备范围（三）的重要服务事项以外，均需要在影响范围中录入客户明细（客户户名、用户编号、详细地址或联系方式），其中涉及整台区业务的，应通过营销系统推送客户资料。

报备内容中应简述问题处理过程，如起因、事件发展过程、联系客户处理结果等。

报备内容中应包含国网客服中心受理客户诉求时的参考话术，采用一问一答的形式，问答需涵盖报备事项要点，答复用语文明规范。

附件提供的相关支撑材料应包括重要服务事项的相关证明文件或照片。

报备的起止时间必须准确，配合政府停限电以文件通知期限为准，最终答复事项应结合实际确定，但最长均不超过 6 个月，其余重要服务事项时间跨度原则上不应超过 3 个月，超过需再次报备。重要服务事项报备起止时间原则上应精确至小时。

五、供电服务知识管理

供电服务知识是为支撑供电服务、充电服务及电 e 宝服务，规范、高效解决客户诉求，从有关法律法规、政策文件、业务标准、技术规范中归纳、提炼形成的服务信息集成，以及为提升 95598 供电服务人员的业务和技能水平所需的支撑材料。

供电服务知识管理应遵循"统一管理、分级负责、及时更新、持续改善"的原则，主要内容包括：知识采集发布、知识下线、分析与完善。

1. 知识采集发布

（1）知识采集发起

根据知识来源不同，由省级营销服务中心作为主体发起知识报送工作，工作要求按照知识采集发起单位的要求办理。

省公司，地市、县公司范围知识原则上由公司营销部组织省营销服务中心和地市公司在知识库系统内及时发起"知识采集"流程。

（2）知识编辑、审核

公司在接到或发起知识采集任务后4个工作日内在知识库系统中完成知识编辑、审核工作。紧急或特殊知识采集按照知识采集发起单位要求办理。

知识采集应根据知识类型与适用范围选择对应的知识采集模板，将知识信息源按知识编辑模板的规范要求，编辑整理并转化为客户服务所需的知识。

（3）知识规范性审核及发布

国网客服中心在收到上报的知识后1个工作日内完成知识规范性审核及发布，对规范性不符合要求的，将知识采集工单回退再次采集。知识采集工单规范性审核时发现内容存在以下问题的，应将工单回退至提交部门重新编辑：

知识内容与有关法律法规、政策文件、业务标准、技术规范相冲突。知识内容、格式不符合知识采集报送规范和要求。知识内容表述不清晰、知识内容与知识采集需求不对应、相关知识之间表述不一致。

2. 知识下线

当知识不适用时，经专业管理部门审核后，由知识采集单位及时发起知识下线流程，1个工作日内完成知识下线流程。

六、95598 特殊客户管理

1. 定义

特殊客户是指因存在骚扰来电、疑似套取信息、恶意诉求、不合理诉求、窃电或违约用电、拖欠电费等行为记录而被列入差异服务范畴的客户。

2. 分类及应用

特殊客户分为以下六类：

（1）骚扰来电客户

分类定义：屡次致电95598无故谩骂或骚扰客服专员的客户。

认定标准：同一电话号码累计发生2次及以上骚扰来电的情况，经国网客服中心客服部审核通过立即生效，24小时后自动恢复。

服务策略：限制该号码人工服务请求 24 小时。生效期间，该号码致电时系统提示忙音。

（2）疑似套取信息客户

分类定义：频繁致电 95598 查询咨询不同用户用电信息或基础档案信息的客户。

认定标准：30 天内累计同一电话查询咨询涉及不同客户编号、地址、户名等客户用电信息或基础档案信息≥5 户（公共服务设施用电信息批量查询咨询除外），经国网客服中心审核通过立即生效，30 天后自动恢复。

服务策略：限制该号码人工服务请求 30 天。生效期间，该号码致电时系统语音提示：尊敬的客户您好！由于您曾经查询咨询多位客户信息，依据《中华人民共和国民法典》第一百一十一条规定，自然人的个人信息受法律保护。任何组织或个人需要获取他人个人信息的，应当依法取得并确保信息安全，不得非法收集、使用、加工、传输他人个人信息，不得非法买卖、提供或者公开他人个人信息。

（3）恶意诉求客户

分类定义：为达个人目的，隐瞒身份或捏造事实，向 95598 反映问题的客户。

认定标准：已审批通过重要服务事项报备（五）范畴的客户，生效之日起 90 天后自动恢复。

服务策略：针对恶意诉求客户，来电反映投诉诉求时，派发意见（建议）工单；反映其他诉求时，按相应业务分类标准派单。

（4）不合理诉求客户

分类定义：供电公司已按相关规定处理并答复，但提出超出国家有关规定诉求的客户。

认定标准：已审批通过重要服务事项报备（四）范畴的客户，生效之日起 180 天后自动恢复。

服务策略：针对不合理诉求客户，再次来电反映同一诉求时，以查询咨询工单办结。再次来电反映其他投诉诉求时，派发意见（建议）工单；反映其他诉求时，按相应业务分类标准派单。

（5）窃电或违约用电客户

分类定义：存在非法占用电能、危害供用电安全或扰乱正常供用电秩序行为的客户。

认定标准：365 天内营销系统中存在过窃电或违约用电记录的客户，生效之日起 365 天后自动恢复。

服务策略：针对窃电或违约用电客户，来电反映投诉诉求时，派发意见（建议）工单；反映其他诉求时，按相应业务分类标准派单。

（6）拖欠电费客户

分类定义：屡次发生逾期交费或不交费行为的客户。

认定标准：180 天内执行过两次及以上欠费停电操作或有过两次及以上违约金记录的情况，生效之日起 180 天后自动恢复。

服务策略：针对拖欠电费客户，来电反映投诉诉求时，派发意见（建议）工单；反映其他诉求时，按相应业务分类标准派单。

3. 其他

存在骚扰来电、疑似套取信息、恶意诉求、不合理诉求、窃电或违约用电、拖欠电费等行为记录的客户，可列入特殊客户范畴。

省级营销服务中心，地市、县公司均可按照认定标准报送特殊客户信息。

国网客服中心对特殊客户开展差异服务。

回访环节，符合特殊客户应用范围的相关工单不进行回复（回访）。

第二章

营销业务质量管理

第一节 业务扩充

本节主要介绍业务扩充的定义、内容以及历年来业务扩充相关政策解读，对高压新装（增容）、低压非居民新装（增容）、低压居民新装（增容）业务服务质量要求进行讲解，对各类业务表单进行了规范，本节共分为五个部分。

一、业务扩充的定义

业务扩充（即业扩或业扩报装），是电力企业营业工作中的习惯用语，即为受理新装和增容客户用电申请，依据客户用电的需求并结合供电网络的状况制定安全、经济、合理的供电方案。确定供电工程投资，组织供电工程的设计与实施，组织协调并检查用电客户内部工程的设计与实施，签订供用电合同，装表接电等环节办理各种必需的登记手续和一些业务手续。业务扩充是客户申请用电到实际用电全过程中供电部门业务流程的总称，是供电企业电力供应和销售的受理环节，是电力营销工作的开始。

二、业务扩充的主要内容

1. 业务扩充的主要内容

（1）受理客户新装、增容和增设电源的用电业务申请。

（2）根据客户和电网的情况进行现场查勘，制订供电方案。

（3）组织因业务扩充引起的供电设施新建、扩建工程的设计、施工、验收、启动。

（4）对客户内部受电工程进行设计审查、中间检查和竣工验收。

（5）签订供用电合同。

（6）装表接电。

（7）整理汇集有关资料、建档立户。

2. 新装用电

新装用电指要求用电的申请者就所需用电容量，申请与供电企业建立永久的供用电关系。

3. 增加用电

增加用电容量指原有用户由于原协议约定的用电容量或注册容量不能满足用电需要，申请在原约定用电容量的基础上增加新的用电容量。

三、业务扩充政策解读

《国家电网公司关于简化业扩手续提高办电效率深化为民服务的工作意见》（国家电网营销〔2014〕1049号）

（1）简化手续、优化流程，实行一次性告知，最大限度减少客户申报资料；精简优化流程，串行改并行，协同运作、一口对外。统一所有流程环节完成时限和质量要求，并纳入系统进行管控。

（2）统一业务办理告知书，履行一次性告知义务，维护客户对业务办理以及设计、施工、设备采购的知情权和自主选择权。拓展办电服务渠道，精简申请资料，优化审验时序，推广应用档案电子化、现场申请免填单，杜绝业务系统外流转，减少客户临柜次数，最大程度便捷客户办电申请。

（3）开通95598网站、电话、手机客户端等业务办理渠道，推广应用自助服务终端，推行客户资料电子化管理，逐步取消纸质业务单的流转；开展低压居民客户申请免填单服务，实现同一地区可跨营业厅受理办电申请，为客户提供选择多样、方便快捷、智能互动的服务。对于有特殊需求的客户群体，提供办电预约上门服务。

（4）所有客户申请均实行当日受理，当日录入营销业务应用系统；在受理申请后：低压居民客户次日（法定节假日顺延）完成现场勘查并答复供电方案；对于具备营配贯通条件的，在受理申请时同步答复供电方案。

《国家电网公司关于印发进一步精简业扩手续提高办电效率的工作意见的通知》（国家电网营销〔2015〕70号）

文件出台原因是由于公司当前面临电力改革、分布式电源迅速发展的新形势，市场开拓和优质服务压力越来越大，迫切需要进一步解放思想，转变观念，创新机制，以客户需求为导向，精简办电程序，确保公司市场竞争优势，因此，在《国家电网营销〔2014〕1049号》文件基础上对业扩手续做了进一步精简。

（1）简化报装资料方面：居民、非居民、高压客户申请资料种类，分别由2种、3种、4种均减少为1种，实行"一证受理"。

（2）优化业扩流程方面：对低压客户，合并现场勘查和装表接电环节，具备直接装表条件的，勘查确定供电方案后当场装表接电；不具备直接装表条件的，现场勘查时答复供电方案，根据与客户约定时间或电网配套工程竣工当日装表接电。对普通高压客户，取消设计审查和中间检查，并简化竣工检验内容。扩大直接开放容量范围，对 10 千伏及以下项目容量直接开放，取消原 315 千伏安免审批容量的限制。

《国网营销部关于印发变更用电及低压居民新装（增容）业务工作规范（试行）的通知》（国家电网营销营业〔2017〕40 号）

（1）该文件主要为落实国家简政放权要求，进一步提升客户办电便捷性，对变更用电及低压居民新装（增容）的业务流程及资料手续进行了优化精简，压缩了流程环节，明确了关键环节业务办理时限，并统筹考虑了线上办理等新要求。

（2）文件要求各单位努力创造条件对变更用电及低压报装业务进行创新，加快移动作业、档案电子化应用推广，全面推行免填单和无纸化报装。

（3）对具备条件的单位，鼓励先行先试，开展电子签名、电子合同等新技术应用，改善客户体验，逐步实现客户最多"只进一次门，只上一次网"，即可办理全部用电手续。

《国家电网公司业扩报装管理规则》〔国网（营销/3）378—2017 号〕

（1）该文件对业扩流程中部分时限进行了优化、压缩，供电方案答复期限：在受理申请后，低压客户在次工作日完成现场勘查并答复供电方案；10 千伏单电源客户不超过 14 个工作日；10 千伏双电源客户不超过 29 个工作日；35 千伏及以上单电源客户不超过 15 个工作日；35 千伏及以上双电源客户不超过 30 个工作日。

（2）时间期限。设计图纸审查期限：自受理之日起，高压客户不超过 5 个工作日。

中间检查期限：自接到客户申请之日起，高压供电客户不超过 3 个工作日。

竣工检验期限：自受理之日起，高压客户不超过 5 个工作日。

业扩配套电网工程建设期限：低压项目、10（20）千伏项目，自供电方案答复之日起有效建设周期（不含政府审批程序、施工受阻等电网企业不可控因素消耗时间）最长不超过 10 个、60 个工作日，对于电网接入受限改造项目，有效建设周期分别不长于 10 个、120 个工作日。

装表接电期限：

（1）对于无配套电网工程的低压居民客户，在正式受理用电申请后，2 个工作日内完成装表接电工作；对于有配套电网工程的低压居民客户，在工程完工当日装表接电。

（2）对于无配套电网工程的低压非居民客户，在正式受理用电申请后，3 个工作日内完成装表接电工作；对于有配套电网工程的低压非居民客户，在工程完工当日装表接电。

（3）对于高压客户，在竣工验收合格，签订供用电合同，并办结相关手续后，5 个工作日内完成送电工作。

（4）对于有特殊要求的客户，按照与客户约定的时间装表接电。

《国家电网公司关于印发报装接电专项治理行动优化营商环境工作方案的通知》（国家电网办〔2018〕150 号）

三压减：

（1）压减流程环节。全面取消普通客户设计审查和中间检查，合并现场勘查与供电方案答复环节、外部工程施工与竣工检验环节、合同签订与装表接电环节。高压客户压减为"申请受理、供电方案答复、外部工程实施、装表接电"4 个环节；低压客户压减为"申请受理、外部工程实施、装表接电"3 个环节，具备直接装表条件的，取消"外部工程实施"环节。

（2）压减接电时间。修订办电服务指南，指导客户确定内部配电设施容量、选址、布局，并办理规划许可等政府审批程序，待手续齐备后正式提交用电申请。深化营配调贯通融合，统一电网容量开放标准，公开电网资源信息，提高供电方案编审效率。统一设计审查和竣工检验标准，实行跨专业联合审查、一次性告知，10kV、400V 非居民客户平均接电时间压减至 80 天和 30 天。

（3）压减客户办电成本。编制电力工程典型造价咨询手册，通过营业窗口等渠道，公布客户工程典型接线方式、设备配置方案和工程造价水平，由客户自行查询，通过市场化机制降低客户工程造价。修订行业标准和技术导则，适当提高低压接入容量标准，客户平均接电成本明显下降。

《国家发展改革委国家能源局关于全面提升"获得电力"服务水平持续优化用电营商环境的意见》（发改能源规〔2020〕1479 号）

（1）全面推广低压小微企业用电报装零上门、零审批、零投资"三零"服务。

（2）高压用户用电报装省力、省时、省钱"三省"服务。

四、高压新装（增容）业务服务质量

1. 业务办理流程 ［10（20）千伏高压普通用户］

业务受理 → 供电方案答复 → 竣工检验 → 装表接电

2. 业务办理要求

（1）业务受理

告知客户按照表 2-1-1《高压客户申请所需资料清单》要求提供申请资料。

表 2-1-1　　　　　　　　　　　高压客户申请所需资料清单

业务环节	资料名称	资料说明	备注
业务受理	1. 用电人有效身份证明材料	以自然人名义办理以下材料提供其一： ① 居民身份证原件或临时身份证原件； ② 户口本原件； ③ 军官证或士兵证原件； ④ 台胞证原件； ⑤ 港澳通行证原件； ⑥ 外国护照原件； ⑦ 外国永久居留证（绿卡）原件； ⑧ 其他有效身份证明文书原件等	以自然人名义办理时必备
		法人代表身份证； 以法人或其他组织名义办理以下材料提供其一： 统一社会信用代码证（副本）原件等。如无法提供原件、提供复印件时企事业单位应加盖公章	已提供加载统一社会信用代码的营业执照的，不再要求提供组织机构代码和税务登记证明
		经办人办理时还需提供： ① 授权委托书原件或单位介绍信原件（自然人名义办理时不提供）； ② 经办人有效身份证明原件（包括身份证、军人证、护照、户口簿或公安机关户籍证明等）	
	2. 用电地址权属证明材料	以下材料提供其一： ① 房屋产权所有证原件（或购房合同原件）、土地使用证原件； ② 租赁协议原件（还需同时提供房主房屋产权证明复印件、土地使用证复印件（加盖公章））； ③ 含有明确房屋产权判词且发生法律效力的法院法律文书（判决书、裁定书、调解书、执行书等）； ④ 若属农村用房等无房产证或土地证的，须由所在镇（街道、乡）及以上政府或房管、城建、国土管理部门根据所辖权限开具产权合法证明。 如无法提供原件、提供复印件时企事业单位应加盖公章	对于暂时无法提供用电地址权属证明的，客户签署《承诺书》后实行一证受理
		① 私人自建房：提供用电地址产权权属证明资料； ② 基建施工项目：土地开发证明、规划开发证明或用地批准等； ③ 市政建设：工程中标通知书、施工合同或政府有关证明； ④ 农田水利：由所在镇（街道、乡）及以上政府或房管、城建、国土管理部门根据所辖权限开具产权合法证明	申请临时用电左边所列四项之一
	其他需提供信息	开户行名称、银行账号等信息	开具增值税发票的提供
		重要用户等级申报表和重要负荷清单	需列入重要电力用户提供
		涉及国家优待电价的，应提供政府有权部门核发的意见	享受国家优待电价提供

业务受理后，在 1 个工作日内录入营销系统，并通知客户经理与客户预约现场服务时间。

告知客户了解业务办理进度的方式：直接联系客户经理、通过网上国网 App 查看。

（2）供电方案答复

1）按照与客户约定的时间上门勘查用电现场供电条件，初步确定供电方案。在经济技术比较和与客户充分协商的基础上，在承诺时间内向客户答复供电方案。

办理时限：自受理客户用电申请之日起，单电源 10 个工作日（双电源客户 20 个工作日）内。

2）供电方案有效期自客户签收之日起一年内有效。如有特殊情况，需延长供电方案有效期，请客户在有效期到期前十天提出申请，视情况为客户办理供电方案延期手续。

3）如果客户为两路及以上电源供电的，将依据宁发改价格〔2019〕122 号文件向客户收取高可靠性供电费。并在装表接电前交清相关费用。

（3）竣工检验

根据国家有关规定，产权分界点是双方运行维护管理以及安全责任范围的分界点。产权分界点以下部分（用户侧）由客户负责施工，产权分界点以上部分（电源侧）由公司负责施工，产权分界点为与客户签订的《供用电合同》中的约定。

1）请客户在收到供电方案后，自主选择具有相应资质的设计单位（可通过网上国网 App 中的查询–受电工程市场信息查询，或通过中华人民共和国住房和城乡建设部网站 http://www.mohurd.gov.cn 查询具备相应资质的设计单位），根据供电方案答复单开展内部受电工程设计。对于重要或特殊负荷客户在设计完成并提交受电工程设计文件和有关资料后，在 3 个工作日内完成审核。

2）请客户自主选择具有相应资质的施工单位开展受电工程施工（可通过中国电力信息公开网 http://www.mohurd.gov.cn 查询具备相应资质的施工、试验单位）。对于重要或特殊负荷客户，在电缆管沟、接地网等隐蔽工程覆盖前，应提出中间检查申请，在 2 个工作日内完成中间检查。

3）客户的受电工程竣工并自验收合格后，请客户携带竣工资料到营业窗口办理竣工报验申请，在 3 个工作日内组织进行竣工检验（验收内容见附表）。对竣工检验中发现的问题，请客户按《客户受电工程竣工检验意见单》及时整改，整改完成后重新在线上提交竣工检验申请或到公司办理复验手续，直至检验合格。

4）装表接电

在受电工程检验合格，结清营业费用，并完成《供用电合同》（由公司代理购电的工商业用户还需签订《购售电合同》）及相关协议签订后，在 3 个工作日内为客户装表接电。

3. 低压非居民新装（增容）业务服务质量

（1）业务办理流程

业务受理 ⟶ 装表接电

（2）业务办理要求

1）业务受理

a）告知客户按照表 2–1–2《低压非居民客户申请所需资料清单》要求提供申请资料。

表2-1-2　　　　　　　　　　低压非居民客户申请所需资料清单

业务环节	资料名称	资料说明	备注
业务受理	1. 用电人有效身份证明材料	以自然人名义办理以下材料提供其一： ① 居民身份证原件或临时身份证原件； ② 户口本原件； ③ 军官证或士兵证原件； ④ 台胞证原件； ⑤ 港澳通行证原件； ⑥ 外国护照原件； ⑦ 外国永久居留证（绿卡）原件； ⑧ 其他有效身份证明文书原件等	
		法人代表身份证； 以法人或其他组织名义办理以下材料提供其一： 统一社会信用代码证（副本）原件等。 如无法提供原件、提供复印件时企事业单位应加盖公章	已提供加载统一社会信用代码的营业执照的，不再要求提供组织机构代码和税务登记证明
		经办人办理时还需提供： ① 授权委托书原件或单位介绍信原件（自然人名义办理时不提供）； ② 经办人有效身份证明原件（包括身份证、军人证、护照、户口簿或公安机关户籍证明等）	非企业负责人（法人代表）办理时必备
	2. 用电地址权属证明材料	以下材料提供其一： ① 房屋产权所有证原件（或购房合同原件）、土地使用证原件； ② 租赁协议原件[还需同时提供房主房屋产权证明复印件、土地使用证复印件（加盖公章）]； ③ 含有明确房屋产权判词且发生法律效力的法院法律文书（判决书、裁定书、调解书、执行书等）。 ④ 若属农村用房等无房产证或土地证的，须由所在镇（街道、乡）及以上政府或房管、城建、国土管理部门根据所辖权限开具产权合法证明。 如无法提供原件、提供复印件时企事业单位应加盖公章	对于暂时无法提供用电地址权属证明的，客户签署《承诺书》后实行一证受理
	其他需提供信息	开户行名称、银行账号等信息	开具增值税发票的提供

b）业务受理后，在1个工作日内录入营销系统，并通知客户经理与客户预约现场服务时间。

c）告知客户了解业务办理进度的方式：直接联系客户经理、通过网上国网App查看。

2）装表接电

a）电能表及以上供电设施（含互感器）全部由公司负责建设，客户受电工程（电能表至用电地址的工程）由客户投资建设。

b）请客户自主购买符合要求的设备、材料，自主选择具有相应资质的施工单位（可通过中国电力信息公开网 http://www.mohurd.gov.cn/查询具备相应资质的施工、试验单位）

进行设计施工。并在外线工程竣工前完成客户受电工程施工。

c）电能表安装完成后，请客户配合签订《供用电合同》。

d）办理时限：全过程办电时间不超过 15 个工作日（从申请到送电全过程）。

3）营销 2.0 系统业务流程

低压非居民新装增容流程

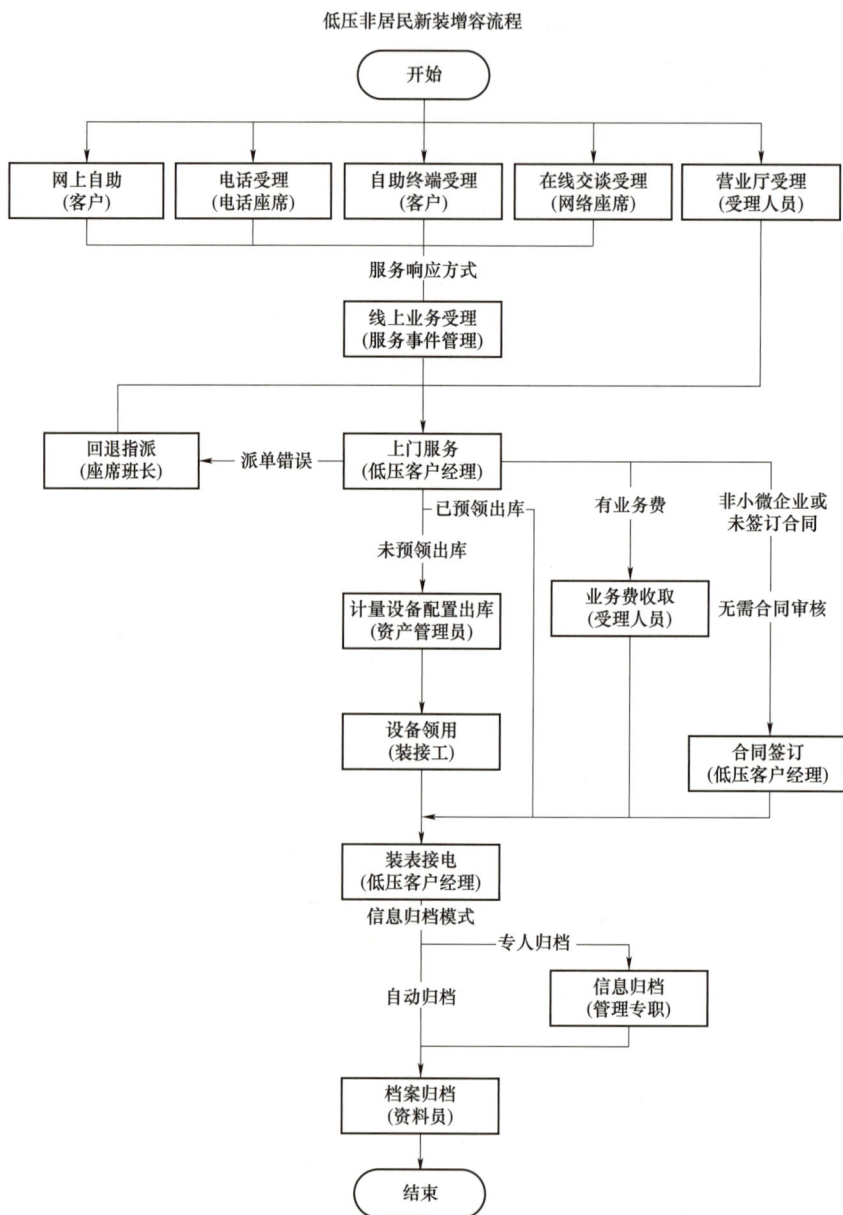

4. 低压居民新装（增容）业务服务质量

（1）业务办理流程

```
┌──────────┐        ┌──────────┐
│  业务受理  │ ─────→ │  装表接电  │
└──────────┘        └──────────┘
```

（2）业务办理要求

1）业务受理

a）告知客户按照表 2-1-3《低压居民客户申请所需资料清单》要求提供申请资料。

表 2-1-3　　　　　　　　　低压居民客户申请所需资料清单

业务环节	资料名称	资料说明	备注
业务受理	1. 用电人有效身份证明材料	户主本人办理时以下材料提供其一： ① 居民身份证原件或临时身份证原件； ② 户口本原件； ③ 军官证或士兵证原件； ④ 台胞证原件； ⑤ 港澳通行证原件； ⑥ 外国护照原件； ⑦ 外国永久居留证（绿卡）原件； ⑧ 其他有效身份证明文书原件等	
		经办人办理时还需提供以下材料之一： 身份证、军人证、护照、户口簿或公安机关户籍证明等	委托代理人办理用电业务时必备
	2. 用电地址权属证明材料	以下材料提供其一： ① 房屋产权所有证原件（或购房合同原件）、土地使用证原件； ② 含有明确房屋产权判词且发生法律效力的法院法律文书（判决书、裁定书、调解书、执行书等）。 ③ 若属农村用房等无房产证或土地证的，须由所在镇（街道、乡）及以上政府或房管、城建、国土管理部门根据所辖权限开具产权合法证明	对于暂时无法提供用电地址权属证明的，客户签署《承诺书》后实行一证受理

b）告知客户了解业务办理进度的方式：直接联系客户经理、通过网上国网 App 查看。

2）装表接电

a）受理客户的报装申请后，立即安排客户经理与客户约定时间上门服务。现场确认客户确有用电需求，并请客户配合确定电能表安装位置。

b）办理时限：全过程办电时间不超过 5 个工作日（从申请到送电全过程）。

3）营销 2.0 系统业务流程

低压居民新装增容流程

```
                              ┌─────────┐
                              │  开始   │
                              └────┬────┘
        ┌──────────┬──────────┬───┴──────┬──────────┐
   ┌────┴────┐ ┌───┴────┐ ┌───┴────┐ ┌───┴────┐ ┌───┴────┐
   │ 网上自助 │ │电话受理│ │自助终端 │ │在线交谈 │ │营业厅受理│
   │ (客户)  │ │(电话座席)│ │受理(客户)│ │受理(网络座席)│ │(受理人员)│
   └────┬────┘ └───┬────┘ └───┬────┘ └───┬────┘ └───┬────┘
        └──────────┴──────┬───┴──────────┴──────────┘
                    ┌──────┴──────┐
                    │ 线上业务受理 │
                    │(服务事件管理)│
                    └──────┬──────┘
```

快速响应方式

```
  ┌─────────┐  派单错误  ┌──────────┐
  │ 回退指派 │◄──────────│ 上门服务  │
  │(客服人员)│            │(低压客户经理)│
  └─────────┘            └─────┬────┘
                               │
        未预领出库         已预领出库
            ┌──────────────┐
       ┌────┴─────┐
       │计量设备配置│
       │出库(资产管理员)│
       └────┬─────┘
       ┌────┴─────┐
       │ 设备领用  │
       │ (装接工)  │
       └────┬─────┘
       ┌────┴─────┐
       │ 装表接电  │
       │(低压客户经理)│
       └────┬─────┘
```

信息归档模式

```
          专人归档     自动归档
       ┌──────────┐
       │ 信息归档  │
       │ (资料员)  │
       └────┬─────┘
       ┌────┴─────┐
       │ 档案归档  │
       │ (资料员)  │
       └────┬─────┘
          ┌──┴───┐
          │ 结束 │
          └──────┘
```

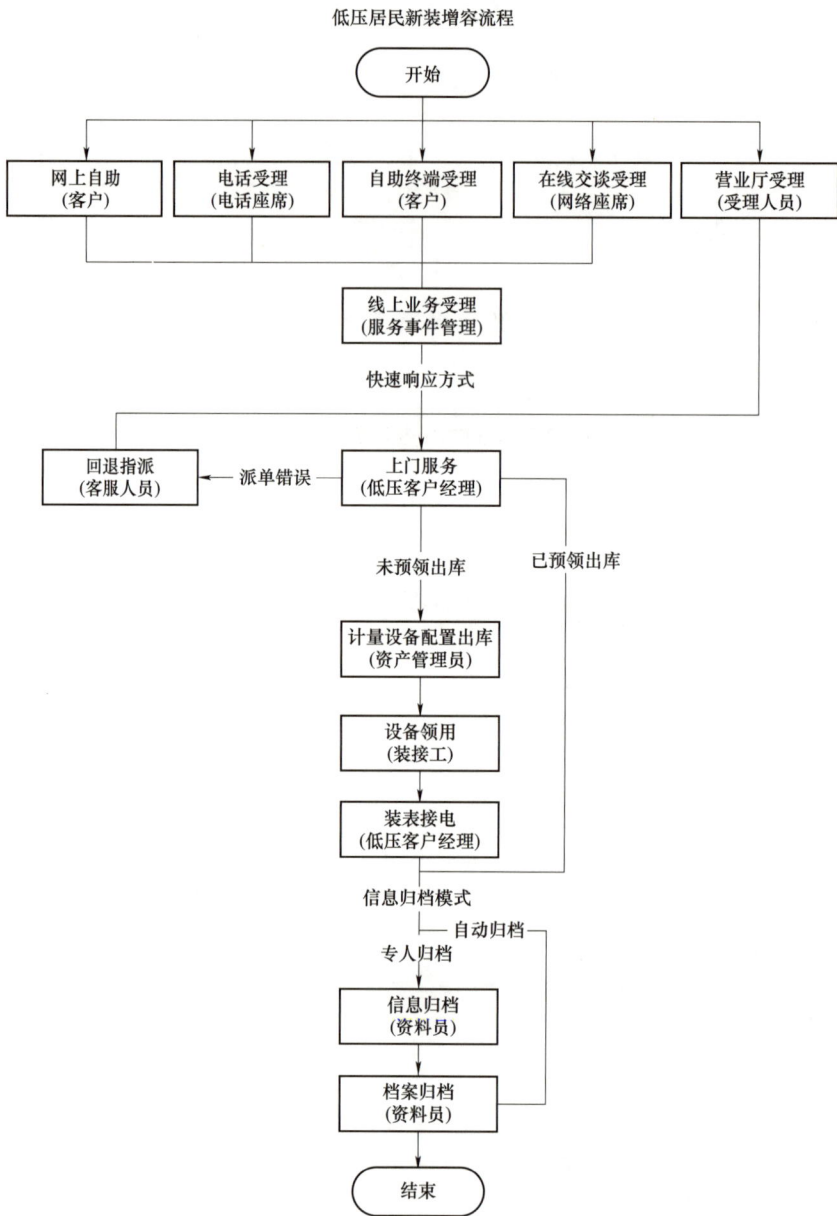

第二节　变　更　用　电

一、变更用电内容概述

1. 变更用电的定义

变更用电是指改变供用双方事先约定的用电事宜的行为。用户的用电需求有时会随时间的推移而发生变化，因此改变用电事宜是不可避免的事情，供电企业应予受理。变更用电须由用户提出申请，按规定办理手续，修改供用电协议或供用电合同的约定。

2. 变更用电的主要内容

减少合同约定的用电容量（简称减容）、暂时停止全部或部分受电设备的用电（简称暂停）、临时更换大容量变压器（简称暂换）、迁移受电装置用电地址（简称迁址）、移动用电计量装置安装位置（简称移表）、暂时停止用电并拆表（简称暂拆）、改变用户的名称（简称更名或过户）、一户分列为两户及以上的用户（简称分户）、两户及以上用户合并为一户（简称并户）、合同到期终止用电（简称销户）、改变供电电压等级（简称改压）、改变用电类别（简称改类）。

二、变更用电服务质量

1. 减容（减容恢复）

（1）业务办理流程

```
┌────────┐    ┌──────────┐    ┌────────┐    ┌────────┐
│ 申请受理 │ →  │ 供电方案答复 │ →  │ 竣工检验 │ →  │ 装表接电 │
└────────┘    └──────────┘    └────────┘    └────────┘
```

（2）业务受理

减容（减容恢复）申请采用营业厅受理和电子渠道受理（简称线下和线上）两种方式。通过线下和线上受理的申请，分别由营业厅受理人员和服务调度人员负责确认资料的有效性和完整性。受理用户申请时，应主动向用户提供用电咨询服务，履行一次性告知义务。

线下受理。受理时业务受理人员应向用户提供业务办理告知书，告知用户需提交的资料清单、业务办理流程等信息，询问用户申请意图，录入系统，打印变更申请单（表单中办理时间等信息由系统自动生成），并由用户签字确认。申请资料不齐全的用户，业务受理人员应通过缺件通知书形式告知用户需提供的缺件内容。

表 2-2-1　　　　　　　减容（减容恢复）流程收取资料清单

业务环节	序号	资料名称	线上		线下	
			类型	是否必备	类型	是否必备
业务受理环节	1	变更用电申请单	电子	是（系统自动）	纸质	是（系统生成、用户确认）
	2	有效身份证明复印件	电子	自然人办理时必备	纸质	自然人办理时必备
	3	用电户主体证明，包括：法人代表有效身份证明（经办人办理时无需提供）、经加盖单位公章的营业执照（或组织机构代码证，宗教活动场所登记证，社会团体法人登记证书，军队、武警出具的办理用电业务的证明）	电子	若系统内存在且在有效期内时非必备	纸质	若系统内存在且在有效期内时非必备
	4	（1）授权委托书（自然人用户不需要提供）（2）经办人有效身份证明	电子	委托代理人办理时必备	纸质	委托代理人办理时必备

线上受理。通过电子渠道业务告知页面,告知用户需提交的资料清单、业务办理流程等信息,用户提报相关资料并写明申请原因。线上受理资料不齐全的,服务调度人员通过电子渠道告知用户应补充的缺件内容。

用户申请减容（减容恢复）应符合下列条件:

1）减容（减容恢复）一般只适用于高压供电用户;

2）用户申请减容（减容恢复）,应提前 5 个工作日办理相关手续;

3）用户提出减少用电容量的期限最短不得少于 6 个月,但同一历日年内暂停满六个月申请办理减容的用户减容期限不受时间限制;

4）用户同一自然人或同一法人主体的其他用电地址不应存在欠费,如有欠费则给予提示。

受理用户减容（减容恢复）,应特别注意以下事项:

1）减容必须是整台或整组变压器的停止或更换小容量变压器用电,根据用户提出的减容日期,将对申请减容的设备进行拆除（或调换）。从拆除（或调换）之日起,减容部分免收基本电费。其减容后的容量达不到实施两部制电价规定容量标准的,应改为相应用电类别单一制电价计费,并执行相应的分类电价标准。

2）减容后执行最大需量计费方式的,合同最大需量按减容后总容量申报,申请减容周期应以抄表结算周期或日历月为基本单位,起止时间应与抄表结算起止时间一致或为整日历月。合同最大需量核定值在下一个抄表结算周期或日历月生效。

3）减容分为永久性减容和非永久性减容。非永久性减容在减容期限内供电企业保留用户减少容量的使用权。

4）减容两年内恢复的,按减容恢复办理;超过两年的按新装或增容手续办理。

（3）现场勘查及方案答复

1）业务受理人员或者服务调度人员与用户预约现场勘查时间,并将流程发至现场工作班组（部门）,同步将预约日期告知用户及客户经理。具备条件的,可由用户自主选择预约服务时间。

2）现场勘查时,应重点核实用户用电性质、负荷特性、用电容量、用电类别等信息,根据国家确定重要负荷等级有关规定,审核减容后用户行业范围和负荷特性是否发生变化,根据用户供电可靠性要求以及中断供电危害程度确定或复核供电方式。结合现场供电条件,确定减少容量、减容后的计量、计费方案,填写现场勘查单或录入移动作业终端,并由用户签字（或电子签名方式）确认。

3）用户现场如存在违约用电、窃电嫌疑等异常情况,勘查人员应做好现场记录,及时报相关责任部门,并暂缓办理该用户用电业务。在违约用电、窃电嫌疑排查处理完毕后,重新启动业务流程。

4）现场工作人员应根据现场勘查结果,拟定供电方案,形成供电方案答复单。营销部门统一答复用户供电方案。线上受理业务可通过电子渠道将供电方案推送给用户确认并反馈。供电方案答复时限：正式受理后，单电源用户 15 个工作日完成，多电源用户 30 个工作日完成。

（4）受电工程竣工检验

1）竣工检验申请采用营业厅受理和电子渠道受理（简称线下和线上）两种方式。通过线下和线上受理的申请，受理人员负责确认资料的有效性和完整性。线上受理的申请，由服务调度人员确认预约申请，并应告知用户检查项目和应配合的工作，以及现场需收集的资料等事项。具备条件的，可由用户自主选择预约服务时间。对于普通用户，实行设计单位资质、施工图纸与竣工资料合并报验。

2）按照与用户预约的时间，组织开展竣工检验。根据国家、行业标准、规程和用户竣工报验资料，对受电工程涉网部分进行全面检验。重点查验内容包括：

a）电源接入方式、受电容量、电气主接线、运行方式、无功补偿、自备电源、计量配置、保护配置等是否符合供电方案；

b）电气设备符合国家的政策法规，是否存在使用国家明令禁止的电气产品；

c）试验项目是否齐全、结论是否合格；

d）计量装置配置和接线是否符合计量规程要求，用电信息采集及负荷控制装置是否配置齐全，是否符合技术规范要求；

e）冲击负荷、非对称负荷及谐波源设备是否采取有效的治理措施；

f）双（多）路电源闭锁装置是否可靠，自备电源管理是否完善、单独接地、投切装置是否符合要求；

g）重要电力用户保安电源容量、切换时间是否满足保安负荷用电需求，非电保安措施及应急预案是否完整有效。

（5）变更供用电合同、换表（特抄）、封停（启封）设备、送电

1）"减容申请"的合同变更，参见《国家电网公司供用电合同管理细则》的有关规定。非永久性减容可不重签供用电合同，以申请单作为原合同附件确认变更事项。

2）供用电合同文本经双方协商一致后确定，由双方法定代表人、企业负责人或授权委托人签订，合同文本应加盖双方的"供用电合同专用章"或公章后生效。可探索利用密码认证、智能卡、手机令牌等先进技术，开展供用电合同网上签约。

3）按照与用户约定的时间，组织装表接电等其他配合人员到现场实施减容操作。

4）装表接电人员完成换表（特抄）工作，并由用户在纸质电能计量装接单或者移动作业终端上签字（电子签名方式）确认表计底度。现场工作人员对用户减容设备进行封停，或对更换的小容量变压器（含不通过变压器的高压电机）进行送电；并由用户在纸质送电单或移动作业终端上签字（电子签名方式）确认。装表接电时限：竣工验收通过，签订合同并交纳相关费用后 5 个工作日内完成；对有特殊要求的用户，按照与用户约定的时间完成。

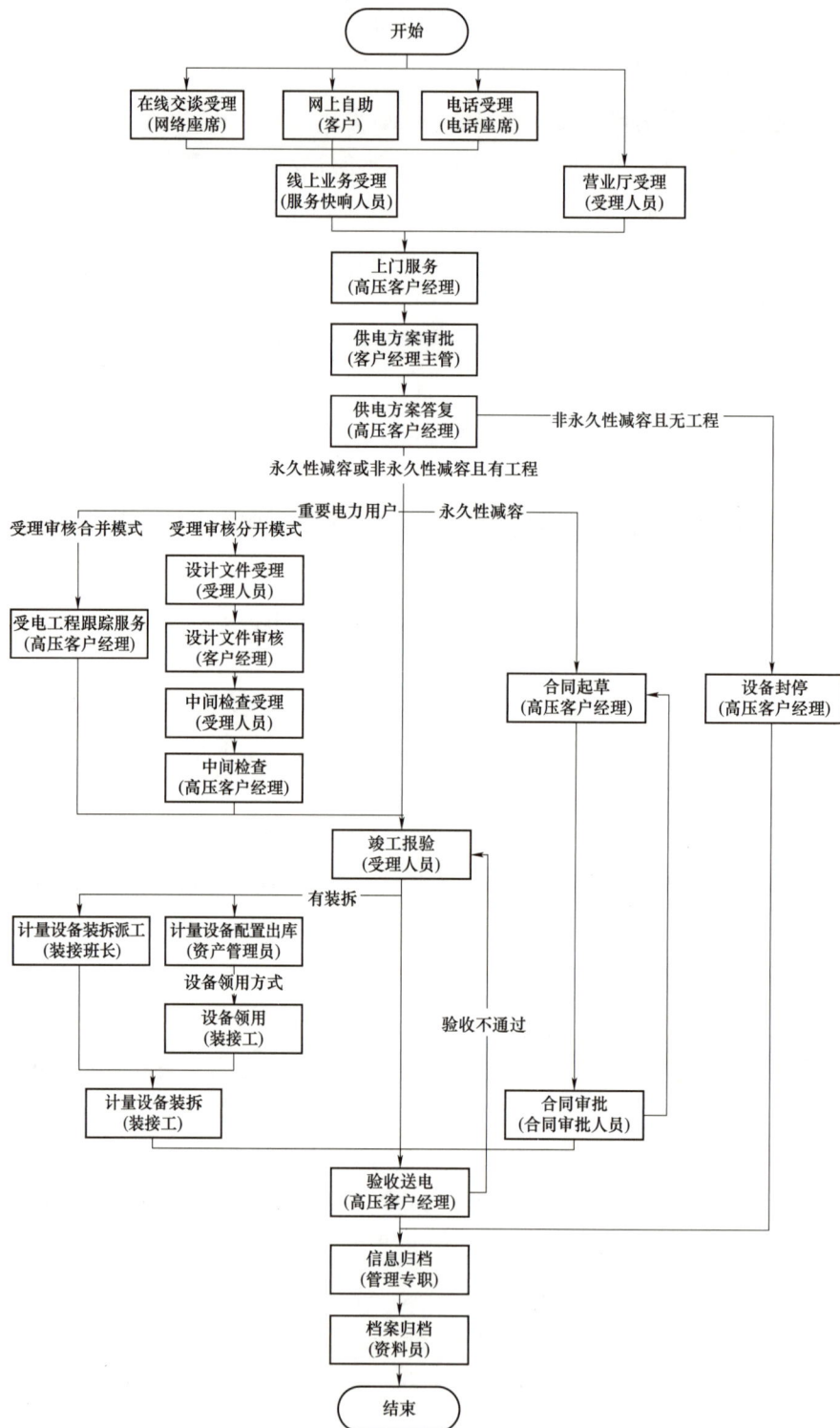

（6）营销 2.0 系统业务流程

1）减容流程

```
                           ┌─────────┐
                           │  开始   │
                           └─────────┘
          ┌───────────────────┼───────────────────┐
          ↓                   ↓                    ↓
   ┌────────────┐      ┌────────────┐      ┌────────────┐
   │ 在线交谈受理 │      │  网上自助   │      │  电话受理   │
   │ (网络座席)  │      │  (客户)    │      │ (电话座席)  │
   └────────────┘      └────────────┘      └────────────┘
                   ┌──────────────┐          ┌──────────────┐
                   │ 线上业务受理  │          │  营业厅受理   │
                   │(服务快响人员) │          │  (受理人员)  │
                   └──────────────┘          └──────────────┘
                           ↓
                   ┌──────────────┐
                   │  上门服务     │
                   │ (高压客户经理) │
                   └──────────────┘
                           ↓
                   ┌──────────────┐
                   │ 供电方案审批   │
                   │(客户经理主管) │
                   └──────────────┘
                           ↓
                   ┌──────────────┐     非永久性减容且无工程
                   │ 供电方案答复   │ ─────────────────────→
                   │ (高压客户经理) │
                   └──────────────┘
           永久性减容或非永久性减容且有工程
```

受理审核合并模式   受理审核分开模式   重要电力用户   永久性减容

┌──────────────┐   ┌──────────────┐
│ 受电工程跟踪服务 │   │ 设计文件受理 │
│ (高压客户经理) │   │ (受理人员) │
└──────────────┘   └──────────────┘
                    ┌──────────────┐
                    │ 设计文件审核 │
                    │ (客户经理)   │
                    └──────────────┘
                    ┌──────────────┐
                    │ 中间检查受理 │
                    │ (受理人员) │
                    └──────────────┘
                    ┌──────────────┐
                    │ 中间检查   │
                    │ (高压客户经理) │
                    └──────────────┘

┌──────────────┐   ┌──────────────┐
│ 合同起草   │   │ 设备封停   │
│ (高压客户经理) │   │ (高压客户经理) │
└──────────────┘   └──────────────┘

┌──────────────┐
│ 竣工报验   │
│ (受理人员) │
└──────────────┘

有装拆

┌──────────────┐   ┌──────────────┐
│ 计量设备装拆派工 │   │ 计量设备配置出库 │
│ (装接班长)   │   │ (资产管理员) │
└──────────────┘   └──────────────┘
              设备领用方式
                    ┌──────────────┐
                    │ 设备领用   │
                    │ (装接工)   │
                    └──────────────┘

┌──────────────┐   验收不通过
│ 计量设备装拆   │
│ (装接工)   │
└──────────────┘
                    ┌──────────────┐
                    │ 合同审批   │
                    │(合同审批人员) │
                    └──────────────┘

┌──────────────┐
│ 验收送电   │
│ (高压客户经理) │
└──────────────┘
        ↓
┌──────────────┐
│ 信息归档   │
│ (管理专职)   │
└──────────────┘
        ↓
┌──────────────┐
│ 档案归档   │
│ (资料员)   │
└──────────────┘
        ↓
  ┌─────────┐
  │ 结束   │
  └─────────┘

2）减容恢复流程

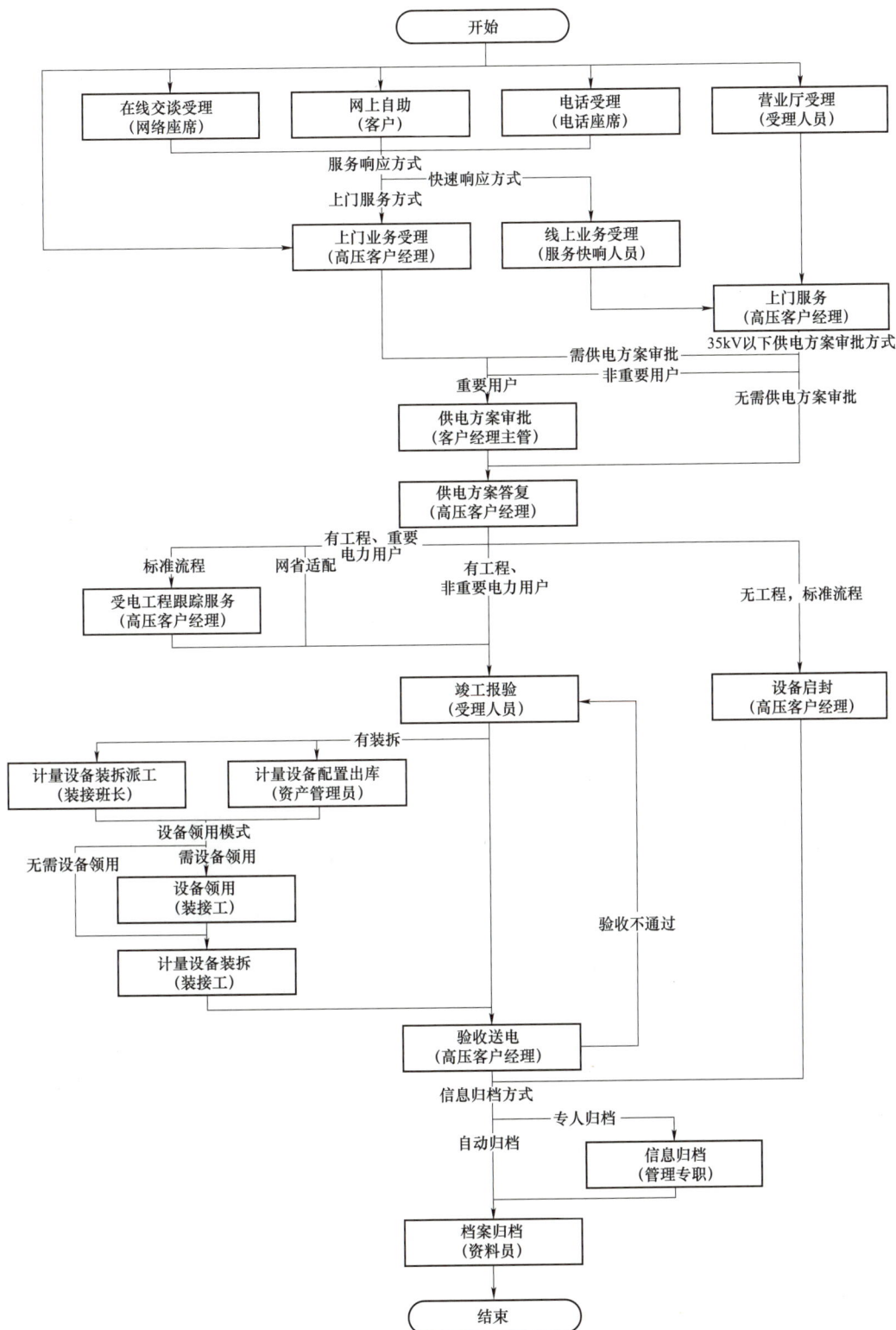

```
                              ┌──────────┐
                              │   开始    │
                              └──────────┘
                                   │
        ┌────────────┬────────────┼────────────┬────────────┐
        ▼            ▼            ▼            ▼
  ┌──────────┐ ┌──────────┐ ┌──────────┐ ┌──────────┐
  │ 在线交谈受理│ │  网上自助  │ │  电话受理  │ │  营业厅受理 │
  │ (网络座席) │ │  (客户)   │ │ (电话座席) │ │ (受理人员) │
  └──────────┘ └──────────┘ └──────────┘ └──────────┘
```

服务响应方式　　快速响应方式
上门服务方式

```
  ┌──────────────┐      ┌──────────────┐
  │  上门业务受理   │      │  线上业务受理   │
  │ (高压客户经理)  │      │ (服务快响人员)  │
  └──────────────┘      └──────────────┘
                              │
                        ┌──────────────┐
                        │   上门服务     │
                        │ (高压客户经理)  │
                        └──────────────┘
```

需供电方案审批　　　　35kV以下供电方案审批方式
重要用户　　非重要用户
无需供电方案审批

```
  ┌──────────────┐
  │  供电方案审批   │
  │ (客户经理主管)  │
  └──────────────┘
        │
  ┌──────────────┐
  │  供电方案答复   │
  │ (高压客户经理)  │
  └──────────────┘
```

有工程、重要电力用户
标准流程　　网省适配　　有工程、非重要电力用户　　无工程，标准流程

```
  ┌──────────────┐                              ┌──────────────┐
  │ 受电工程跟踪服务 │                              │   设备启封     │
  │ (高压客户经理)  │                              │ (高压客户经理)  │
  └──────────────┘                              └──────────────┘
```

```
  ┌──────────────┐
  │   竣工报验     │
  │ (受理人员)    │
  └──────────────┘
```

有装拆

```
  ┌──────────────┐  ┌──────────────┐
  │ 计量设备装拆派工 │  │ 计量设备配置出库 │
  │ (装接班长)    │  │ (资产管理员)   │
  └──────────────┘  └──────────────┘
```

设备领用模式
无需设备领用　　需设备领用

```
  ┌──────────────┐
  │   设备领用     │
  │ (装接工)     │
  └──────────────┘
  ┌──────────────┐
  │  计量设备装拆   │
  │ (装接工)     │
  └──────────────┘
```

验收不通过

```
  ┌──────────────┐
  │   验收送电     │
  │ (高压客户经理)  │
  └──────────────┘
```

信息归档方式
自动归档　　专人归档

```
                        ┌──────────────┐
                        │   信息归档     │
                        │ (管理专职)    │
                        └──────────────┘
  ┌──────────────┐
  │   档案归档     │
  │ (资料员)     │
  └──────────────┘
        │
  ┌──────────┐
  │   结束    │
  └──────────┘
```

2. 暂停（暂停恢复）

（1）业务办理流程

```
┌──────────┐        ┌──────────────────┐
│ 申请受理 │ ──────▶│ 现场封停（启封） │
└──────────┘        └──────────────────┘
```

（2）业务受理

（同减容业务受理流程）

表2-2-2　　　　　　　　暂停（暂停恢复）流程收取资料清单

业务环节	序号	资料名称	线上		线下	
			类型	是否必备	类型	是否必备
业务受理	1	变更用电申请单	电子	是（系统自动）	纸质	是（系统生成、用户确认）
	2	用电户主体证明，包括：法人代表有效身份证明(经办人办理时无需提供)经加盖单位公章的营业执照（或组织机构代码证，宗教活动场所登记证，社会团体法人登记证书，军队、武警出具的办理用电业务的证明）	电子	若系统内存在且在有效期内时非必备	纸质	若系统内存在且在有效期内时非必备
	3	（1）授权委托书（自然人用户不需要提供）（2）经办人有效身份证明	电子	委托代理人办理时必备	纸质	委托代理人办理时必备

受理时应特别注意以下事项：

1）用户申请暂停（暂停恢复）须在5个工作日前提出申请。

2）暂停用电必须是整台或整组变压器停止。

3）申请暂停用电，每次应不少于十五天，每一日历年内暂停时间累计不超过六个月，次数不受限制。暂停时间少于十五天的，则暂停期间基本电费照收。

4）当年内暂停累计期满六个月后，如需继续停用的，可申请减容，减容期限不受限制。

5）自设备加封之日起，暂停部分免收基本电费。如暂停后容量达不到实施两部制电价规定容量标准的，应改为相应用电类别单一制电价计费，并执行相应的电价标准；暂停恢复后容量再次达到实施两部制电价规定容量标准的，应将暂停时执行的单一制电价计费，恢复为原两部制电价计费。

6）减容期满后的用户以及新装、增容用户，二年内申办暂停的，不再收取暂停部分容量百分之五十的基本电费。

7）选择最大需量计费方式的用户暂停后，合同最大需量核定值按照暂停后总容量申报。申请暂停周期应以抄表结算周期或日历月为基本单位，起止时间应与抄表结算起止时间或整日历月一致。合同最大需量核定值在下一个抄表结算周期或日历月生效。

8）暂停期满或每一日历年内累计暂停用电时间超过六个月的用户，不论是否申请恢复用电，供电企业须从期满之日起，恢复其原电价计费方式，并按合同约定的容量计收基本电费。

9）用户同一自然人或同一法人主体的其他用电地址的电费交费情况正常，如有欠费则应给予提示。

（3）现场封停（启封）

1）营业厅受理人员或者服务调度人员与用户预约现场勘查时间，告知需其配合工作以及相关注意事项，并将流程发至现场工作班组（部门），提醒相应人员及时处理。具备条件的，可由用户自主选择预约服务时间。

2）按照与用户约定的时间，组织到现场实施封停操作，并由用户在纸质电能计量装接单或者移动作业终端上签字（电子签名方式）确认表计底度。具备条件的，可通过移动作业终端拍照并上传现场封停情况，作为存档资料。

（4）营销 2.0 系统业务流程

1）暂停流程

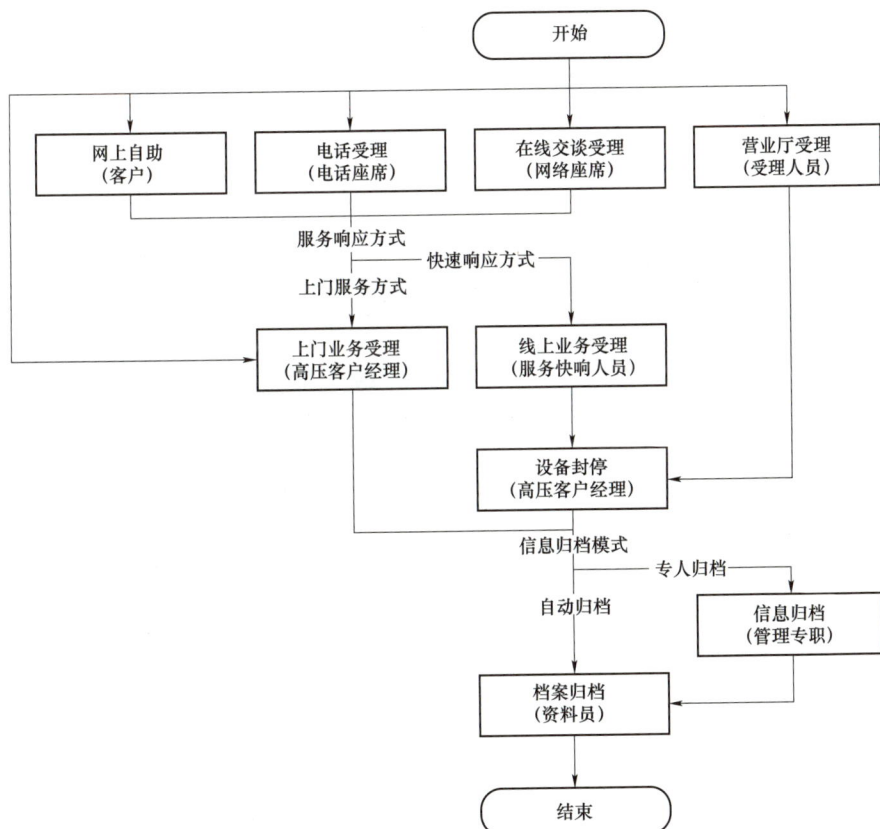

2）暂停恢复

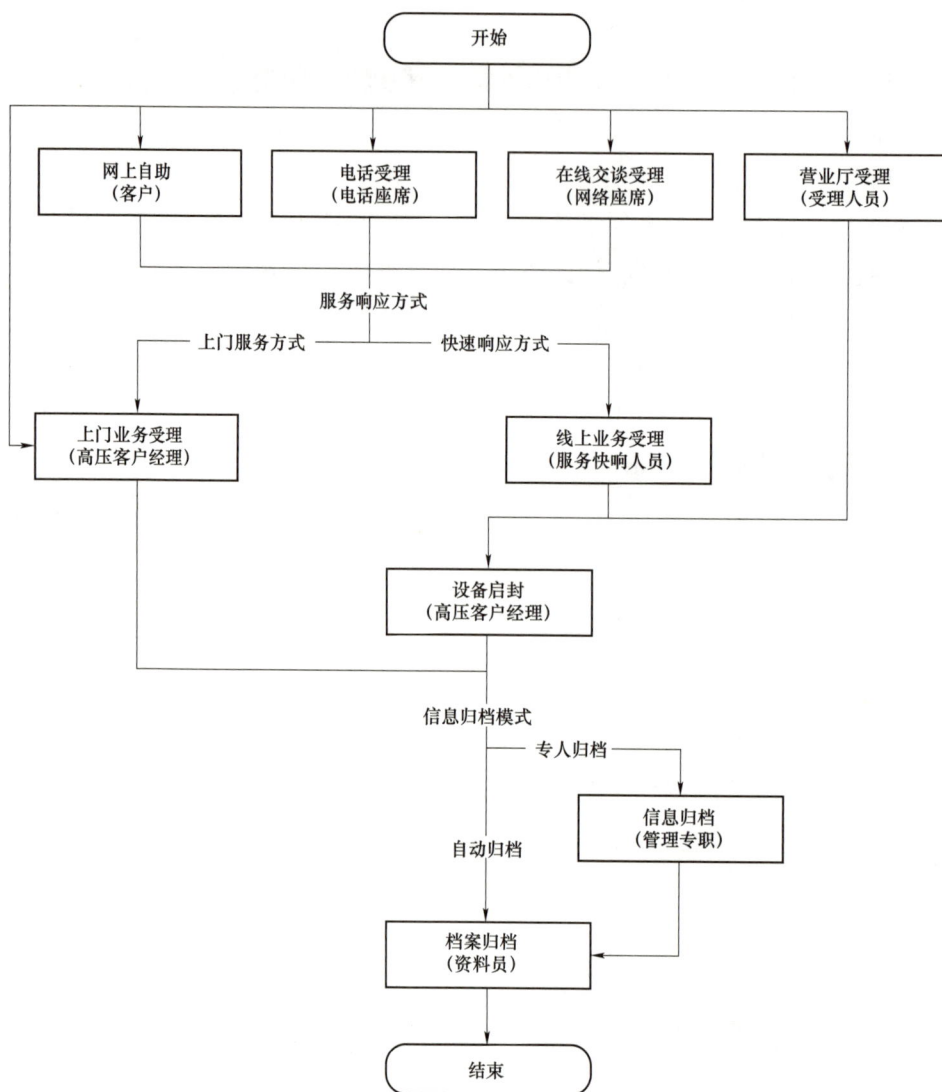

3. 移表

（1）业务办理流程

（2）业务受理

（同减容业务受理流程）

表2-2-3 移表流程收取资料清单

业务环节	序号	资料名称	线上		线下	
			类型	是否必备	类型	是否必备
业务受理环节	1	变更用电申请单	电子	是（低压居民用户系统自动生成）	纸质	是（系统生成、用户确认）
	2	有效身份证明复印件	电子	自然人办理时必备	纸质	自然人办理时必备

受理时应特别注意以下事项：

1）用户移表应提前5个工作日申请；

2）在用电地址、用电容量、用电类别、供电点等不变，仅电能计量装置安装位置变化的情况下，可办理移表手续。

（3）现场勘查

营业厅受理人员或者服务调度人员与用户预约现场移表时间，告知需其配合工作以及相关注意事项，并将流程发至现场工作班组（部门），提醒相应人员及时处理。具备条件的，可由用户自主选择预约服务时间。

根据与用户约定的时间进行现场勘查，确定移表具体实施方案，填写现场勘查单或录入移动作业终端，并由用户签字（或者电子签名方式）确认。现场勘查时限：正式受理后5个工作日内完成；对有特殊要求的用户，按照与用户约定的时间完成。

现场具备直接移表条件的，应采用"一岗制"作业模式，当场完成移表工作。

（4）装表接电

如需变更计量装置，由装表接电人员完成装表接电工作，并由用户在纸质电能计量装接单或者移动作业终端上签字（电子签名方式）确认表计底度。装表接电时限：竣工检验受理后5个工作日内完成；对有特殊要求的用户，按照与用户约定的时间完成。

（5）营销2.0系统业务流程

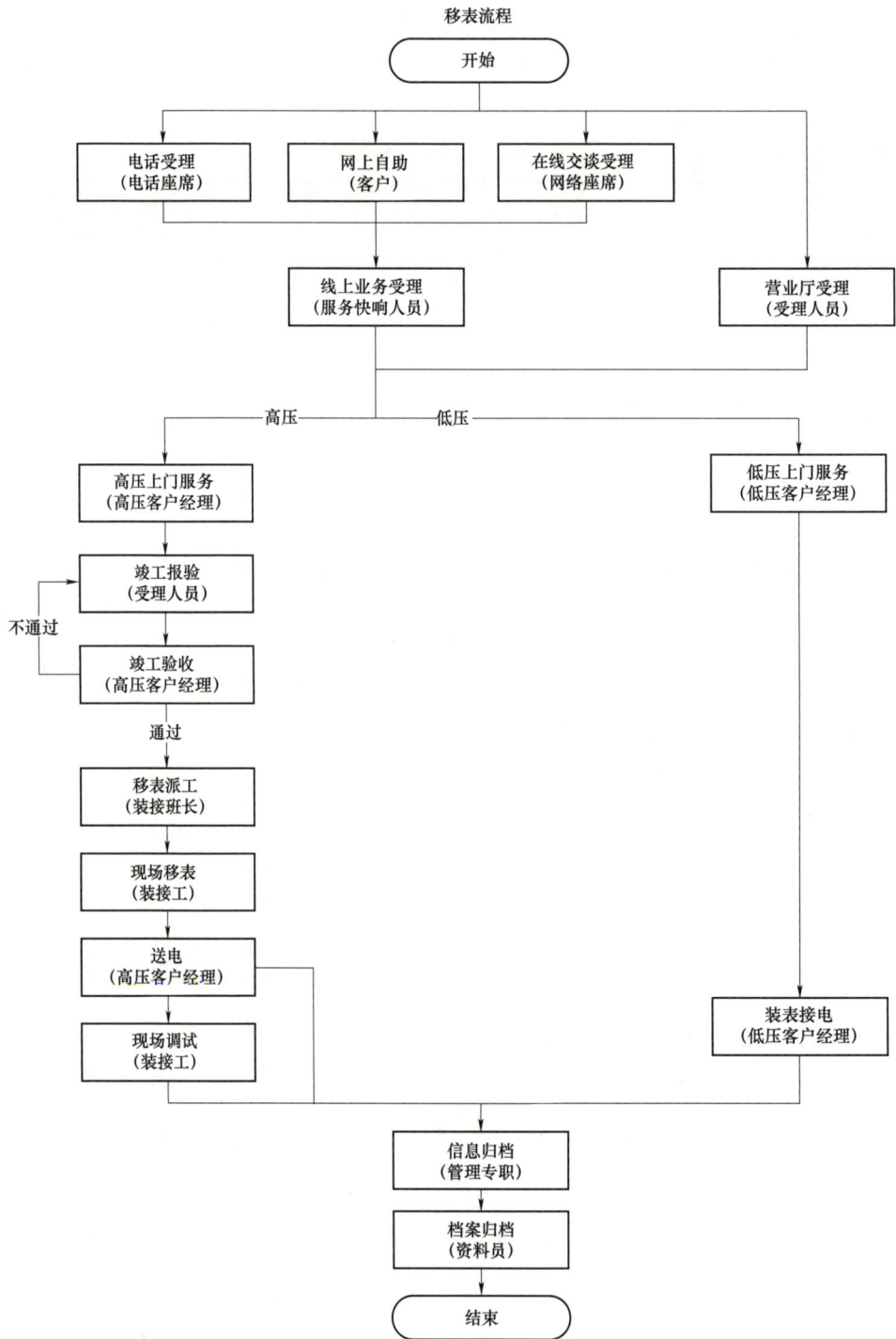

移表流程

```
                          ┌──────────┐
                          │   开始    │
                          └──────────┘
         ┌────────────────────┼────────────────────┐
         │                    │                    │
   ┌──────────┐         ┌──────────┐         ┌──────────┐
   │  电话受理  │         │  网上自助  │         │ 在线交谈受理│
   │ (电话座席) │         │  (客户)   │         │ (网络座席) │
   └──────────┘         └──────────┘         └──────────┘
         │                    │                    │
         └────────────────────┼────────────────────┘
                              │                            │
                    ┌──────────────┐              ┌──────────────┐
                    │  线上业务受理  │              │   营业厅受理   │
                    │ (服务快响人员) │              │  (受理人员)   │
                    └──────────────┘              └──────────────┘
                              │                            │
        ┌──────高压───────────┼──────低压─────────────────────┐
        │                                                    │
  ┌──────────────┐                                   ┌──────────────┐
  │  高压上门服务   │                                   │  低压上门服务   │
  │ (高压客户经理) │                                   │ (低压客户经理) │
  └──────────────┘                                   └──────────────┘
        │                                                    │
  ┌──────────────┐                                           │
  │   竣工报验     │◄────┐                                     │
  │  (受理人员)   │     │                                     │
  └──────────────┘     │不通过                                │
        │              │                                     │
  ┌──────────────┐     │                                     │
  │   竣工验收     │─────┘                                     │
  │ (高压客户经理) │                                           │
  └──────────────┘                                           │
        │ 通过                                                │
  ┌──────────────┐                                           │
  │   移表派工     │                                           │
  │  (装接班长)   │                                           │
  └──────────────┘                                           │
        │                                                    │
  ┌──────────────┐                                           │
  │   现场移表     │                                           │
  │   (装接工)    │                                           │
  └──────────────┘                                           │
        │                                                    │
  ┌──────────────┐                                   ┌──────────────┐
  │    送电       │                                   │   装表接电    │
  │ (高压客户经理) │                                   │ (低压客户经理) │
  └──────────────┘                                   └──────────────┘
        │                                                    │
  ┌──────────────┐                                           │
  │   现场调试     │                                           │
  │   (装接工)    │                                           │
  └──────────────┘                                           │
        └─────────────────────┬──────────────────────────────┘
                    ┌──────────────┐
                    │   信息归档     │
                    │  (管理专职)   │
                    └──────────────┘
                              │
                    ┌──────────────┐
                    │   档案归档     │
                    │   (资料员)    │
                    └──────────────┘
                              │
                       ┌──────────┐
                       │   结束    │
                       └──────────┘
```

4. 暂拆/复装

（1）业务办理流程

```
┌──────────┐     ┌──────────┐     ┌──────────────┐
│  申请受理  │────►│  现场勘查  │────►│ 拆表 (装表接电) │
└──────────┘     └──────────┘     └──────────────┘
```

（2）业务受理

（同减容业务受理流程）

表2-2-4　　　　　　　　　　　暂拆/复装流程收取资料清单

业务环节	序号	资料名称	线上		线下	
			类型	是否必备	类型	是否必备
业务受理环节	1	变更用电申请单	电子	是（低压居民用户系统自动生成）	纸质	是（系统生成、用户确认）
	2	用电户主体证明： （1）自然人：身份证、军人证、护照、户口簿或公安机关户籍证明复印件，身份证复印件姓名需与用电户名一致； （2）法人或其他组织：业务申请表加盖公章，公章需与用电户名一致	电子	若系统内存在且在有效期内时非必备	纸质	若系统内存在且在有效期内时非必备
	3	（1）授权委托书（自然人用户不需要提供） （2）经办人有效身份证明	电子	委托代理人办理时必备	纸质	委托代理人办理时必备

受理"暂拆/复装"业务时应特别注意以下事项：

1）暂拆和复装适用于低压供电用户。

2）用户办理暂拆手续后，供电企业应在五个工作日内执行暂拆；暂拆原因消除，用户办理复装手续后，供电企业应在五个工作日内复装接电。用户申请暂拆时间最长不得超过六个月，超过暂拆规定时间要求复装接电者，按新装手续办理。

3）用户同一自然人或同一法人主体的其他用电地址的电费交费情况正常，如有欠费则应给予提示。

（3）现场勘查

营业厅受理人员或者服务调度人员与用户预约现场勘查时间，告知需其配合工作以及相关注意事项，并将流程发至现场工作班组（部门），提醒相应人员及时处理。具备条件的，可由用户自主选择预约服务时间。

按照与用户约定的时间开展现场勘查，现场核实用户的暂拆/复装申请信息，与用户协商确定计量装拆方案，填写现场勘查单或录入移动作业终端，由用户签字（或者电子签名方式）确认。现场勘查时具备直接拆表/装表接电条件的，应采用"一岗制"作业模式，当场完成拆表/装表接电工作。

（4）拆表/装表接电

现场勘查时不具备直接拆表/装表条件的，装接责任部门（班组）工作人员按约定的现场服务时间完成现场拆表/装表接电工作，并由用户在纸质电能计量装接单或者移动作业终端上签字（电子签名方式）确认表计底度。

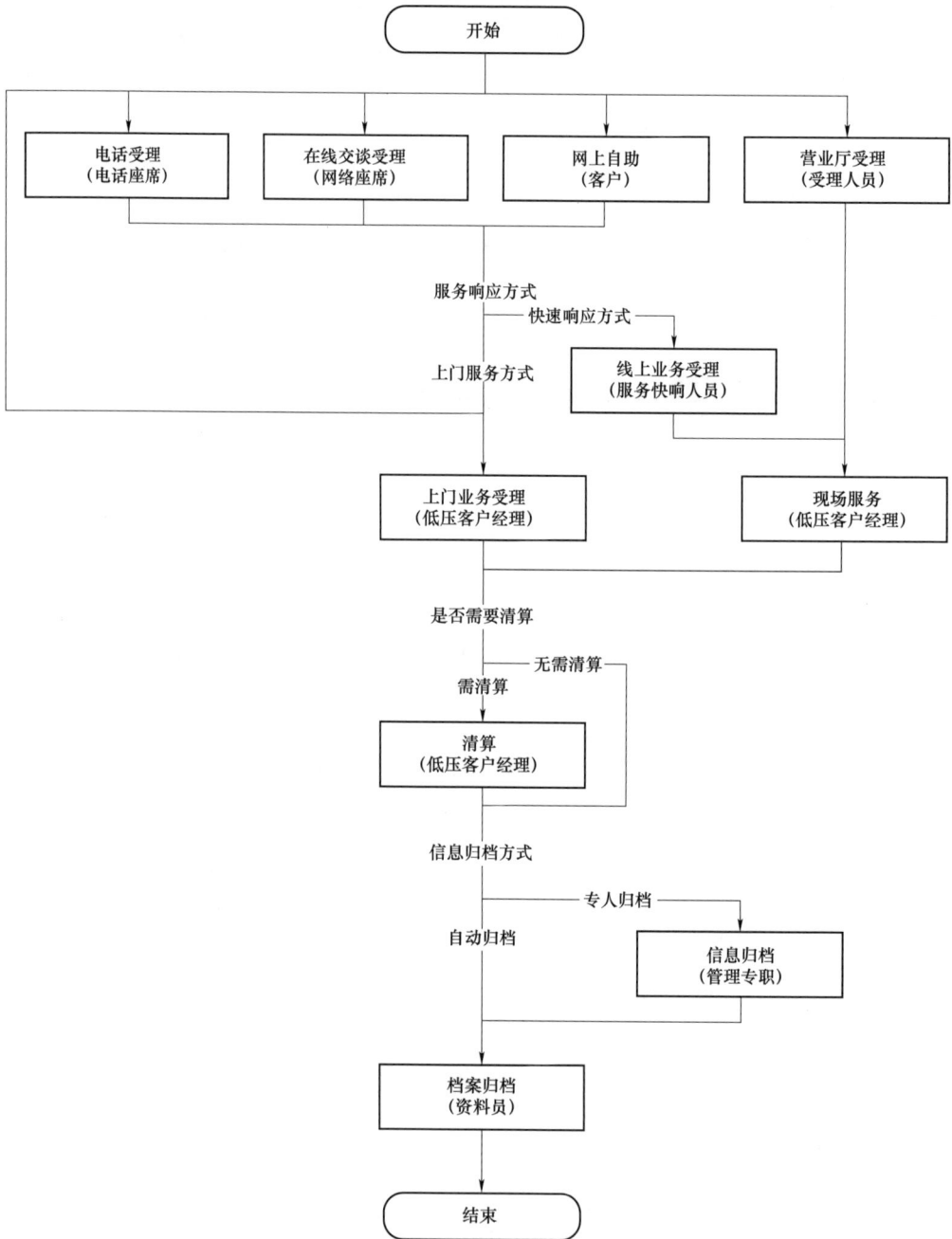

（5）营销 2.0 系统业务流程

1）暂拆流程

```
                          ┌──────────┐
                          │   开始   │
                          └──────────┘
┌───────────┐  ┌────────────┐  ┌──────────┐  ┌──────────┐
│ 电话受理  │  │ 在线交谈受理│  │ 网上自助 │  │ 营业厅受理│
│(电话座席) │  │ (网络座席) │  │ (客户)  │  │(受理人员)│
└───────────┘  └────────────┘  └──────────┘  └──────────┘

服务响应方式
        快速响应方式
上门服务方式        ┌────────────┐
                   │ 线上业务受理│
                   │(服务快响人员)│
                   └────────────┘

┌────────────┐        ┌────────────┐
│ 上门业务受理│        │ 现场服务   │
│(低压客户经理)│        │(低压客户经理)│
└────────────┘        └────────────┘

是否需要清算
        无需清算
需清算
┌────────────┐
│  清算      │
│(低压客户经理)│
└────────────┘

信息归档方式
        专人归档
自动归档        ┌────────────┐
               │ 信息归档   │
               │(管理专职)  │
               └────────────┘

┌────────────┐
│ 档案归档   │
│ (资料员)   │
└────────────┘

┌──────────┐
│   结束   │
└──────────┘
```

2）暂拆复装流程

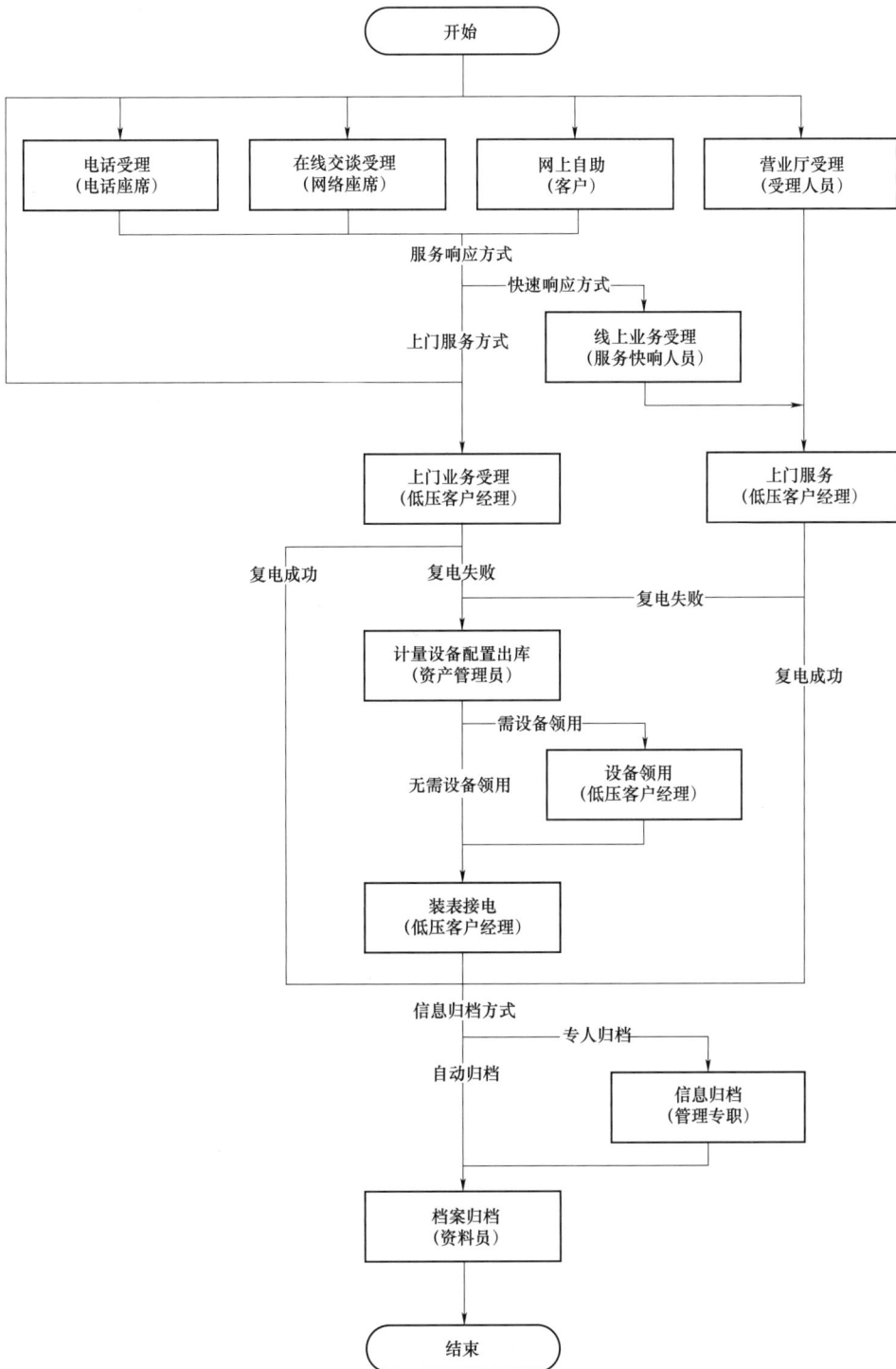

5. 更名、过户

（1）业务办理流程

```
┌──────────┐        ┌──────────┐
│  申请受理  │───────▶│   结束    │
└──────────┘        └──────────┘
```

（2）业务受理

（同减容业务受理流程）

表 2-2-5　　　　　　　　　　　　更名流程收取资料清单

业务环节	序号	资料名称	线上		线下	
			类型	是否必备	类型	是否必备
业务受理环节	1	变更用电申请单	电子	是（自然人用户系统自动生成）	纸质	是（系统生成、用户确认）
	2	房屋产权所有人有效身份证明	电子	是	纸质	是
	3	产权证明（复印件）或其他证明文书	电子	是	纸质	是
	4	用电户主体证明，包括：法人代表有效身份证明（经办人办理时无需提供）、经加盖单位公章的营业执照（或组织机构代码证，宗教活动场所登记证，社会团体法人登记证书，军队、武警出具的办理用电业务的证明）	电子	以法人或其他组织名义办理必备	纸质	以法人或其他组织名义办理必备
	5	非居民原户主提供用电户主体证明	电子	否	纸质	否
	6	（1）授权委托书（2）经办人有效身份证明	电子	是	纸质	委托代理人办理时必备

受理时应特别注意以下事项：

1）在用电地址、用电容量、用电类别不变条件下，可办理更名、过户；

2）更名一般只针对同一法人及自然人的名称的变更；

3）居民用户如为预付费控用户，应与用户协商处理预付费余额；

4）原用户应与供电企业结清债务；

5）涉及电价优惠的用户，过户后需重新认定；

6）原用户为增值税用户的，过户时必须办理增值税信息变更业务；

7）用户同一自然人或同一法人主体的其他用电地址的电费交费情况正常，如有欠费则应给予提示。

（3）确认更名、过户

用户申请符合条件后，由营业窗口业务受理员或服务调度人员实时发起相应的业务流程，核查更名内容，确认更名、过户。

（4）营销 2.0 系统业务流程

1）更名流程

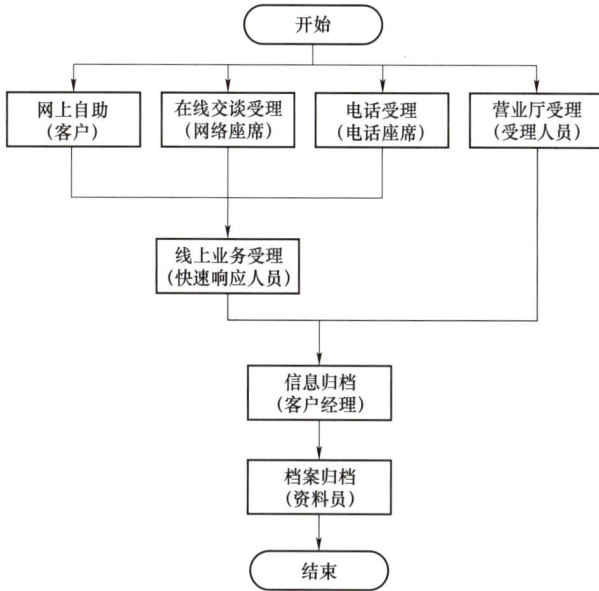

2）过户流程

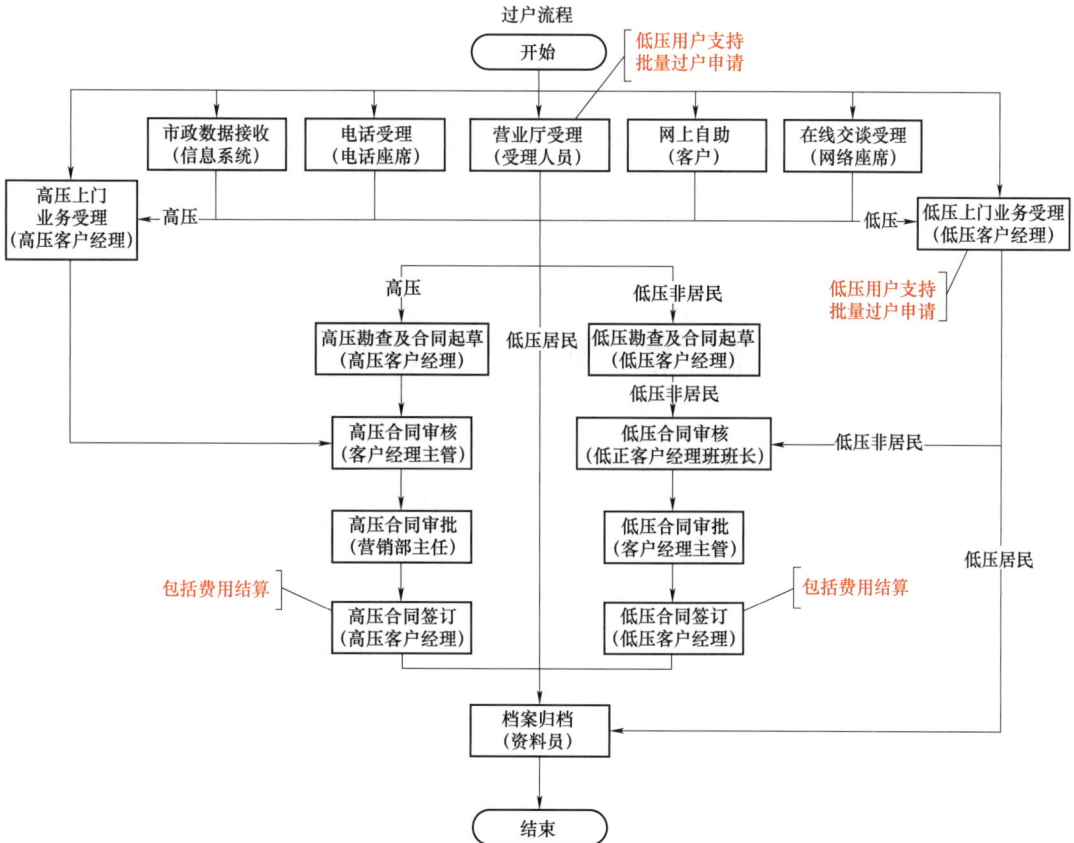

6. 改类（居民峰谷变更）

（1）业务办理流程

```
┌──────────┐        ┌──────────────┐
│  申请受理  │ ─────> │  特抄或换表   │
└──────────┘        └──────────────┘
```

（2）业务受理

（同减容业务受理流程）

表2-2-6　　　　　　改类（居民峰谷变更）流程收取资料清单

业务环节	序号	资料名称	线上		线下	
			类型	是否必备	类型	是否必备
业务受理环节	1	变更用电申请单	电子	是（系统自动生成）	纸质	是（系统生成、用户确认）
	2	用电户主体证明：自然人：身份证、军人证、护照、户口簿或公安机关户籍证明	电子	是	纸质	是
	3	经办人有效身份证明	电子	委托代理人办理时必备	纸质	委托代理人办理时必备

居民峰谷变更受理时应特别注意只适用于执行低压居民电价且为"一户一表"电价的用户。用户申请符合条件后，由营业厅受理人员或服务调度人员在营销系统内发起正式流程，若需要换表的，同步完成计量方案制定。

（3）电能表换装或特抄

按照与用户约定的时间，组织完成电能表换装或现场特抄作业，并由用户在纸质电能计量装接单或者移动作业终端上签字（电子签名方式）确认表计底度。

第三节　供用电合同

一、供用电合同的概念及特点

供用电合同是指供电方与用电方签订的由供电方供应电力用电方使用该电力并支付电费的一种协议。签订供用电合同的标的，是一种特殊的商品——"电"，具有客观物质性并能为人们所使用，属于"物"的一种。供电方将电力供应给用电方使用，用电方支付一定数额的价款，双方当事人之间是一种买卖关系。

供用电合同具有以下特点：

（1）合同的当事人是供电人和用电人。供电人是指供电人是指具有国家行政许可部门核发的《供电营业许可证》《供电业务许可证》、工商行政管理部门核发的《营业执照》

或《企业法人营业执照》的供电企业或者依法取得供电营业资格的非法人单位。用电人包括自然人、法人以及其他组织。

（2）合同的标的是一种无形物质——电力，虽然客观存在，却看不见，只有在连续使用的过程中才能表现出来。

（3）供用电合同属于持续供给合同。供电人在发电、供电系统正常的情况下，应当连续向用电人供电，不得中断。

（4）供用电合同一般按照格式条款订立。供电企业为了与不特定的多个用电人订立合同而预先拟定格式条款，双方当事人按照格式条款订立合同。对供用电方式有特殊要求的用电人，可采用非格式条款订立合同。

（5）《中华人民共和国电力法》第三十五条规定："电价实行统一政策、统一定价原则，分级管理。"

供电营业规则第九十二条中规定，供电企业和用户应当在正式供电前，根据用户用电需求和供电企业的供电能力以及办理用电申请时双方已认可或协商一致的下列文件，签订供用电合同：

（1）用户的用电申请报告或用电申请书；

（2）新建项目立项前双方签订的供电意向性协议；

（3）供电企业批复的供电方案；

（4）用户受电装置施工竣工检验报告；

（5）用电计量装置安装完工报告；

（6）供电设施运行维护管理协议；

（7）其他双方事先约定的有关文件。

对用电量大的用户或供电有特殊要求的用户，在签订供用电合同时，可单独签订电费结算协议和电力调度协议等。

二、供用电合同的分类

供用电合同应采用书面形式。经双方协商同意的有关修改合同的文书、电报、电传和图表也是合同的组成部分。

供用电合同书面形式可分为标准格式和非标准格式两类。标准格式合同适用于供电方式简单、一般性用电需求的用户；非标准格式合同适用于供用电方式特殊的用户。本节主要对标准格式统一合同文本进行介绍。

根据用电客户的用户分类和电压等级不同，可以将供用电合同分为以下 6 类：

（1）高压供用电合同。是指供电电压等级在 10kV（含 6kV）及以上的供用电合同。按供电电源数量不同分为高压双（多）电源和高压单电源供用电合同。供电人向用电人提供单/双/多电源、单/双/多回路三相交流 50Hz 电源。

（2）低压居民/非居民供用电合同。是指与电压等级在 380/220V 的居民和非居民签订的供用电合同。供电人向用电人提供 380V/220V 交流 50Hz 电源，经公用变压器向用电人供电。

（3）临时用电供用电合同。是指与用时较短、非永久性用电的电力客户签订的供用电合同。供电人向用电人提供三相交流 50Hz 电源，采用（单/双/多）电源/回路向用电人供电。分为高压供电、低压供电和自备电源供电。

（4）自然人分布式光伏发电项目购售电合同。是指与自然人拥有的分布式光伏发电项目签订的购售一体的合同。

（5）非自然人分布式光伏发电项目购售电合同。是指与已取得国家能源监管机构颁发的输电（供电）许可证且在工商行政管理局/市场监督管理局登记注册的具有法人资格/经法人单位授权的电网经营企业签订的购售电一体的合同。

（6）其他供用电合同。不属于以上三类的供用电合同的范围可以列为其他供用电合同。如：委托转供电合同、趸售电合同等。委托转供电合同适用于公用供电设施尚未到达的地区，为解决公用供电设施尚未到达的地区用电人的用电问题，供电人在征得该地区有供电能力的用电人（委托转供人）的同意，委托其向附近的用电人（转供用电人）供电。趸售电合同（或称为趸购电合同）适用于与趸购转售电人之间就趸购转售电人之间就趸购转售事宜签订的供用电合同。

根据用电类别的不同，可以将供用电合同分为工商业用电合同、农业用电合同、生活用电合同。

工商业用电合同。是指与工商业用户签订的客户供用电合同。工商业用户是指除指居民生活及农业生产用电以外的用电。

农业用电合同。是指和农业生产用电的客户签订的供用电合同。农业生产用电是指农作物种植、林木培育和种植、畜牧业和渔业、农业排灌、农产品初加工和贮藏、秸秆初加工及保鲜仓储设施用电，不包括其他农、林、牧、渔服务业用电。

生活用电合同。是指和居民生活用电的客户签订的供用电合同。居民生活用电是指城乡居民家庭住宅、城乡居民住宅小区公用附属设施、学校教学和学生生活、社会福利场所生活、宗教场所生活、城乡社区居民委员会和农村村民委员会服务设施、监狱监房生活、乡镇政府和卫生院、居民类采暖用电。

三、供用电合同的内容

《合同法》第一百七十七条、《电力供应与使用条例》第三十三条对供用电合同的内容做了规定。《合同法》第一百七十七条规定："供用电合同的内容包括供电的方式、质量时间、用电容量、地址、性质、计量方式、电价、电费结算方式、供用电设施的维护责任等条款"。《电力供应与使用条例》对《合同法》规定的供用电合同里应签订的内容进行了分类和细化，增加了合同的有效期限、违约责任、双方共同认定的应当约定的其他条款等内容。供用电合同的签订生效后应依法履行合同，不得无故中止履行。不因法定代表人（负责人）或承办、签约人员的变动而变动或解除。

《电力供应与使用条例》规定，供用电合同应当具备以下条款：

（1）供电方式、供电质量和供电时间；

（2）用电容量和用电地址、用电性质；

（3）计量方式和电价、电费结算方式；

（4）供用电设施维护责任的划分；

（5）合同的有效期限；

（6）违约责任；

（7）双方共同认为应当约定的其他条款。

一般来说，供用电合同一般包含以下内容（以高压供用电合同为例）：供用电基本情况、双方的义务、合同变更、转让和终止、违约责任以及附则。其中，供用电基本情况包括用电地址、用电性质、用电容量、供电方式、自备应急电源及非电保安措施、无功补偿及功率因数、产权分界点及责任划分、用电计量、电量的抄录和计算、计量失准及异议处理规则、电价电费、电费支付及结算；双方的义务包含供电人义务、用电人义务；合同变更、转让和终止合同变更、合同变更程序、合同转让、合同终止；违约责任包含供电人的违约责任和用电人的违约责任；附则包含供电时间、合同效力、调度通信、争议解决等。

《供电营业规则》第九十三条中规定供用电合同应采用书面形式。经双方协商同意的有关修改合同的文书、电报、电传和图表也是合同的组成部分。例如：用户的用电申请报告或用电申请书、新建项目立项前双方签订的供电意向性协议、供电企业批复的供电方案、用户受电装置施工竣工检验报告、用电计量装置安装完工报告、供电设施运行维护管理协议、其他双方事先约定的有关文件等。此外，合同附件比如《供电接线及产权分界示意图》《电费结算协议》《合同事项变更确认书》《电力调度协议》《自备电源协议》《并网调度协议》《供电设施运行维护管理协议》等也是合同的组成部分，在合同起草时，应该选择是否需要合同附件，需要哪类合同附件。

四、供用电合同的管理原则

供用电合同实行分级管理原则。各级单位按照各自营业范围负责供用电合同的相关管理工作。

供用电合同实行闭环管理原则。供用电合同的签订、履行、变更与解除、合同文本及档案管理、检查与监督等管理工作应紧密结合。

供用电合同实行信息化管理原则。依托信息管理系统，各级单位对合同的签订、变更、续签及终止流程的全过程进行信息化管理。

供用电合同实行档案电子化管理原则。各级单位对供用电合同文本、档案资料实行电子化管理，并建立供用电合同借阅管理制度。

五、供用电合同的期限

供用电合同编号应符合公司合同编号规则供用电合同编码共 13 位：第 1～2 位为市局号（01）；第 3～11 位为 9 位户号；第 12 位为合同类别号（"1"代表高压单电源、"2"代表高压双电源、"3"代表低压单电源、"4"代表低压双电源、"5"代表临时用电）；第 13 位为合同序号。签订的供用电合同应经法定代表人（负责人）或授权委托代理人签字，并加盖"供用电合同专用章"，每个供用电合同都应该加盖合同骑缝章。供用电合同专用章由负责经济法律工作的部门授权供用电业务相关部门使用，一般由市场营销部的业扩班组使用。

供用电合同的期限为：高压用户不超过 5 年；低压用户不超过 10 年；临时用户不超过 3 年；委托转供电用户不超过 4 年。

六、供用电合同的变更和解除

《供电营业规则》第九十四条规定，供用电合同的变更或者解除，必须依法进行。有下列情形之一的，允许变更或解除供用电合同：

（1）当事人双方经过协商同意，并且不因此损害国家利益和扰乱供用电秩序；

（2）由于供电能力的变化或国家对电力供应与使用管理的政策调整，使订立供用电合同时的依据被修改或取消；

（3）当事人一方依照法律程序确定确实无法履行合同；

（4）由于不可抗力或一方当事人虽无过失，但无法防止的外因，致使合同无法履行。

供用电合同的变更或解除应当依照有关法律、法规的规定，当情况发生变化时，供用电双方及时协商，修改合同的有关内容。

供用电合同在合同履行期间要求变更或解除合同时应以书面形式通知用电方；对方应在法定或约定的期限内答复。在未达成变更或解除合同书面协议之前，原合同继续履行。

符合供用电合同变更或解除条件的，双方应签订变更或解除协议，变更或解除合同的程序与合同签订程序相同。供用电合同变更或解除后，其台账、档案等资料应相应更改。

供电其余与客户依法解除供用电合同时，必须与客户结清全部电费和其他债务，同时终止对该客户供电。

供用电合同履行期内，客户发生增容，或涉及合同实质性条款调整的变更用电业务时，应重新签订合同。客户办理暂停、暂拆、暂换、移表等变更用电业务时，应将办理业务的工单作为原供用电合同的附件，变更的内容以工单内容为准不需重新签订合同。

经双方同意的有关修改合同的文书、电报、信件等可作为供用电合同的组成部分。

如有以下情形的，供用电合同可以终止：

（1）用电人主体资格丧失或依法宣告破产；

（2）供电人主体资格丧失或依法宣告破产；

（3）合同依法或依协议解除；

（4）合同有效期届满，双方未就合同继续履行达成有效协议。

第三章

电费电价管理

根据《自治区发展改革委关于第三监管周期我区电网输配电价执行有关事项的通知》（宁发改价格（管理）〔2023〕314 号），用户用电价格分为居民生活、农业生产及工商业用电（除执行居民生活和农业生产用电价格以外的用电）三类。

第一节　居民生活用电

一、适用范围

根据宁发改价格（管理）〔2020〕781 号《自治区发展改革委关于调整宁夏电网销售电价分类适用范围的通知》，居民生活用电是指城乡居民家庭住宅、城乡居民住宅小区公用附属设施、学校教学和学生生活、社会福利场所生活、宗教场所生活、城乡社区居民委员会和农村村民委员会服务设施、监狱监房生活、乡镇政府和卫生院、居民类采暖用电。适用范围如下：

（1）城乡居民住宅用电：是指城乡居民家庭住宅，以及机关、部队、学校、企事业单位集体宿舍的生活用电。利用居民、职工住宅、集体宿舍开办会所、商店、餐饮、美容美发、网吧等从事生产、经营活动用电，不属于居民生活用电。

（2）城乡居民住宅小区公用附属设施用电：是指城乡居民家庭住宅小区内的公共场所照明、电梯、电子防盗门、电子门铃、消防、绿地、门卫、车库、二次供水设施等非经营性用电。不包括物业管理办公场所、经营性场所、收费经营的车场车库、市政管理的小区路灯以及通信运营商等位于小区内的用电设施等从事生产、经营活动用电。

（3）学校教学和学生生活用电：是指学校的教室、图书馆、实验室、体育用房、校系行政用房等教学设施，以及学生食堂、澡堂、宿舍等学生生活设施用电。

执行居民用电价格的学校，是指经国家有关部门批准，由政府及其有关部门、社会组织和公民个人举办的公办、民办学校，包括：① 普通高等学校（包括大学、独立设置的学院和高等专科学校）；② 普通高中、成人高中和中等职业学校（包括普通中专、成人中专、职业高中、技工学校）；③ 普通初中、职业初中、成人初中；④ 普通小学、成人小学；⑤ 幼儿园（托儿所）；⑥ 特殊教育学校（对残障儿童、少年实施义务教育的机构）。不包括各类经营性培训机构，如驾校、烹饪、美容美发、语言、电脑培训等，以及机关、企事业单位培训机构、学校兼营经营性培训、非学生参加劳动实习为主的校办企业等生产经营用电。

（4）社会福利场所生活用电：是指经县级及以上人民政府民政部门批准，由国家、社会组织和公民个人举办的，为老年人、残疾人、孤儿、弃婴提供养护、康复、托管等服务场所的生活用电。

（5）宗教场所生活用电：是指经县级及以上人民政府宗教事务部门登记的寺院、宫观、清真寺、教堂等宗教活动场所常住人员和外来暂住人员的生活用电。不包括举办宗教活动的场所以及供游客参观、购物、餐饮、住宿等经营性场所用电。

（6）城乡社区居民委员会和农村村民委员会服务设施用电：是指城乡社区居民委员会、农村村民委员会的工作场所及非经营公益服务设施的用电。包括：城乡社区居民委员会和农村村民委员会办公场所用电；附属的非经营公益性的图书阅览室、警务室、医务室、健身室等用电；附属的福利院、敬老院以及为老年人提供膳宿服务的养老服务设施的用电；附属的托儿所、幼儿园的生活用电。不包括街道办事处用电。

（7）监狱监房生活用电：是指监狱单位的宿舍、监房、食堂、澡堂等生活设施用电。

（8）乡镇政府、卫生院用电。

（9）居民类采暖用电：采用电锅炉、热泵等电辅助加热设备向居民（不含商业用户）提供供暖服务的用电，农村地区"煤改电"集中供热用电。

以上范围城乡居民家庭住宅用电执行居民生活用电价格，其他执行居民生活用电的合表用户用电价格。

电动汽车充换电设施用电：居民家庭住宅、居民住宅小区、执行居民电价的非居民用户中设置的充电设施用电，执行居民生活用电的合表用户用电价格（经营性充电设施除外）。

二、居民生活电价政策

居民生活用电执行现行目录销售电价政策。

1. 居民生活用电峰谷分时电价

根据《国家发展改革委关于进一步完善分时电价机制的通知》（发改价格〔2021〕1093号）、《自治区发展改革委关于优化峰谷分时电价机制的通知》（宁发改价格（管理）〔2023〕7号），居民生活用电（含居民合表用电、居民清洁供暖用电）选择执行分时电价政策。

（1）居民生活用电峰谷分时电价实行范围和条件

按照《自治区物价局关于我区清洁供暖用电价格有关问题的通知》（宁价商发〔2017〕35号）、《自治区发展改革委关于进一步完善我区清洁供暖用电价格政策的通知》（宁发改价格〔2018〕723号），我区电网供电区域内实行"一户一表"的城乡居民用户及执行居民电价的非居民用户均可自愿选择执行峰谷分时电价政策。农村地区以村或自然村为单位通过"煤改电"改造使用电采暖或热泵等电辅助加热取暖，我区采用电锅炉、热泵等电辅助加热设备向（居民不含工商业）提供供暖服务的用户，与执行居民电价的非居民用户"煤改电"取暖享受同样的价格政策。

执行时间以年为周期，原则上一年内不作调整。选择执行居民峰谷分时电价的用户可向当地供电公司提出申请，由供电公司免费调试或更换安装峰谷分时电能表。

（2）居民生活用电峰谷时段划分及电价标准

居民生活用电峰段时间为每日8:00至22:00，用电价格在对应用电价格标准基础上加价0.05元/kWh；谷段时间为每日22:00至次日8:00，用电价格在对应用电价格标准基础上降低0.2元/kWh。

（3）居民生活用电峰谷分时电价执行方式

每年11月1日至次年3月31日期间（宁南山区可根据当地人民政府确定的供暖时间延长，最长不超过15天），选择执行峰谷分时电价政策的城乡居民用户不再执行居民生活用电阶梯电价政策，年内其他月份在现有居民生活用电阶梯电价政策基础上叠加执行峰谷分时电价政策。

2. 居民生活用电阶梯电价

（1）居民生活用电阶梯电价执行标准

根据《宁夏回族自治区物价局关于我区居民生活用电试行阶梯电价有关问题的通知》（宁价商发〔2012〕51号）：

居民生活用电阶梯电价按照居民生活基本用电，正常合理用电和较高生活质量用电三档分类，电价实行分档递增，第一档电量每月0～170kWh，为0.4486元/kWh；第二档电量每月171～260kWh，每度加价0.05元，为0.4986元/kWh；第三档电量每月超过260kWh部分，每度加价0.30元，为0.7486元/kWh。

居民电价以年为周期执行，即第一档电量0～2040kWh，第二档电量2041～3120kWh，第三档电量为超过3120kWh部分。

新装居民用户和合表改造完成后的居民用户，从新装或改造完成的次月执行居民阶梯电价，阶梯电价按照年内剩余月份的电量基数总和执行。

（2）居民生活用电阶梯电价实施范围

1）居民阶梯电价执行范围为我区电网供电区域内实行"一户一表"居民用户。居民用户原则上以住宅为单位，一个房产证明对应的住宅为一"户"，没有房产证明的，以供电企业为居民用户安装的电表（合表用户除外）为单位。

2）对未实行"一户一表"的合表居民用户，用电价格执行居民阶梯电价第二档电量对应的电价标准。用户户表改造验收合格后，相应执行居民阶梯电价政策。

（3）清洁供暖阶梯电价

根据《自治区物价局关于我区清洁供暖用电价格有关问题的通知》（宁价商发〔2017〕35号），对区内不具备集中供暖条件，采用电锅炉、电地热、电热隔膜等方式取暖的"一户一表"居民用户，经用户申请和供电企业认定后，每年11月1日至次年3月31日（宁南山区可根据当地人民政府确定的供暖时间延长，最长不超过15天）用电量全部执行居民阶梯第一档电价，年内其他月份执行相对应的居民阶梯电价，以此减轻居民采暖电费负担。

3. "一户多人口"用电政策

户籍人口为5人及以上的家庭，具备分户条件的，尽量分户分表；不具备分户条件的，每户每月增加40kWh的阶梯电量基数，即第一档电量每月0～210kWh，每二档211～300kWh，第三档电量每月超过300kWh部分。

4. 城乡"低保户"和农村"五保户"用电政策

对全区城乡"低保户"和农村"五保户"家庭，每户每月设置10kWh免费电量。具体操作时采用先征后返的方式，即宁夏电力公司将10kWh免费电量现金，根据民政部门提供的户数，将款拨付到自治区财政专户，财政部门依照民政部门的补贴家庭名单，通过县区"一卡通"直接发放到受益家庭。

第二节　农业生产用电

一、农业生产用电适用范围

根据宁发改价格（管理）〔2020〕781号《自治区发展改革委关于调整宁夏电网销售电价分类适用范围的通知》，农业生产用电是指农作物种植、林木培育和种植、畜牧业和渔业、农业排灌、农产品初加工和贮藏、秸秆初加工及保鲜仓储设施用电，不包括其他农、林、牧、渔服务业用电。农业生产用电按价格主要分三个子类别：农业生产电价、农业排灌电价、多级扬水电价。适用范围如下：

1. 农业生产用电价格

（1）农作物种植用电：包括谷物、豆类、薯类、棉花、油料、糖料、麻类、烟草、蔬菜、食用菌、园艺作物、水果、坚果、含油果、饮料和香料作物、中药材及其他农作物种植用电。

（2）林木培育和种植用电：是指林木育种和育苗、造林和更新、森林经营和管护、园艺产业园（除办公照明用电外）、非经营性景观林养护、市政绿化等活动用电。其中，森林经营和管护用电是指在林木生长的不同时期进行的促进林木生长发育的活动用电。

（3）畜牧业用电：是指为了获得各种畜禽产品而从事的动物饲养活动用电。不包括专门供体育活动和休闲等活动相关的禽畜饲养用电。

（4）渔业用电：是指在内陆水域对各种水生动物进行养殖、捕捞，以及在海水中对各种水生动植物进行养殖、捕捞活动用电。不包括专门供体育活动和休闲钓鱼等活动用电以及水产品的加工用电。

（5）农产品初加工用电：是指对各种农产品（包括天然橡胶、纺织纤维原料）进行脱水、凝固、去籽、净化、分类、晒干、剥皮、初烤、沤软或大批包装以提供初级市场的用电。

（6）农产品贮藏用电：是指谷物、豆类、薯类、棉花、油料、糖料、麻类、烟草、蔬菜、食用菌、园艺作物、水果、坚果、含油果、饮料和香料作物、中药材及其他农作物（在初次交易环节前）贮藏用电。

（7）秸秆初加工用电：个人或单位对秸秆进行捡拾、打捆、切割、粉碎、压块等工作程序的用电，但不包括此后深加工生产程序用电。

（8）保鲜仓储设施用电：对家庭农场、农民合作社、供销合作社、邮政快递企业、产业化龙头企业、农产品流通企业在农村建设的保鲜仓储设施用电。"农村"是指以民政部门确认的村民委员会辖区为划分对象，范围在城镇以外的区域。可参照《统计上使用的县以下行政区划代码编制规则》（国统字〔2000〕64 号），行政区划代码第三段编码（第 10～12 位，表示行政村）在"200～399"范围内的村，界定为农村。"保鲜仓储设施"是指为上述企业在农村建设的具备冷藏、冷冻、保温等温度控制的恒温库、冷库，同时直接向电网企业进行报装用电的，在产品初加工生产环节或之前环节执行农业生产用电价格。

2. 农业排灌和多级扬水电价

用于农作物种植、林木培育和种植（仅限于退耕还林、防沙治沙）的灌溉及排涝用电统一执行农业排灌电价；上述灌溉及排涝用电范围中是多级扬水（扬程在 50m 及以上）用电的，统一执行多级扬水用电价格。

农村地区人畜饮水用电执行农业排灌电价。

二、农业生产电价政策

农业生产用电执行现行目录销售电价政策。

1. 分时电价

农业生产用电峰平谷时段为：峰时段：7:00—9:00，17:00—23:00；谷时段：9:00—17:00；平时段：23:00—24:00，0:00—7:00。

峰段电价为平段电价上浮 50%，谷段电价为平段电价下浮 50%。峰谷电价计算基础不含政府性基金及附加。

2. 功率因数调整电费

根据《关于颁发〈功率因数调整电费办法〉的通知》（水利电力部、国家物价局文件——（83）水电财字第 215 号），100kVA（kW）及以上的农业生产用户，功率因数标准为 0.80。

根据计算的功率因数，高于或低于规定标准时，在按照规定的电价计算出其当月电费后，再按照"功率因数调整表"（附件 2，表三）所规定的百分数增减电费，如用户的功率因数在"功率因数调整电费表"所列两数之间，则以四舍五入计算。

第三节　工 商 业 用 电

一、工商业用电适用范围

根据宁发改价格（管理）〔2020〕781 号《自治区发展改革委关于调整宁夏电网销售电价分类适用范围的通知》、国家发展改革委《关于第三监管周期省级电网输配电价及有关事项的通知》（发改价格〔2023〕526 号）、《自治区发展改革委关于第三监管周期我区电网输配电价执行有关事项的通知》（宁发改价格（管理）〔2023〕314 号），工商业用电是指居民生活及农业生产用电以外的用电。

二、工商业用电电价政策

1. 两部制电价和单一制电价

（1）按电价执行方式分为两部制电价和单一制电价。

根据国家发展改革委《关于第三监管周期省级电网输配电价及有关事项的通知》（发改价格〔2023〕526 号）、《自治区发展改革委关于第三监管周期我区电网输配电价执行有关事项的通知》（宁发改价格（管理）〔2023〕314 号）。

自 2023 年 6 月 1 日起，执行工商业用电价格的用户（以下简称工商业用户），用电容量在 100kVA 及以下的，执行单一制电价；100kVA 至 315kVA 之间的，可选择执行单一制或两部制电价，选择变更周期为 3 个月，工商业用户需提前 15 个工作日向电网企业申请变更下一周期执行方式。

2023 年 6 月 1 日及以后的增量用户，用电容量在 315kVA 及以上的，执行两部制电价，对于 2023 年 5 月 31 日及以前的存量已执行单一制电价的用户，可选择执行单一制电价或两部制电价，在选择执行两部制电价后，不再执行单一制电价。

自 2023 年 6 月 1 日起，申请办理过户、分户等业务引起用电主体变更的，不视同存量用户。

选择执行需量电价计费方式的两部制用户，每月每千伏安用电量达到 260 千瓦时及以上的，当月需量电价按本通知核定标准 90%执行。每月每千伏安用电量为用户所属全部计量点当月总用电量除以合同变压器容量。

（2）对实行两部制电价，暂免收容（需）量电费的电动汽车充换电设施、污水处理等用户，继续沿用现行政策，后续国家政策调整时同步调整。

1）电动汽车充换电设施用电：对向电网经营企业直接报装接电的经营性集中式充换电设施用电，执行工商业及其他两部制电价。2025 年前，暂免收基本电费。其他充电设施按其所在场所执行分类目录电价。其中，居民家庭住宅、居民住宅小区、执行居民电价的非居民用户中设置的充电设施用电，执行居民生活用电的合表用户用电价格（经营性充电设施除外）；党政机关、企事业单位和社会公共停车场中设置的充电设施用电执行工商业及其他单一制电价。

2）部分环保行业用电：2025 年底前，对实行两部制电价的污水处理企业用电、港口岸电运营商用电、海水淡化用电，免收需量（容量）电费。

3）发电企业启动调试阶段或由于自身原因停运向电网购买电量时，执行目录电价表中的工商业及其他用电两部制电度电价标准，不收取基本电费。分布式电源启动调试阶段或由于自身原因停运向电网购买电量时，按其对应用户主行业用电价格执行。

2. 工商业电价构成

工商业用户用电价格由上网电价、上网环节线损费用、输配电价、系统运行费用、政府性基金及附加等组成。

上网环节线损费用按不同用户（居民农业、代理购电、直接交易）实际购电上网电价和"附件 1"中上网环节综合线损率计算。线损电量暂由电网企业代理采购，代理采购损益按月向全体工商业用户分摊或分享。

系统运行费用包括辅助服务费用、抽水蓄能容量电费等。系统运行费用按月清算，全体工商业用户按公告标准分摊或分享，偏差每月滚动调整。

上网环节线损费用和系统运行费用标准在代理购电公告中列示。

3. 功率因数调整电费

根据关于颁发《功率因数调整电费办法的通知》[水利电力部、国家物价局文件——（83）水电财字第 215 号]。

（1）功率因数的标准值及其适用范围

1）功率因数标准 0.90，适用于 160kVA 以上的高压供电工业用户（包括社队工业用户）、装有带负荷调整电压装置的高压供电电力用户和 3200kVA 及以上的高压供电电力排灌站。

2）功率因数标准 0.85，适用于 100kVA（kW）及以上的其他工业用户（包括社队工业用户）、100kVA（kW）及以上的非工业用户和 100kVA（kW）及以上的电力排灌站。

3）功率因数标准 0.80，适用于 100kVA（kW）及以上的农业用户和趸售用户，但大工业用户未划由电业直接管理的趸售用户，功率因数标准应为 0.85。

（2）功率因数的计算

1）凡实行功率因数调整电费的用户，应装设带有防倒装置的无功电度表，按用户每月实用有功电量和无功电量，计算月平均功率因数。

2）凡装有无功补偿设备且有可能向电网倒送无功电量的用户，应随其负荷和电压变动及时投入或切除部分无功补偿设备，电业部门并应在计费计量点加装带有防倒装置的反向无功电能表，按倒送的无功电量与实用的无功电量两者的绝对值之和，计算月平均功率因数。

3）根据电网需要，对大用户实行高峰功率因数考核，加装记录高峰时段内有功、无功电量的电能表，据以计算月平均高峰功率因数；对部分用户还可以试运行高峰、低谷两个时段分别计算功率因数，由试行的省、市、自治区电力局或电网管理局拟订办法，报水利电力部审批后执行。

（3）电费的调整

根据计算的功率因数，高于或低于规定标准时，在按照规定的电价计算出其当月电费后，再按照"功率因数调整表"（附件 3，表一、二、三）所规定的百分数增减电费，如用户的功率因数在"功率因数调整电费表"所列两数之间，则以四舍五入计算。

（4）补充

根据电网的具体情况，对不需增设补偿，用电功率因数就能达到规定标准的用户，或离电源点较近、电压质量较好、勿需进一步提高用电功率因数的用户，可以降低功率因数标准值或不实行功率因数调整电费办法，但须经省、市、自治区电力局标准，高于降低后的功率因数标准时，不减收电费，但低于降低后的功率因数标准时，应增收电费。

4. 工商业用电峰谷分时电价

根据《自治区发展改革委关于进一步完善峰谷分时电价机制的通知》（宁发改价格（管理）〔2021〕602 号），建立分时电价动态调整机制，根据我区电力系统用电负荷或净负荷特性变化、新能源消纳等情况，适时调整目录分时电价时段划分、浮动比例、执行范围。

工商业用电（含电网企业代理购电用户）峰平谷时段及分时段交易价格按照自治区电力中长期交易有关规定执行，输配电价、政府性基金及附加不随时段浮动。其中 10kV 以下电网企业代理购电用户电价按照《自治区发展改革委关于我区 2023 年度小微企业及个体工商户继续实行阶段性代理购电优惠政策的通知》（宁发改价格〔2022〕870 号）执行，后续遇政策调整，按新政策执行。

（1）工商业用电峰谷分时电价

平段电价执行我区目录销售电价；峰段电价以平段电价（不含政府性基金及附加）为基础上浮50%；谷段电价以平段电价（不含政府性基金及附加）为基础下浮50%。

铁合金、碳化硅、煤炭开采洗选、水泥制造四个行业峰谷时段，具体为：高峰7:00－9:00，17:00－23:00；平段23:00－次日7:00；谷段9:00－17:00。

除上述四个行业以外的电力用户峰谷时段，高峰时段：8:00－12:00，18:30－22:30；低谷时段：22:30－6:30；其余时段为平段。

（2）清洁供暖峰谷分时电价

按照《自治区物价局关于我区清洁供暖用电价格有关问题的通知》（宁价商发〔2017〕35号），对区内不具备集中供暖条件，采用电锅炉、热泵、电热隔膜、碳晶电暖气等方式取暖的工商业用户，经用户申请和供电企业认定后，每年11月1日至次年3月31日采暖期间（宁南山区可根据当地人民政府确定的供暖时间延长，最长不超过15天），延长谷段时间2小时。将现行工商业用电谷段时间调整为每日22:00至次日8:00；平段时间为每日12:00至18:00；峰段时间为每日8:00至12:00，18:00至22:00。用电价格按照对应工商业电价标准执行。年内其他月份峰平谷时段划分执行现行政策，用电价格按照对应工商业电价标准执行。

根据国家发展改革委《关于第三监管周期省级电网输配电价及有关事项的通知》（发改价格〔2023〕526号）、《自治区发展改革委关于第三监管周期我区电网输配电价执行有关事项的通知》（宁发改价格（管理）〔2023〕314号），供暖期，执行清洁供暖电价工商业用电继续执行谷段延长2小时政策，延长2小时对应电量按照平段用电量2/8比例折算（直接进入市场的清洁供暖工商业用户峰平谷时段参照电网企业代理购电），并按谷段平均电价执行，谷段输配电价按50%执行。

（3）电气化铁路牵引用电峰谷分时电价

根据《自治区发展改革委关于进一步完善峰谷分时电价机制的通知》（宁发改价格（管理）〔2021〕602号），电气化铁路牵引用电不执行分时电价。

5. 代理购电

（1）工商业用电代理购电政策

自治区发展改革委关于印发《宁夏回族自治区电网企业代理购电工作实施细则（试行）》的通知（宁发改价管（成本）〔2022〕334号）。

10千伏及以上工商业用户原则上要直接参与市场交易（直接向发电企业或售电公司购电，下同），鼓励其他用户直接参与市场交易。暂无法直接参与市场交易、已直接参与市场交易又退出的用户，可暂由电网企业代理购电。

由电网企业代理购电的，10千伏及以上用户应与电网企业签订代理购电合同，10kV

以下用户以公告方式告知。未在电力交易平台注册也未与电网企业签订代理购电合同的用户，默认由电网企业代理购电。

代理购电用户可在每季度最后 15 日前选择下一季度起直接参与市场交易，宁夏电力交易中心应将上述变更信息于 2 日内告知电网企业，电网企业代理购电相应终止。

直接参与市场交易用户无正当理由改为电网企业代理购电的，宁夏电力交易中心应于每月 15 日前将用户变更信息告知电网企业，电网企业按代理购电价格 1.5 倍于下一电费结算周期执行。

（2）工商业用电中清洁供暖用电代理购电政策

按照《自治区物价局关于我区清洁供暖用电价格有关问题的通知》（宁价商发〔2017〕35 号）、《自治区发展改革委关于进一步完善我区清洁供暖用电价格政策的通知》（宁发改价格〔2018〕723 号），鼓励清洁供暖用电电量积极参与电力市场交易，按照有关规定完成保障性收购的前提下，鼓励电储热、储能企业与风电、光伏发电企业开展直接交易，建立长期稳定且价格较低的供用电关系。建立采暖用电的市场化竞价采购机制，按照《宁夏电力中长期交易规则》由供电企业或独立售电公司代理用户采购市场最低价电量，予以优先购电保障。对参加电力市场交易的采暖用电，峰段、平段执行相应电压等级的输配电价，谷段输配电价按相应电压等级输配电价的 50%执行，在缓解弃风弃光扩大用电的同时，降低电采暖用电成本。

第四章

台 区 线 损 管 理

第一节 台区线损基础知识

电网的线损率是衡量电力系统性能的一项重要技术指标，也是综合评价电力企业运行和管理水平的重要标准，其中配网线损直接反映了供电企业的用电管理水平的高低，与地区配网规划设计是否合理、配网设备运行是否良好、配网新技术应用状况、营配人员的业务素质和管理水平高低、计量装置配备管理状况、抄核收工作质量好坏、反窃电查处力度大小等等都有十分重要的关系。

一、线损基本概念

台区线损：指一户变压器的供电区域内，电能通过低压线路供电给客户，在电能传输和分配的过程中，配电线路和配电设备都要产生一定数量的有功功率损失和电能损耗。在给定的时间段（日、月、季、年）内，各环节所消耗的全部电量称为线损电量。

台区线损率：台区线损率＝（线损电量/供电量）×100%

其中，台区供电量：台区总表电量＋分布式电源上网电量（若有）；线损电量：［台区总表电量＋分布式电源上网电量（若有）］－［台区总表上网电量（若有）＋售电量］

高损台区：高损台区是指在某一统计期内台区同期线损率超过管理单位设定指标要求的异常台区。

负损台区：负损台区是指在某一统计期内台区同期线损率低于0%的异常台区。

不可算台区：不可算台区是指台区因计量故障、采集异常等原因造成供电量为零或空、用电量为空，造成台区线损无法按模型准确计算台区线损率。

二、影响线损的因素

台区线损通常有两种划分类型，一种是从管理层面进行划分，另一类为从线损产生的因素上进行划分，如下将具体分析两种线损分类。

1. 从管理层面分类

从管理层面分类，台区线损由技术线损和管理线损两部分组成。

技术线损：根据供电设备的参数和电力网当时的运行方式，由理论计算得出的线损，准确程度取决于供电设备参数的准确度、运行参数的合理性以及理论计算的方法及工具。在现实生产中是不可避免，可以采取技术措施达到降低的目的。

管理线损：有计量设备误差引起的线损以及由于管理不善和失误等原因造成的线损。可以通过规范业务管理等手段降低。

2. 从线损产生因素分类

从线损产生因素分类，台区线损由固定损耗、变动损耗和其他损耗三部分组成。

固定损耗：固定损耗是指只要电力设备在通电状态下就会产生的线损类型。这种损耗是固定的，不随电力负荷的变化而发生变化。例如线损台区侧无功补偿装置、电能表上的损失等。

变动损耗：变动损耗与电力线路的流通电流的平方成正比，电流越大，该台区的线损越大。这类损失的主要是由电源向负荷传输过程中，电力导线引导电磁场能量在导线内部转化为热能的电能损耗。

其他损耗：其他损失是指除了固定损耗和变动损耗之外的线路损失。包括用户窃电及违章用电、计量装置故障、线路漏电等所损失的电能。

第二节　线损的计算与分析

一、线损的计算

1. 无分布式光伏接入（无源）线损计算模型

若台区中无低压光伏接入，则台区为单向无源网，可直接根据台区供电量和售电量计算台区线损率，即：

$$\eta = \left(1 - \frac{\sum W_{普用}}{W_{正向}}\right) \times 100\% \qquad (1)$$

其中，台区供电量（$W_{正向}$）为"台区总表正向有功电量"；台区售电量（$W_{普用}$）为"过用户表计总正向有功电量"，可通过累加方式获得。

2. 有分布式光伏接入（有源）线损计算模型

低压台区运行过程中若存在光伏接入（有源），应根据分布式光伏并网模式分析其反向电量，包括用户表计反向电量和配变终端反向电量。前者主要是由于用户光伏发电量自用后留有余量反向上送到台区引起，后者则主要是由于台区内光伏发电量未完全消纳引起反向上传到高压线路导致，其线损率均可视为：

$$\eta = \left(1 - \frac{\sum W_{普用} + \sum W_{下网} + W_{反向}}{W_{正向} + \sum W_{上网}}\right) \times 100\% \qquad （2）$$

其中，$W_{上网}$ 为"过用户表计的光伏发电上网电量"；$W_{下网}$ 为"光伏发电无法满足用电需求时的台区供电量"；$W_{反向}$ 为"过台区配变终端的光伏发电上网电量"，如图 1 所示。

此时，台区供电量＝台区关口表正向电量＋发电用户上网电量＋其他用户反向电量。

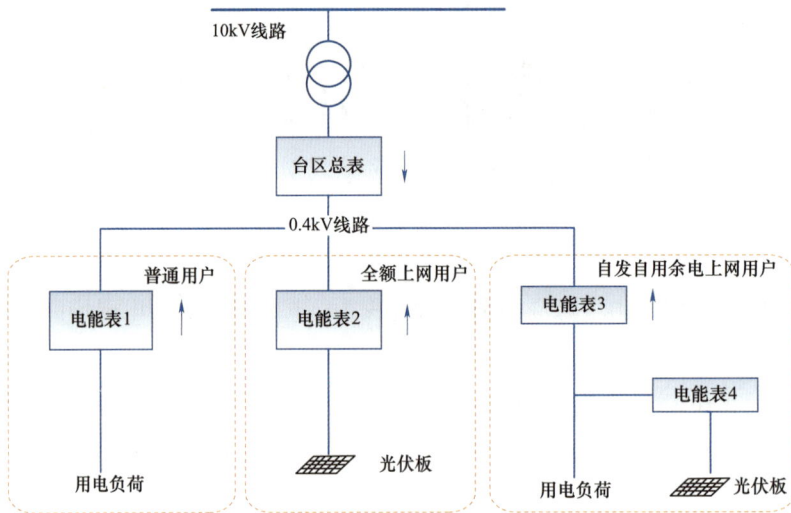

台区供电量计算规则图

台区售电量＝台区关口表反向电量＋发电用户用电量＋其他用户用电量

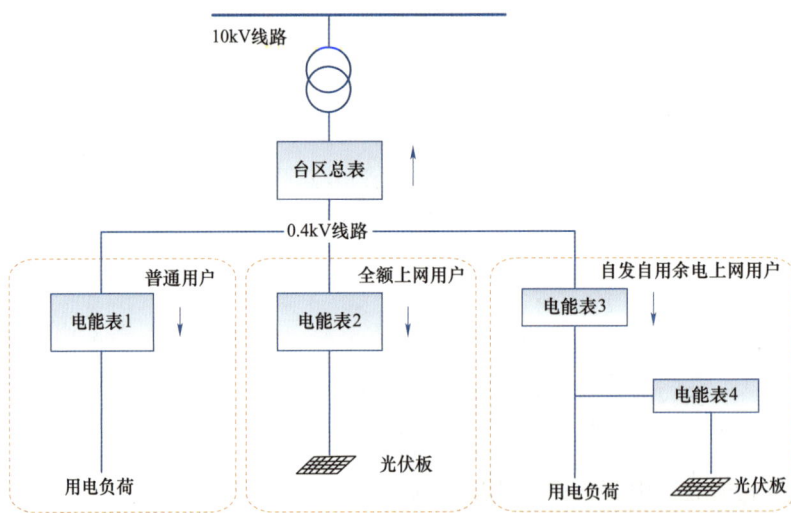

台区售电量计算规则图

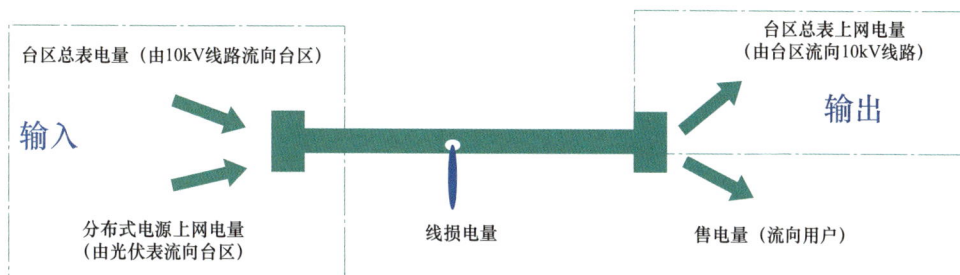

有源台区的线损示意图

台区内分布式光伏配置主要包括全额上网、自发自用余电上网、全部自用三种方式，其中全部自用参照自发自用余电上网模式。

（1）全额上网

对于全额上网用户，安装一块电能表，如图所示。上网计量点、发电计量点、用电计量点共用电能表，对应电能表 1。电能表 1 正向计量用电电量，反向计量发电（上网）电量。

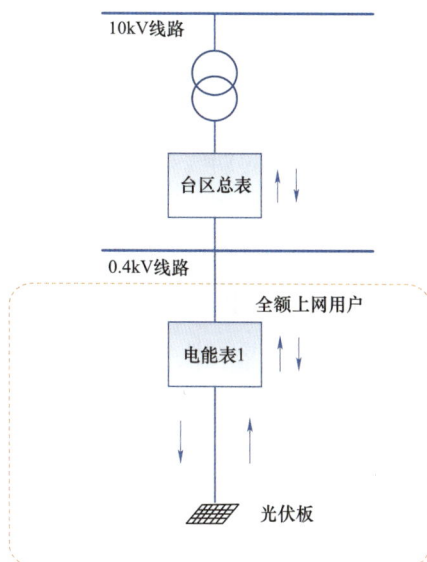

全额上网用户示意图

（2）自发自用余额上网

对于该类用户，设置两块电能表，如图所示。

上网计量点和用电计量点共用电能表，对应图中电能表 1。电能表 1 正向计量用电电量，反向计量上网电量。

发电计量点单独装设电能表，对应图中电能表2。电能表2正向计量发电电量，主要用于补贴计算。

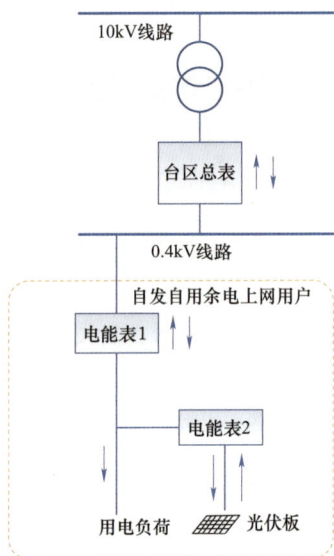

自发自用余量上网用户示意图

二、线损异常原因分析

1. 高损分析

高损台区是指在某一统计期内台区同期线损率在考核期内大于考核上限值的异常台区。

（1）档案异常

1）业务系统基础档案信息与现场不一致。营销系统、采集系统台区中档案信息与现场不一致，如营销系统档案信息滞后于现场表计变更，或是采集系统档案未及时同步，造成售电量统计遗漏导致台区高损。

2）台户关系不一致。在低压线路改接、配变增设及用户台区调整时，未在PMS、GIS系统同步变更数据，系统中"线－变－户"拓扑关系未能实现同步更新，导致系统中客户电能表存在跨台区、串台区用电现象，造成抄表失败或电量统计错误，台区呈现高损情况；新上客户在营销系统业务流程中GIS图形关系绘制错误。

3）台区总表、客户表计电流互感器档案倍率与现场不一致。营销或采集系统互感器倍率信息与现场不一致，档案信息更新滞后于现场电能表变更情况，造成供电量多计、售电量少计，台区呈现高损情况。

（2）采集异常

1）客户电能表采集失败。采集系统中，台区下的表计参数设置错误而导致客户电能表数据采集失败，造成电量统计与实际存在偏差，台区呈现高损情况；台区下集中器与模块不匹配、表计或模块发生故障、接线或插件松动或接触不良、表计地址错误、集中器故障、信号异常或附近存在干扰源，导致客户电能表数据采集失败，造成台区用电量无法被正确统计。

2）客户表计电能示值数据未冻结或采集错误冻结数据。电能表日期时钟紊乱，造成数据不能冻结，或采集入库数据为电能表发生冻结异常的数据，而非对应日期冻结数据；电能表内部程序故障导致日冻结功能异常；集中器抄表序号不对导致错抄。

3）总表与户表电量不同期。电能表时钟异常，台区下客户电能表采集表码非每日零点冻结数据，导致供、售电量数据不同期，台区呈现高损情况。

4）光伏发电客户用电量采集错误。营销系统中台区下光伏发电客户并网发电后，因档案信息维护错误，现场接线方式错误，模型配置错误，造成台区供、售电量统计错误，台区呈现高损情况。

（3）计量异常

1）客户电能表故障。台区总表出现飞走导致供电量多计；台区下客户电能表出现烧毁、倒走、停走、误差超差等故障，造成售电量少计，台区呈现高损情况。

2）电流互感器故障或实际倍率与现场铭牌不一致。客户互感器发生故障，造成台区用电量少计；总表、客户电能表互感器实测倍率与铭牌不符，造成供电量多计、售电量少计，台区呈现高损情况。

3）电能表过载导致计量不准。客户实际电流达到电能表额定最大电流的 120%及以上时，电能表负误差超标准，导致电能表少计量，台区呈现高损情况。

4）电能表电压异常。电能表电压线接线错误或松动；互感器、接线盒等二次回路接线错误、接触不良、连接片断开或接触不良、造成表计失压、断相。表计内部故障导致失压、断相。

5）电能表电流异常。电能表进出线、电流互感器二次接线端子、接线盒接线错误、松动或断开、二次回路短接或分流，造成表计某相电流反向、失流，电流小于实际电流。

6）电能表电流、电压相别不一致。接入电能表同一组计量元件的电流、电压来自不同相别引起表计不计量或少计量。

（4）窃电或违约用电

1）无表用电电量未统计。监控摄像头、信号放大器等设备安装地点分散、负荷小，未装表计量。

2）客户窃电。客户私自在供电企业配电线路上接线用电或绕越计量装置用电，或采用欠压、分流、移相等方式窃电，造成台区用电量少计，台区呈现高损情况。

（5）技术因素

1）台区供电半径过大。B 类地区供电半径≥250m、C 类地区供电半径≥400m、D 类地区供电半径≥500m。

2）三相负荷不平衡。台区三相负荷不平衡度≥15%。

3）台区配变功率因数低。台区内无功补偿不足引起功率因数低，台区有功损耗大。

4）线路老化漏电，供电线径过细。台区供电设施老旧，架空裸导线与树木等距离较近，发生放电；供电线径过细，不满足正常负荷载流量的要求，引起线路损耗增加。

2. 负损分析

负损台区是指台区同期线损率在考核期内超出考核下限值的异常台区。

（1）档案异常

1）台户关系不一致导致长期负损。配变布点、线路改接、新上客户在相邻台区关系挂接错误，客户存在串台区现象，且台区间信号穿透表计采集成功。

2）光伏发电客户档案错误导致长期负损。光伏发电客户并网发电后，因档案信息维护错误、现场接线方式错误、模型配置错误，表现为用采集系统客户上网电量未统计到台区供电量中，台区呈现负线损症状。

（2）计量异常

1）电流互感器倍率错误导致长期负损。营销系统、采集系统台区总表或客户电能表的互感器倍率与现场实际情况不一致，表现为客户侧互感器系统倍率大于现场实际倍率或台区总表互感器系统倍率小于现场实际倍率、互感器匝数穿错，台区呈现负线损症状。

2）台区总表、联合接线盒故障或接线错误导致长期负损。台区总表本身故障，表现为误差超负误差标准或内部采样问题导致台区总表少计量；台区总表二次回路故障或接线错误，如台区总表电流与电压不同相、电流极性接反、电流回路短接、二次电压线虚接；联合接线盒螺丝锈蚀导致接触不良、连接片断开或连接错误，联合接线盒本身损坏，造成供电量少计，台区呈现负线损症状。

3）表计时钟超差导致长期负损。总表时钟或较大量户表时钟超差，采集系统中供、售电量冻结数据不同期，供电量少计，台区呈现负线损症状。

4）台区总表计量互感器故障导致长期负损。台区总表互感器某相故障或烧毁，造成台区总表少计量，台区呈现负线损症状。

（3）配网设备问题

台区总表倍率配置不合理，主要表现在互感器配置过大、三相负荷不平衡、台区总表二次负载过大等原因造成台区供电量少计，台区出现负损。

3. 不可算分析

不可计算线损台区指用电信息采集系统统计期内台区线损率为0%或空。主要表现为供电量为零或为空值、用电量为零或为空值。

（1）台区档案异常

1）核查营销系统是否存在台区档案信息变更后，采集系统调试工单未按时归档的情况，若确未归档，会导致采集系统内无供、用电量数据，无法计算线损。

2）核查是否存在新增台区营销立档时间与现场用户投用时间不符的情况，若营销业务系统台区设置过早而现场用户未投用或投用后未带负荷均会造成供、用电量为零。

（2）计量采集异常

1）台区未装户表或户表未投用。新建台区营销系统立档时间过早，而现场未安装户表，或户表未投用或投用后未带负荷，表现为台区用电量为空，呈现台区不可计算情况。

2）台区计量装置故障或接线错误。台区总表损坏或接线错误，联合接线盒三相电流连片均接错导致电流短路或开路等，导致台区供电量为零或空值，台区线损呈现不可算状态。

3）总表或批量户表采集失败。集中器故障、表计故障、信号或其他原因导致总表或批量户表采集失败，使得供电量或用电量统计失败，呈现台区不可计算情况。

4）台区跨零点停电导致线损不可算。台区存在跨零点停电，表现为台区数据未采集，供电量、用电量为零或空，台区线损呈现不可计算状态。

第三节　线损异常基本处理方法

一、系统分析

1. 档案分析

（1）户变关系分析

通过营销基础数据平台，按照营配调贯通建模原则，开展营配调贯通、营销系统、采集系统台户关系一致性比对，分析台区下采集点、电源点与台户关系一致性情况。

（2）台区总表综合倍率分析

通过数据抽取方式，开展营配调贯通、PMS 系统、营销业务应用系统、采集系统台区总表倍率一致性分析，并分析倍率值在不同计算周期内是否有变化。

（3）用户电能表倍率分析

通过数据抽取方式，开展营配调贯通、营销系统、采集系统中的用户电能表倍率的一致性比对，并分析倍率值在不同计算周期内是否有变化。

（4）用户计量点状态分析

核对营销系统中用户的计量状态，确保在运；及时处理台区下销户在途流程，避免因采集失败不能及时补录电能表电能示值，造成台区线损过高。

（5）台区总表倍率配置合理性分析

分析台区总表所配互感器倍率是否合理，倍率宜配置为配变容量值的 1.1 倍到 1.7 倍之间，或正常运行负荷电流不少于额定值的 30%。

（6）台区线损模型分析

根据台区线损建模原则主要分析单集中器台区线损模型中存在多供入电量；台区是否安装台区总表、台区下无用户电能表；台区状态不为运行、台区属性为专变；台区总表计量点用途状态不为台区供电考核、计量点状态不为在用、低压用户计量点主用途类型不为售电侧结算、计量点状态不为在用、计量点级数不为 1 级等。

2. 采集数据分析

（1）台区总表数据分析

通过采集系统分析台区总表连续 7 天无表码、倒走、飞走、停走、三相电流不平衡、失压、断相、逆相序、电能表故障更换、异常开盖事件，确定台区线损异常原因。

（2）用户电能表数据分析

采集系统自动分析台区用户电能表是否存在连续 7 天无表码、倒走、飞走、停走、故障更换、异常开盖事件等情况，确定台区线损异常原因。

（3）时钟分析

统计分析总、分表与日历时钟偏差、台区总表时钟与台区下用户电能表时钟偏差情况，是否存在电能表时钟超偏差，导致采集数据异常，进而确定台区线损异常原因。

（4）集中器与主站参数一致性分析

比对分析主站与集中器参数设置是否一致，分析参数设置差异情况，确定是否影响台区线损计算。

（5）采集异常分析

分析台区总表通信端口设置情况，台区总表采用 485 方式进行通信，采集系统中通信端口是否设置为标准值；分析用户电能表通信端口设置情况，系统与现场序号是否一致、系统与现场规约是否一致、系统与现场通信地址是否一致、系统中通信端口是否设置标准值。

二、人工研判

1. 负荷电量分析

在采集系统中查询台区总表、台区内用户电能表的日冻结电能示值，分析电量突增、突减时间点，并结合用户历史用电趋势，分析是否符合实际用电情况，剔除错误数据，避免因系统或电能表异常引起电量突变，造成台区线损异常。

2. 电能表电压、电流曲线分析

在采集系统中召测电能表 A、B、C 三相电压数据，查询是否有失压、断相、逆相序等情况，诊断线损异常原因。

在采集系统中召测电能表数据，A、B、C 三相电压/电流/零序电流/视在功率，查看三相电流是否有失流情况,并查看用户正向有功最大需量值与用电量是否有明显不匹配的情况。

在采集系统召测台区总表三相功率因数,两相功率因数偏低,可能存在跨相等接线错误问题,一相功率因数偏低,可能存在接线错误。

3. 窃电研判

采集系统中召测单相电能表相电流及零线电流数据,核对电流值是否一致,避免出现一线一地窃电情况。

定期跟踪窃电用户的后续用电情况,对用电量进行比对分析,避免出现反复窃电情况。

定期梳理营销系统中电量为零的用户,分析比对近期用户用电量情况,并在采集系统中进行召测,避免出现系统原因造成用户用电量为零度情况。

在采集系统中召测电能表电压、电流曲线电能量示值数据,查看三相电流曲线是否有断续的情况,并判断是否符合实际用电规律,确定用户是否存在窃电嫌疑。

分析电能表总示数不等于各费率之和情况、电量为零但功率不为零、电费剩余金额与购电记录严重不符、电流不平衡超阈值、电压不平衡超阈值、功率曲线全部为零、用电负荷超容量、总功率不等于各相功率之和、电量曲线有负值、功率曲线有负值、电能表零火线反接等其他情况。

4. 数据分析

(1)异常用电情况分析

对电能表开盖事件记录可结合异常时间长短、频次以及最后一次异常记录前后的用电量变化情况分析,排除因电能表质量原因而造成的开盖误动。对停电事件记录同该台区其他用户电能表是否有类似时间段的停电记录事件进行佐证分析判断。

(2)电量比对分析

通过对台区历史线损合理期间用户用电量与当前线损率突增期间用户用电量进行比对分析,对电量差动大,诸如突然出现零度户、电能表示值不平、电能表反向电量异常等重点用户进行监控分析,确定台区线损异常原因。

(3)相邻台区用电量情况分析

结合高损台区发生时间,对地理位置相邻台区用电量情况进行同期比对分析,核查是否存在跨台区隐蔽窃电现象。对电能表费率设置异常、电费剩余金额异常的用户结合用户购电次数、时间以及现场开展综合判断是否存在窃电现象。

三、现场排查

1. 台区总表排查

(1)外观检查

检查台区总表液晶显示屏上显示的实时电压数值、电流数值、电压电流相位角及功率因数。

（2）仪器检查

利用相角仪、钳形电流表测量检测是否存在计量装置故障、接线错误及接线不良等情况。

2. 互感器运行情况排查

（1）外观检查

互感器接线是否正常、互感器外观是否有裂痕、烧毁现象。

（2）接线检测

对三相不平衡、失压、断相、逆相序现象进行仪器检测，包括用钳形电流表分别测量三相低压一次侧电流（每相测量时，应对所有出线测量后相加），并查看台区总表表计显示的二次侧电流，换算是否和现场、各系统综合倍率一致。检查分相互感器的倍率是否一致、精度是否达到 0.5S 级；若是穿心式互感器则要核对穿心匝数与铭牌倍率匝数标识是否一致，确认与各系统综合倍率一致。

3. 户变关系排查

针对线损异常台区，具备现场排查户变关系条件的，应对台区内所有用户逐一进行梳理，如遇到跨台区用户或采集关系不对应用户，应按实际归属关系进行调整，并监测调整台户关系后的台区线损率情况。排查台户关系可辅助运用台区识别仪等仪器设备，下行载波方式采集的居民用户需测到每个集中器位置，下行总线方式采集的居民用户需测到每一路进线，非居民用户应测到每个表位。

4. 电能表排查

（1）外观检查

表箱有无人为破坏、电能表显示是否黑屏、有无报警、封印有无拆封痕迹，表前是否存在跨越供电，零火线是否接反。

（2）接线检测

对系统有开盖记录、零度户等异常电能表，或存在三相不平衡、失压、断相、逆相序现象，检查电压接线是否存在虚接，造成一相或多相无电压，检查电压电流线是否相序接反、电流电压不同相，进出线反接，零相不接表、电压回路接线不可靠、互感器二次线经接线盒后，压片应打开的未打开、应短接的未短接，电流回路接入其他用电，造成人为分流等现象。

（3）零线检测

排查是否存一火一地用电情况。对于单相电能表、三相电能表同时入户的用户在其户内将两块电能表的零火线串用，造成电能表不计或少计。

（4）其他信息核对

核对电能表表号、地址、表计现场示值是否与系统一致。

5. 技术线损排查

台区技术线损过大主要包括：台区供电半径超过 500m、配电变压器未设置在负荷中心、低压线路线径过小、配变出口功率因数低于 0.95、三相负载不平衡、配变长期处于轻载或超载运行、线路电压（尤其是末端线路电压）过低、低压配网线路漏电等。

四、采集排查

1. 集中器排查

（1）外观检查

查看集中器是否正常运行，三相电源是否正确接入。查看 SIM 卡信号强度，如集中器上行信号不良，适当调整天线或集中器位置，保证信号强度。集中器屏幕、路由模块、通信模块显示不正常的，需进行更换处理。

（2）参数设置检查

查看集中器中档案或档案信息不全的，从主站重新下发档案。

（3）上行通信模块检查

如上行通信模块损坏则及时更换通信模块。

（4）载波模块检查

如载波模块损坏则更换载波模块。

2. 电能表排查

（1）时钟检查

在电能表显示屏上检查日期、时间、表号是否正确，电能表时钟偏差过大时，集中器将无法采集该表冻结数据，需及时对时或更换电能表；已经故障的电能表和非智能电能表需及时换表。

（2）电能表模块排查

检查现场电能表模块是否存在故障，避免电能表数据采集不成功。

五、窃电及违约用电排查

1. 常规排查

如私拉乱接无表用电、绕越电能表用电、私自开启电能表接线盒封印和电能表表盖封印用电、损坏电能表及计量互感器用电等。

检查表箱、联合接线盒等计量装置及电能表的外观、封印是否完好、正确，若表计封印有伪造的可能，应鉴定封印的真伪，并使用测试设备对电能表进行现场检定。

查看电能表脉冲指示灯闪烁情况。

用钳形电流表检查相线、中性线电流是否一致及电流值是否正常。

2. 窃电排查

直观检查。通过检查电能表，检查连接线，检查互感器，从中发现蛛丝马迹。

电量检查。根据客户的用电设备容量及其构成，结合考虑实际使用情况对照检查实际计量的电度数。

仪表检查法。用普通的电流表、电压表、相位表进行现场定量检测，从而对计量设备的正常与否作出判断。

3. 台区漏电排查

核对台区总漏电保护器是否退出运行或未配置。当低压线路未改造（裸导线）且火线漏电时，台区总表准确计量漏电量，造成高损。此类现象大多发生在农网未改造线路的台区、漏电障碍因素多的台区。可用钳形电流表测量台区低压进线（或出线）电缆（或变压器中性点接地扁铁）的电流，用大卡口钳形电流表直接卡在导线上（不是电缆的相线），若有电流则说明有漏电现象，直接造成了高损，需要进行漏电故障排除才能消除高损。

4. 零火线反接排查

用户电能表后线路漏电或用户采用一火一地窃电，或采用和邻居共用零线窃电，用户电能表不计量，但台区总表准确计量，造成高损。此种高损现象在现场发现的比较多，隐蔽性强，排查时容易忽略。特别要说明，判断是否存在漏电时，受用户用电时间因素的影响，用户不用电时有可能测不出漏电电流。

5. 无表用户排查

无表用电主要包括：配电房中照明、直流屏等设备无表用电，交通信号灯、路灯、公安监控探头、广电信号放大器、电信网络设备、泛光照明、景观灯、小区内户外用电设备等用电，由于点多、面广且用电量小，未能一一装表计量，采集系统统计线损时未计入此类用户用电量，且用户私自增容用电无法及时发现，易导致线损异常。针对此类问题，对未装表的记录用户的地理位置，户名，总容量，设备类型、数量，然后统一进行装表计量，有效防止该类新增用户无表用电，及时发现窃电、违约用电行为。

第四节　线损治理分析案例

一、异常台区确定

1. 台区数据统计

将某一单位，全部台区当月每天日线损及累计月线损明细全部导出，包括供电单位、台区编号、台区名称、台区容量、数据日期、台区总电量、用户总电量、线损电量、日线损率、月线损率、应覆盖户数、运行状态，做出台区日线损数据统计表。

表4-4-1　　　　　　　　　台区线损数据统计表

台区名称	供电单位	台区编号	台区容量	数据日期	台区总电量	用户总电量	线损电量	日线损率	月线损率	应覆盖户数	运行状态

2. 异常台区筛选

对全部台区当月运行天数、合格天数、不合格天数、高损天数、负损天数分别进行统计，做出全部台区高负损天数清单。

表4-4-2　　　　　　　　　台区高负损天数清单

供电单位	台区编号	名称	运行状态	运行天数	合格天数	不合格天数	高损天数	负损天数	月线损率

优先核查日线损累计7天及以上不合格且月线损不合格，日线损连续3天及以上不合格，月线损不合格（合格区间为−1%−9%）三种情况的台区，确定异常台区清单（对于小电量和机井通台区各单位根据实际情况及时处理），对该部分台区制定措施，尽快治理。

二、异常台区核查

对某一异常台区，从系统数据分析和现场核查梳理两个方面开展降损工作，从系统方面对该台区可能存在的各类异常数据进行综合分析，从现场方面掌握小技巧对台区进行全面排查体检。

1. 异常数据分析

对确定的异常台区在用采系统内初步进行数据分析，重点对该台区内电能表是否存在失压断相、跑反向表码、零火电流不一致（排除共用零线干扰）、电能示值明显不平、采集表码是否明显异常、线损计算供出模块档案是否正确、同一终端对应多台区等异常数据进行分析，借助系统找出影响台区线损的可能问题点。

表 4-4-3　　　　　　　　　　台区异常数据重点梳理清单

供电单位	台区编号	名称	异常数据类型	明细
			失压断相	
			反向表码	
			零火线电流	
			电能示值不平	
			供出模块档案	
			同一终端对应多台区	
			失流负流	
			停电分析到户	
			……	

异常数据查询途径和分析方法如下：需查询本省采集系统路径，每一种附一种案例。

（1）异常数据—失压断相

由查询结果可见，失压断相异常数据中显示部分电能表电压值 0V、139.90V、45.90V 等，根据异常数据清单就可到现场落实实际情况，看接线是否压紧、电压连接片是否断开，利用数据精准定位异常电能表。

（2）异常数据—反向表码

如果某一电能表跑反向表码，则会在反向有功总一栏中出现反向表码。

备注：电能表跑反向是指低压单相进出火线反接，在电能表显示屏左下方会出现一个自又向左的箭头；三相四线接线的电能表会在电能表显示屏上出现某一项电流值为 $-I_a$ 或者 $-I_b$，同时显示屏上方出现反向两个字。

（3）异常数据—零火线电流不一致

结合开表盖次数和上次开表盖时间，电能表开盖时间要重点看是否近期出现过，并注意看开盖次数，一般情况下，开盖发生时刻与结束时刻时间差在几分钟以内并且电流差值较大的用户窃电嫌疑最大，根据异常数据清单到现场排查落实。

（4）异常数据—电能示值不平

将某一单位内所有低压用户电能示值明细粘贴复制至 Excel 表格内，对电能表正向有功尖、峰、平、谷之和相加后与正向有功总取差值，差值较小的比如 0/0.01/0.02，均正常，当出现差值较大时，如表中差值为×××度，说明电能表少计量，及时对故障电能表进行更换或者校验。

表 4-4-4　　　　　　　　　低压用户电能示值差值

台区编号	电能表资产编号	正向有功总	正向有功尖	正向有功峰	正向有功平	正向有功谷	尖峰平谷之和	尖峰平谷之和与有功总之差

（5）异常数据—同一终端对应多台区

对一终端多台区低压用户明细进行数据分析，重点核查同一终端内含有两个及以上的台区对应的电能表，以此为依据判断是否存在户变关系不一致。

根据一终端对应多台区明细分析，通常存在新立户已归档但现场未装表（表计在办公室或者台区经理手中）或确实串台区等情况，根据不同的问题采用不同的办法处理。

表 4-4-5　　　　　　　　终 端 多 台 区 明 细

终端地址码	电能表资产号	台区编号	台区名称

（6）异常数据—失流负流

表 4-4-6　　　　　　　电 流 示 值 明 细

台区编号	台区名称	电能表资产编号	类型	0:00	1:00	2:00	3:00	……	20:00	21:00	22:00	23:00

将电流大数据批量调出后，以台区为单位进行排序，重点对电流值为 0 和小于 0 的数值进行分析，注意排除因光伏发电出现的负电流影响，通过对电流值的分析可以发现错接

线比如某一相反接或者台区总表短接等问题。

（7）异常数据—停电分析到户

停电分析到户涉及户变关系不一致、新立户系统已归档但现场未装表、低压集中器电压程序上报数据出错、台区总表电压数据异常未采集等问题。

（8）异常数据—换表/销户止码

换表/销户止码需要在营销系统和采集系统内进行数据统计查询，营销系统主要查询换表/销户电能表的录入止码，用采系统主要查询旧表最后一次成功采集示数及日期，看两个数据是否一致。

将营销系统内查询的换表/销户记录与采集系统数据进行数据分析，重点分析换表录入止码和采集系统最后一次采集不一致的，然后看该电能表所属台区，查询该台区线损情况即可发现系列问题，比如通过增加或者减少换表电量实现线损合格的目的。

表4-4-7　　　　　　　　　　换表/销户起止码差

资产编号	倍率	异常发现日期	故障类型和原因	换表录入止码	采集系统最后一次成功采集日期	采集表码	差值

（9）异常数据—新装电能表归档日期及起码

新装电能表归档日期及采集系统第一次成功采集表码和日期,主要稽查客户在申请装表接电后，是否及时现场装表，杜绝养表、修改逻辑地址上传表码，造成现场表计用电后，用采系统采集仍为0，导致台区线损不合格。

对查询的结果进行数据分析，把新立户归档日与采集系统第一次成功采集表码日期及采集表码进行对比，对日期进行作差看天数及第一次采集表码示值，继续分析所属台区，从而判断是否影响台区或者新立户是否归档及时存在体外流转等问题。

表4-4-8　　　　　　　　新装电能表起码采集日期和归档日期

用户编号	用电类别	申请运行容量	申请日期	归档日期	采集系统第一次采集表码日期	采集表码	归档日期与第一次采集日期差

（10）异常数据—互感器倍率配置

公变台区互感器配置一般情况下是根据台区容量的 1.5～2 倍进行配置，根据这个规则，将全部台区导出后，对互感器配置情况进行分析，试图发现存在互感器明显配置不符合规定的台区，在分析该台区线损情况，到现场落实核查，看是否正确，实现台区线损合格。

第五章

营销现场稽查技术

电力营销稽查是电力营销环节内控约束机制的主要组成部分,是电力营销风险管控的重要内容和有效途径。通过有效开展电力稽查工作,可以达到规范营销行为,杜塞漏洞,挖潜效益,提高营销政策执行力,减少营销事故的目的。

第一节 营销稽查业务内容概述

为进一步提高营销稽查监控运营实效,促进营销稽查监控实用化评价工作的全面落实,实现以评价促应用、以应用促管理的目标,着力推动营销稽查工作本地化、实体化运作,强化营销稽查管理和营销专业内控体系建设,提高优质服务水平,防范营销经营与服务风险,促进营销转型升级和高质量发展,集中力量开展营销稽查工作,实现公司营销稽查全业务覆盖。

一、实用化需求

(1)在持续优化电力营商环境,不断提升供电服务水平,适应市场化改革、提升客户满意度和强化效率效益管控等方面面临巨大挑战。目前营销稽查工作开展更多的是依靠上级公司提供数据支持,现有的线索在营销业务系统、用电采集系统与营销稽查工作相对分离,数据中无法整合获取,我们迫切需要行之有效的营销业务数据支撑。

(2)根据国家电网公司关于深化营销稽查与质量监督体系建设行动计划要求,有序由市到县建成营销全业务、全流程、全环节"查改防惩"一体化的智慧稽查新模式,营销全业务稽查覆盖率100%,在线、专项、现场"三位一体"常态稽查模式全面建立。

二、现状及存在问题

（1）服务风险点突出。从国网、各省公司巡视巡查、省市稽查检查中发现，营销业务不规范问题依然占比较高。异常属实工单数量及万户异常率较高，给供电服务及营销业务质量带来较大的风险。

（2）业务管控现状。现阶段营销业务管控还处于传统模式，需要各专业管理人员被动管控为主，造成各层级业扩、电费、计量、线损等专业管控力量分散，业务管理水平受人员主观行为影响，没有形成统一业务管控体系，容易出现管控盲点。

（3）稽查存在局限性。2020 年以来，根据国网、省公司部署，依托稽查微应用系统开展营销稽查工作，主要业务为接收国网、省及市公司稽查工单，组织进行检查、审核、反馈，该模式存在业务重事后处理，轻事前预警的局限性，同时业务系统分散，涉及营销信息、用电采集、稽查微应用、网上国网、办电 e 助手等多个办公平台，各系统间数据通用性、互访存在数据壁垒，检索时需要各系统间逐个查询，没有统一直观展示营销各专业工作，造成营销可视化程度不高。

第二节　营销稽查的业务内容

一、客户用电业务稽查

聚焦不同时期的供电服务，对客户关注的重点、焦点、热点问题，提升客户满意度，进一步优化电力营商环境。常态化开展疑似未开放容量、一址多户、业务受理环节超期、流程终止后重启、业务费收取不规范、供用电合同签订不规范、供电方案不合理等主题核查工作。并建立核查责任制，实行核查结果追溯机制，确保问题有据可查，有据可依。确保各营销业务整体评价准确合理，获得有效的风险化解定向指导。

二、计量装置管理稽查

为各单位服务问题改善、重点工作推进、新兴业务推广。常态化开展频繁换表异常、反向电量异常、互感器变比差错、抄表异常数据核查、电能表轮换不及时、计量异常长期未消缺、装出表计录入示数非零等计量管理问题稽查主题核查。实现营销全业务流程风险管控，业务异常事前预警、工作差错事中管控、业务质量事后把关，全面提升营销业务风险防控能力。

三、电费电价的管理稽查

针对内外部监管检查关注的营销工作重点、疑点、难点问题，持续深化电费电价与企业经营效益密切相关业务的稽查监控，重点针对抄表示数异常、销户余额不为零、居民大电量、农业电价执行错误、基本电费计收异常、光伏发电用户结算异常、变线损执行异常等公司经营成果"跑冒滴漏"问题。开展在线稽查，并积极借鉴巡视巡察、审计等成熟的工作机制，以及发现、判定、深挖异常问题的能力，持续提高稽查主题的精准性与针对性，提升在线稽查质效。

四、通过营销系统进行用电分析

对调取的失压断相、零火不一致、失流、负电流、过电流等异常主题实行双人复合分析制度，确保推送数据的实效性，要求管理单位限期反馈的同时，应及时调整并制定相对应的稽查管理措施，特别针对学校寒暑假期、农业季节性生产时期提升营销风险防控能力。拓展对电能替代、电动汽车、分布式光伏等营销新兴业务的稽查工作。

持续强化在线稽查。聚焦营销业务习惯性违规问题，扩展、优化稽查主题，依托在线稽查加大常态整治力度。

第三节　营销稽查组织机构

成立营销稽查监控中心，负责营销服务全业务、全环节精益化管控。业务上与稽查班反窃查违专业深度融合，常态化开展线上＋现场＋专项的稽查工作。

一、组织体系

根据国网公司营销稽查监控体系建设要求，参照省公司建设模式成立营销稽查监控中心，业务范围涵盖营销全业务，充分发挥专业管理和业务支撑职能，主要负责贯彻落实上级有关政策要求，制定营销稽查监控的有关管理制度、工作标准、工作流程、岗位规范，加强指标监测、异动分析与问题解决协调，提升业务质量监督工作质效。

二、人员配置

根据省公司营销稽查体系建设要求，在市、县单位市场营销部配备营销稽查专工 1 人，将原"稽查班"优化调整为营销稽查一班和营销稽查二班，原则上每班不少于 5 人。营销稽查一班负责线上稽查，主要负责营销业务异常问题的收集和分析，负责派发、审核稽查工单，负责配合省市公司开展稽查主题开发设计，负责跟踪监督异常问题闭环整改，负责营销业务质量评价；营销稽查二班负责线下督查，主要负责全市范围内重点稽查问题的现场核查，反窃查违等现场用电检查，重要客户管理工作以及其他客户用电异常情况的抽检和营销重大事项的提级稽查。

供电所由供电所综合监控室（综合班）人员兼职，原则上不新增工作人员。负责接收县公司下达的异动数据和稽查工单，负责将稽查工单及时传递给相关责任人并跟踪整改，负责供电所运营指标日常监控。营销稽查监控中心成立后，实现省市县所四级业务联动，并充分发挥自上而下的业务贯通，有效开展营销稽查工作。

三、系统开发与使用

按照信息管理一体化的总体要求，市县公司将直接接入省公司营销稽查监控中心平台，由省公司提供账号、权限，并安排人员进行业务培训，实现营销重点工作可视化展示，对营销全业务、全流程、全环节风险管控，开展自主稽查主题规则建设，业务异常事前预警、工作差错事中管控、业务质量事后把关，全面提升营销业务风险防控能力。

四、开展营销各专业人员轮值

从各县公司选派营销稽查业务人员，定期到营销稽查监控中心开展轮值监控工作，以营销稽查业务监控为平台支撑，同步提高各业务专业营销管理水平。

五、成立稽查专家柔性团队

从市县公司选取从事用电检查、计量、业扩、电费电价业务骨干，组建公司级营销稽查专家柔性团队，根据专业分为营销稽查组、营业业扩组、电费电价组、电能计量组、市场智能组、信息安全组，进行业务支撑、现场检查，并针对重大或典型问题开展专项"会诊"。

六、健全专业协同会商机制

每月省市公司分别组织召开一次稽查专题分析会，通报月度稽查工作开展情况、分析各专业管理存在问题，查找薄弱环节，制定针对性整改措施，堵塞业务管理漏洞，提出稽查需求，围绕稽查工单核查及自主稽查开展情况，每月发布本单位稽查月报。

附件：营销稽查监控业务流程图

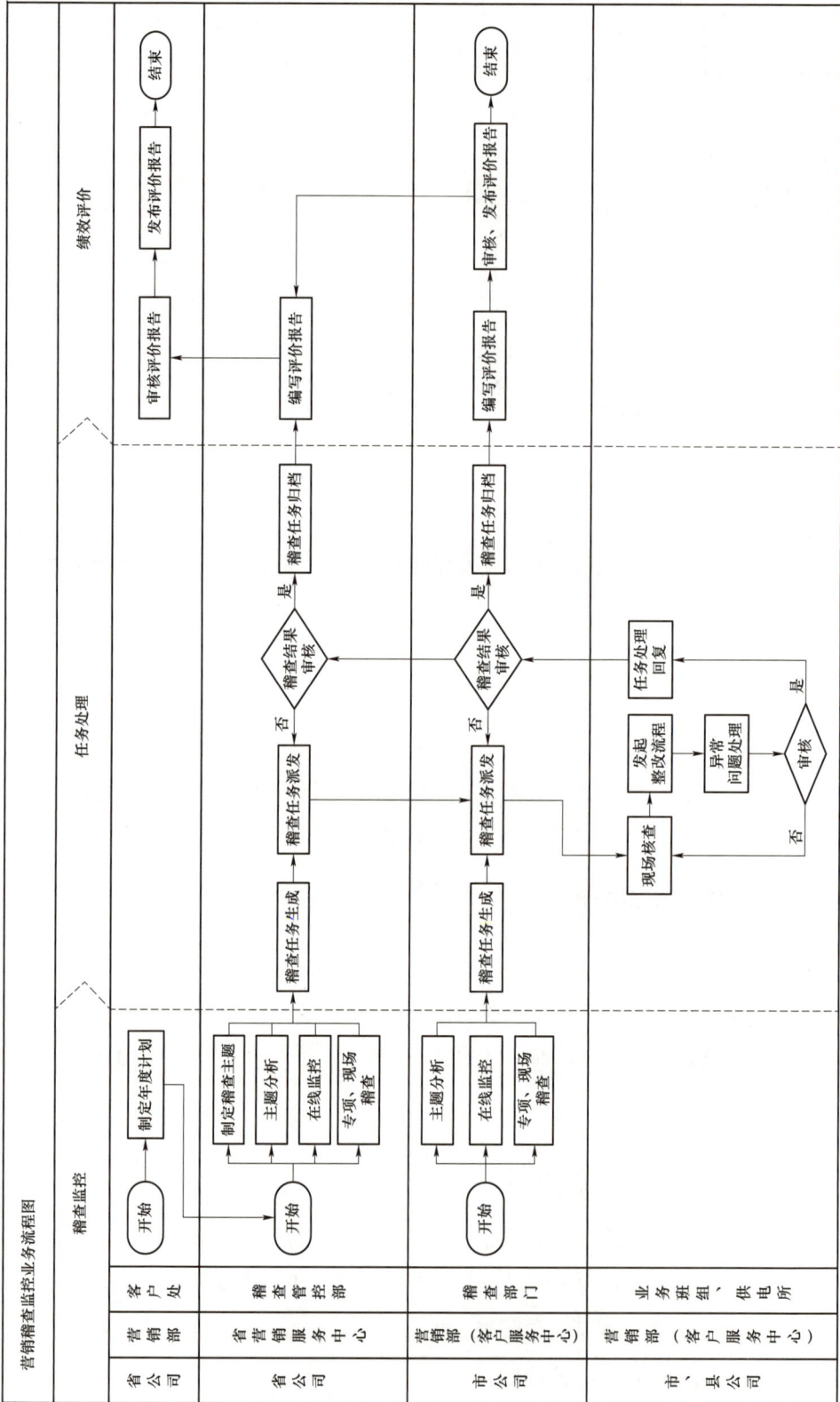

电力营销服务管理

营销稽查监控业务流程图

		稽查监控	任务处理	绩效评价
省公司	营销部 客户处	开始 → 制定年度计划		审核评价报告 → 发布评价报告 → 结束
省公司	营销部 省营销服务中心 稽查管控部	开始 → 制定稽查主题 / 主题分析 / 在线监控 / 专项、现场稽查	稽查任务生成 → 稽查任务派发 → 稽查结果审核 否/是 → 稽查任务归档	编写评价报告
市公司	营销部（客户服务中心） 稽查部门	开始 → 主题分析 / 在线监控 / 专项、现场稽查	稽查任务生成 → 稽查任务派发 → 稽查结果审核 否/是 → 稽查任务归档	编写评价报告 → 审核、发布评价报告 → 结束
市、县公司	营销部（客户服务中心） 业务班组、供电所		现场核查 → 发起整改流程 / 异常问题处理 → 审核 否/是 → 任务回复	

〈 94 〉

第四节 营销稽查责任范围

用电稽查工作分为内稽和外查两部分：

内稽是指对各营销单位业扩报装业务和营销工作质量的内部稽查，杜绝营业差错和营销环节的跑、冒、滴、漏现象，提高营销工作质量和管理水平；检查有关自用电单位（含公司内部）、住户用电情况，提高企业经济效益。

外查是指对辖区内所有客户用电计量装置的运行及用电合同（协议）的履行进行稽查，重点是整顿社会用电秩序，严厉查处客户的违约用电和打击窃电行为，确保公司的经济效益，并通过对外部的稽查，找出内部管理的薄弱环节，不断改进和提高内部工作质量。

第五节 用电稽查人员职责

稽查客户用电计量装置的运行及用电合同（协议）的履行情况及分类电价的执行情况，并依照《电力法》及相关规定对用电情况进行监督检查。

具体为：

负责监督稽查各营销单位对《电力法》《电力供应与使用条例》《供电营业规则》、电价政策等有关法律、法规、政策以及国网电公司下发的有关用电稽查工作的文件、制度和规定的贯彻实施情况。

协助相关部室制定用电稽查工作管理标准、工作标准及有关规章制度和办法，并组织实施。

负责制定辖区内用电稽查工作计划并组织实施。

协助有关单位对营业普查工作中，对查处的一些违约用电、窃电等情况的监督稽查工作。

负责对各营销单位的营销工作质量进行内部稽查工作，并提出考核奖惩意见。

负责查处投诉、举报的客户违约用电和窃电行为。

负责贯彻落实市公司安排的有关用电稽查工作。

负责对有关位用电检查工作开展情况的检查监督。

第六节 稽查业务的稽查方式

一、自主稽查

1. 用电采集信息系统

依托用电采集信息系统，对用电客户的电流、电压、功率等多维度数据展开在线实时监测，聚焦失压断相、零火线电流异常、光伏电量异常、专变超容等主题，对稽查发现的异常用户进行分析筛选，生成稽查任务单下派各单位组织开展现场核实，对确实存在异常的生成稽查工单，由处理人填报异常问题，提供相关佐证材料和稽查成效。

2. 营销系统

依托营销系统，利用现有的数据集成和个性化查询主题功能，对电费主题下力调执行错误、运行容量异常，对业扩主题下超期结存工单等主题进行稽查，将异常用户数据下发各单位，由专业主责组织进行现场核实反馈，确实存在问题的形成稽查工单，由处理人填报异常问题和稽查成效。

3. 智能稽查微应用系统

依托稽查微应用系统，应用事中专项稽查模块，对其中涉及的异常数据定时开展核查处理。系统自带预警主题监控，实现对"频繁换表异常""定量定比异常""高可靠性供电费收取异常""客户用电名称异常"等 32 项稽查主题进行专项稽查。

二、协同稽查

联合营销各专业开展协同稽查，加强与各专业交流，听取各专业在管理与执行过程中存在的异常，针对异常有重点的展开专项稽查。

每月与抄表班开展月度抄表电量异常稽查，重点对居民大电量、农业电价执行异常，制定居民客户每月用电量超 2000kWh、农业电价非负荷高峰期大电量作为稽查阈值，针对性组织开展现场电价核查，确保公司电价规范执行，减少电费损失。

三、个性稽查

联合营销各专业开展专项稽查，根据不同专业的业务开展情况，听取各专业稽查需求，针对性制定个性稽查主题。

计量采集专业发现"失压断相"异常一直居高不下。根据专业提出的需求，制定系统中失压断相中无回复时间的作为稽查阈值，确保稽查精准度，每周进行专项稽查，实现问题有效整改。

四、用电稽查的内容

国家电价政策执行情况，执行时间、范围、标准等。

抄表质量，电能表实抄率、抄表差错率情况，电能计量装置的运行情况和抄表日报完成情况。

对客户用电性质、灯力比和用电量等变化情况是否及时进行了核实更改。

电费的账、卡、据、单、印管理情况，电量电费计算是否正确，电量电费异常情况分析处理是否及时、正确等。

有无私自改变电价类别、计量比例或帮助、默许客户窃电行为。

有无乱加价、乱收费、乱罚款行为。

电能计量装置的选用和安装位置是否符合规定，封钳、封印是否完整齐全。

电能计量装置是否周期试验和轮换。

计费用的 TA、TV 变比是否配备合理，与现场是否相符。

计量装置误差检定和 TV 二次降压测试是否及时，超差是否及时处理。

公司所属有关单位及住户用电是否装表收费，是否存在对外转供电现象。

重点针对个别农电工私自改变电价分类，多抄、少抄、估抄电量和私自办理用电手续，虚报户名等现象的查处。

五、营销稽查程序

用电稽查按照制定的年度工作计划和营销指标的完成情况，定期或不定期地对报装接电、日常营业管理、电费抄核收管理、电能计量管理等各项业务工作完成质量进行稽查。

在进行任务过程中，用电稽查应经公司领导签字批准的《用电稽查通知单》见附件，向被稽查方说明稽查的时间、内容及需要提供的资料，被稽查方应积极予以配合。

有必要时，稽查人员可到客户现场核查。

稽查结束后，要形成书面稽查报告，并经被稽查单位负责人及有关人员签字确认。

根据稽查结果提出对责任部门和责任人的处理意见，经公司领导审批后实施。

经稽查，确认被稽查方在执行电价政策、报装接电、日常营业、电费抄核收、电能计量等营销管理工作中，有违反国家政策、法规和规定的，稽查大队应出具《用电稽查整改通知书》，经公司领导审批后交被稽查单位，限期进行整改。

被稽查单位整改完毕后，5 天内写出整改报告以书面形式报稽查存档。

六、客户用电专项稽查

用电稽查人员对客户实施稽查时，用电稽查的人数不得少于两人。

执行用电稽查任务时，应填写《用电稽查工作单》和《客户用电检查现场作业安全控制卡》（见附件），经主任批准后执行。稽查完成后，被稽查方主要负责人应在工作单上签字。

用电稽查人员在执行稽查任务时，应向客户出示有效证件。

当用电稽查人员发现客户有窃电、违约用电行为时，应当保护现场，会同公安办公室提取和收集有关证据，主要方法有：

（1）拍照。

（2）摄像。

（3）录音。

（4）损坏的用电计量装置的查封提取。

（5）伪造或者开启加封的用电计量装置封印查封收集。

（6）使用电计量装置不准或者失效的窃电装置、工具的查封收缴。

（7）在用电计量装置上遗留的窃电痕迹的提取及保护。

（8）经当事人签名的现场勘验笔录。

（9）客户用电量显著异常变化的月份电费清单收集。

（10）客户产品用电单耗变动月份情况的收集。

（11）当事人、知情人、举报人的书面陈述材料的收集。

（12）专业试验、专项技术鉴定结论的文本材料的收集。

（13）其他方法。

处理人员对于取得的证据应当登记并妥善保存，不得随意动用、损毁，用后封存。

对于事实清楚、证据确凿的违约用电和窃电行为，应开具《违章用电、窃电通知书》一式两份，由用电稽查人员和被稽查单位主要负责人签字后，一份由客户存留，一份带回存档备案。

用电稽查人员在发出《违章用电、窃电通知书》两个工作日内提出处理意见，报经公司领导审批后实施。

必要时，应根据有关证据对违约用电和窃电事实进行复核。

七、客户违约用电和窃电行为的查处程序

1. 客户的违约用电行为

（1）在电价低的线路上，擅自接用电价高的用电设备或擅自改变用电类别。

（2）擅自超过合同约定的容量用电。

（3）擅自使用已经在供电企业办理暂停用电手续的电力设备或者擅自启用已被供电企业封存的电力设备。

（4）擅自迁移、更改或者擅自操作供电企业的用电计量装置。

（5）未经供电企业许可，擅自引入或供出电源或者将自备电源擅自并网。

2. 客户的窃电行为

（1）在供电企业的供电设施上，擅自接线用电。

（2）绕越供电企业的计量装置用电。

（3）仿造或开启供电企业加封的用电计量装置封印用电。

（4）故意破坏供电企业用电计量装置。

（5）故意使供电企业计量装置计量不准或失效。

（6）采用其他方法窃电。

3．其他

（1）生产、生活及动力定比、定量的核查。

（2）基本电费计收方式、计费容量和需量的核查。

（3）力率调整电费的执行标准。

（4）其他稽查。

4．窃电、违约用电查处的流程图

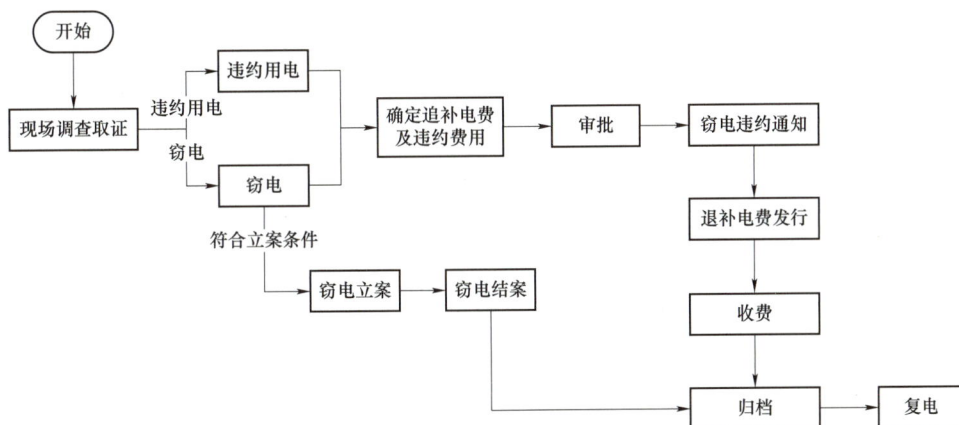

八、过营销系统进行用电稽查

灵活运用先进技术手段，建立全息感知的现场稽查模式。第一，"物-物"的感知。在现有电力基础设施、用户以及先进的互联网、ICT技术基础上，借助传感技术，实时监测各接入信息，并应用先进的大数据、物联网、人工智能技术，广泛收集用电信息。第二，"人-物"的互联。以"互联网+"为依托，借助移动互联技术，通过"互联网+预警稽查"的2.0营销系统业务管控模式，并借助用电采集设备、智能终端以及人工智能交互服务平台，实现对客户用电基本情况进行分析和了解，分类列表，重点稽查，特别是对以下客户要跟踪管理，随时进行稽查。

（1）对历史上有违约用电和窃电行为的客户。

（2）信誉不高的客户。

（3）私人经营、承包户。

（4）电费有异常现象的客户。

（5）负责查出群众举报投诉客户的违约、窃电。

九、稽查工作要求

用电稽查工作由用电稽查负责策划、组织、实施以及检查和考核，各营销单位要按照用电稽查年度工作计划分解任务，落实责任，在辖区内开展对客户及内部营销工作质量的用电稽查工作。

（1）认真检查分析用电营业大普查中存在的各种问题。

（2）年度内对内部营销单位执行电价政策、电费抄、核、收、账、卡、据管理情况和对客户违约用电、窃电行为的专项稽查，稽查范围要达到以下要求：

a. 大工业100%。

b. 一般工商业100%。

c. 城乡居民（城区一表一户100%、四到户20%以上）。

d. 供电所100%。

e. 其他根据情况自行确定。

（3）年度内对电能计量差错、客户用电分类、基本电费计收方式，计收容量的专项查处，应达到以下要求：

a. 大工业100%。

b. 一般工商业100%。

c. 城乡居民主要查处沿街、沿公路经商的住户。

（4）全面开展对客户及内部营销工作质量的用电稽查，完成率100%。

第七节　营销现场稽查结果的应用

一、营销现场稽查主体的核查

专项稽查方向	问题表象	稽查方式	核查要点
1. 业扩报装"体外循环"	工单流转与实际情况不一致	线上	1. 核查其档案资料实际受理申请、现场作业时间与系统记录是否一致；业务关键流程环节纸质档案、系统记录与技术报告出具时间逻辑是否合理。 2. 核查存在流程中止后重启的业扩项目，流程中止原因是否为规避时限考核、中止流程是否存在流程环节时长超期问题，是否存在以用户资金名义申请中止流程后短期重新发起的情况。 3. 核查办理过分户业务的用户，新立户是否同原分户户号位于同一用电地址、同一供电点，分户后多户容量同原容量有无变化，是否存在违规通过分户流程办理高压用户新装
	业务办理时间与技术报告出具时间逻辑不符		
	中止重启规避时限考核		
2. 港口岸电业务执行不规范	港口岸电用户用电类别错误	线上	核实港口岸电用户用电类别是否同营销系统一致，有无港口岸电用户已变更用电性质及类别
	港口岸电用户电价执行错误	线下	核实港口岸电用户用电类别是否同营销系统一致，有无港口岸电用户私自变更用电性质及类别的情况

续表

专项稽查方向	问题表象	稽查方式	核查要点
2. 港口岸电业务执行不规范	港口岸电分表计量用户基本电费减免错误	线下	核实未独立立户的港口岸电用户，有无减免基本电费，核实现场供电设施容量同减免容量是否一致
	港口岸电建设项目不规范	线下	核实港口岸电设施建设项目全过程资料，立项、初设、审批、招标、预决算、监理、审计等工程及财务资料是否缺少、符合时间逻辑、符合上级有关要求
	港口岸电接入平台不及时	线下	核实港口岸电项目投运后有无按照规定接入平台
3. 电动汽车业务执行不规范	电动汽车充电桩用户用电类别错误	线上	核实电动汽车充电桩用户用电类别是否同营销系统一致，有无充电桩用户已变更用电性质及类别
	电动汽车充电桩用户电价执行错误	线下	核实电动汽车充电桩用户用电类别是否同营销系统一致，有无港口岸电用户私自变更用电性质及类别的情况
	电动汽车充电桩分表计量用户基本电费减免错误	线下	核实未独立立户的电动汽车充电桩的用户，有无减免基本电费，核实现场供电设施容量同减免容量是否一致
	电动汽车充电桩设施建设项目不规范	线下	核实电动汽车充电桩设施建设项目全过程资料，立项、初设、审批、招标、预决算、监理、审计等工程及财务资料是否缺少、符合时间逻辑、符合上级有关要求
	电动汽车充电桩项目接入平台不及时	线下	核实电动汽车充电桩项目投运后有无按照规定接入平台
	电动汽车充电桩建设项目可研测算不合理	线下	核查电动汽车充电桩投资建设后可研预估充电量较实际充电量的差异较大
	电动汽车充电桩建设施工招标不规范	线下	核查电动汽车充电桩投资建设项目是否存在未批先建、工程管理时间逻辑不合理等
	电动汽车充电桩设施运营低效	线下	核查投资电动汽车是否存在零低电量情况，是否存在投资效益不明显问题
	电动汽车充电桩充电服务问题	线下	核查电动汽车充电服务等引发各类95598投诉及意见
	电动汽车充电基础设施"两率"偏低	线下	核查投资建设电动汽车充电桩市场占有率、利用率是否偏低
	电动汽车充电桩电量异常	线上＋线下	核查电充汽车充电桩现场是否存在自用充电桩错误纳入办公用电范畴的情况；是否存在充电桩用户高价低接违约用电的情况
4. 涉企违规收费	高可靠性供电费收取不规范	线上	核查业扩装过程中高可靠性供电费是否按照标准收取，有无错收或漏收高可靠性供电费；是否通过"一址多户"、设置多个受电点等方式规避高可靠性供电费等
	临时接电费未退费	线上	核查营销系统中已收取临时接费客户，是否存在未清退费情况
	违规收取其他业务费用	线上＋线下	核查业扩装过程中是否向用户收取除高可靠性供电费以外的其他费用，如：移表费、计量装置赔偿费、低压计量检测等费用；是否以业务费或电费形式变相收取未经政府价格主管部门批准的收费项目；是否向用户收取或变相收取计量装置购置、安装费、分界负荷开关等费用

续表

专项稽查方向	问题表象	稽查方式	核查要点
5. 客户受电工程"三指定"	相关制度要求指定用户选择设计、施工和供货单位	线下	核查相关制度、工作要求是否和上级要求相一致，内容相适应，是否存在限制用户自行选择设计、施工、供货单位的要求。主业单位是否在各类工作报告、绩效体系中对关联企业市场占有率提出要求
	信息公开、告知不到位影响用户自主选择设计、施工和供货单位		核查受理环节供电公司有无主动发放一次性告知单，告知用户可以自主寻找、自行委托具备相应资质的设计、施工和供货单位；核查营业厅是否全部公开具备资质的设计、施工和供货单位，公开信息是否有明显诱导性和排他性；营业厅等主业办公场所有无关联企业设点提供服务
	供电方案设置不合理限制用户自主选择设计、施工和供货单位		核查用户受电工程供电方案的经济型、科学性、合理性，有无通过供电方案提供不完整、先行制定不合理的供电方案后续进行变更等方式，变相指定设计、施工和供货单位
	业扩报装流程相关验收、审查环节设置障碍限制用户自主选择设计、施工和供货单位		核查设计审查、中间检查、竣工验收、装表接电等环节，有无通过一次性告知不到位、重复审验、提出不合理审验标准等方式，人为设置障碍影响客户选择的现象
	用户受电工程设计、施工和供货单位招标受限		核查用户委托供电公司代为管理、招标的受电工程项目，有无严格履行招标制度；是否面向社会公开招标；用户直接委托关联企业的受电工程项目，有无严格按照国家、地方定额取费，有无违规转包
	用户业扩报装信息外流		核查业扩报装过程中有无将客户信息流转至设计、施工和供货单位
6. 违规调节抄表电量	违规调整抄表包或抄表例日	线上＋线下	核查相关文件通知，有无存在四季度或年末违规要求调节抄表电量
		线上	筛查市（县）级供电企业供电区域为单位，单个单位总抄表电量同比或环比突变20%以上
	抄表段例日频繁变更	线上	核查有无频繁、违规调整高压用户抄表段
7. 机井通电建管运营情况	机井用电未通电	线下	核查是否存在农村机井通电未落实到位的情况；核查是否存在机井已经通电但电力设施运行、维护不到位的情况；是否存在长期挂表养表的情况
	机井用电电价异常		核查现场机井管理方有无以服务费、电量损耗等名义增加收取电价电费。如有，应做好记录，并向当地有关部门提出管理建议
	机井用电电量异常	线上	核查是否存在反季节用电的情况；是否存在长期零电量的情况
	私自变更机井用电性质	线下	是否存在高价低接违约用电的情况
	机井用电电费回收不规范	线下	是否存在未及时足额回收机井电费的情况；机井用电电费是否存在虚假销账、跨考核期冲正、A销B账等情况
8. 电费虚拟户	考核表有余额	线上	核查将其他客户资金转移到虚拟电费账户或长期未用电、关口计量、办公自用电的客户上
	预收余额频繁变动	线上	核查将资金人为转移为其他客户冲抵电费
	客户账户余额过大或无故冻结	线上	

续表

主题	规则	核查要点
送电一致性异常	筛查营销业务应用系统所有上一统计周期归档的高压新装专变用电客户，取该用电客户接入用电信息采集系统后的首次采集记录，计算该用电客户首次采集记录与用户送电时间大于48小时的进行稽查监控	1. 核查高压新装专变用电客户申请时间； 2. 通过电信息采集系统首次采集记录核查现场送电时间； 3. 系统记录的送电时间与现场实际送电时间是否一致； 4. 异常是否属实，如属实应明确造成超长的原因（业务管理、员工执行、系统问题等）和责任归属（是否供电企业责任），如不属实应提供具体佐证材料； 5. 是否供电公司责任、是否涉及人员经济、廉政风险，对存在员工工作差错的，有无落实责任考核； 6. 是否涉及体外流转
光伏发电疑似体外流转	筛查营销业务应用系统所有上一统计周期归档的低压分布式电源新装增容发电户客户，取该发电客户并网日期48小时的采集记录，对并网日期与发电日期相差大于48小时的进行稽查监控	1. 核查发电户并网日期； 2. 客户系统并网时间与发电时间相差大于48小时异常是否属实； 3. 异常是否属实，如属实应明确造成没有发电的原因（业务管理、员工执行、系统问题等）和责任归属（是否供电企业责任），如不属实应提供具体佐证材料； 4. 是否供电公司责任、是否涉及人员经济、廉政风险，对存在员工工作差错的，有无落实责任考核
光伏用户虚假立户	筛查营销业务应用系统所有上一统计周期归档的低压分布式电源新装增容发电客户，取该发电客户接入用电信息采集系统后的30日以内采集记录，对30日内没有发电量的进行稽查监控	1. 核查发电户并网日期； 2. 发电户在并网日期的一个月内发电情况是否属实； 3. 现场光伏设备是否齐全，虚假立户是否属实，如属实应明确原因（业务管理、员工执行、系统问题等）和责任归属（是否供电企业责任），如不属实应提供具体佐证材料； 4. 是否供电公司责任、是否涉及人员经济、廉政风险，对存在员工工作差错的，有无落实责任考核
分布式光伏夜间发电	筛查营销业务应用系统所有上一统计周期归档的低压分布式电源新装增容，取该发电客户接入用电信息采集系统后的每晚22点–次日凌晨5点共7个点的A相电流，对发电户在此时段内有夜间发电的进行稽查监控	1. 核查发电户电能表资产编号（条形码）； 2. 发电户在夜间发电情况是否属实； 3. 如属实应明确造成的原因（业务管理、员工执行、系统问题等）和责任归属（是否供电企业责任）如不属实应提供具体佐证材料； 4. 是否供电公司责任、是否涉及人员经济、廉政风险，对存在员工工作差错的，有无落实责任考核

续表

主题	规则	核查要点
变压器私自启停	筛查营销业务应用系统所有上一统计周期归档的设备封停工单，取该户在暂停日期后的30天正向有功数据，对30天以内与暂停当然的抄表数据有差异的进行稽查监控	1. 核查运行暂停申请的运行容量； 2. 用户在暂停期间私自启用变压器是否属实，如属实应明确造成的原因（业务管理、员工执行、系统问题等）和责任归属（是否供电企业责任），如不属实应提供具体佐证材料； 3. 是否供电公司责任、是否涉及人员经济、廉政风险，对存在员工工作差错的，有无落实责任考核
分布式光伏超容发电	筛查营销业务应用系统所有上一统计周期归档的低压分布式电源新装增容，取该发电客户接入用电信息采集系统后，取 8:00–18:00 的有功功率，取最大的有功功率*综合倍率的乘积，对乘积结果大于计量点容量的发电户进行稽查监控	1. 核查发电户电能表资产编号（条形码）； 2. 核查实际容量比申报容量大是否属实； 3. 如属实应明确造成的原因（业务管理、员工执行、系统问题等）和责任归属（是否供电企业责任）如不属实应提供具体佐证材料； 4. 是否供电公司责任、是否涉及人员经济、廉政风险，对存在员工工作差错的，有无落实责任考核

二、营销稽查闭环管控及工单审核

序号	主题名称	规则	问题回复示例	整改措施示例	佐证材料		备注
					"无异常"	"有异常"	
1	电费虚拟户	每月筛查营销业务应用系统所有客户近六个月无电费发行记录或发行电费小于500元、存在预收余额超5万元的客户，判定为疑似电费虚拟户，筛选此类客户中单次预收余额变动超过 5 万元或上一自然月内预收余额变动次数超过 3 次的客户明细，展示上一自然月内该户预收变动次数以及预收余额变动总数（取绝对值）明细，剔除存在关联关系的用电客户、托收用电客户、新装不满六个月的客户，并进行稽查监控	必填项：客户编号、客户名称、资金来源、用途、变动情况（含次数、金额、时间、原因）、是否异常、整改情况等。 示例：××时间段内，客户×××（户号×××），该客户为我公司电费虚拟账户，用于存放×××资金（需详细说明资金来源），电费账户预存余额变动××次，×××（每一次金额变动情况说明），有异常，已整改/整改中/无法整改	已整改：针对该问题，××岗位工作人员×××（详述具体整改措施），于××年××月××日完成整改。 整改中：针对该问题，××岗位工作人员×××（详述具体整改措施），计划于××年××月××日前完成整改。 无法整改：该账户资金因×××原因暂时无法处理。 无异常，无需整改	每一次余额变动的佐证材料，包含但不限于以下： 1. 余额减少： （1）差错退补的需提供退补计算过程以及退补流程截图等。 （2）政策性退补需提供相应的政策文件以及归档的退补流程截图等。 （3）预收互转需提供互转审批手续、县级及以上营销部情况说明（互转金额 5 万元以下的需县公司出具情况说明，互转金额 5 万元及以上	（1）已整改的需提供退费相关手续、系统流程截图等及地市公司营销部盖章的情况说明。 （2）无法整改的需提供省公司营销部盖章的情况说明	

续表

序号	主题名称	规则	问题回复示例	整改措施示例	佐证材料		备注
					"无异常"	"有异常"	
1	电费虚拟户					的需市公司出具情况说明，加盖公章）等。2. 余额增加：（1）进账单形式缴费的需提供银行入账凭证。（2）支付宝、网上国网等渠道缴费的提供营销系统收费记录。3. 如已申请白名单，请提供白名单审批和申请的相关记录等材料	
2	抄表示数异常	每月筛查上月"抄表时间"当日的营销业务应用系统专变用电客户有功总抄见示数与采集系统有功总冻结示数不一致情况。结合综合倍率计算电量差值（绝对值），总部层级对电量差超 50 万千瓦时、省（市）层级对电量差超 5 万千瓦时的数据进行稽查监控。剔除上网发电客户	必填项：客户编号、客户名称、抄表例日、营销系统抄见示数、采集系统冻结示数、综合倍率、差额、原因、情况核实、责任归属、是否异常、整改情况等。示例：客户×××（户号×××），例日为每月××日，本月例日营销系统抄见示数为×××，采集系统冻结示数为×××，综合倍率为×××，差额为×××，造成该情况的原因为×××××。经核实，存在×××（估算发行电量/人为调整发行电量/采集运维不及时等）情况，有异常，已整改/整改中	已整改：差错电量××××（计量故障需提供差错电量算法），××岗位人员已于××月××日完成差错电费退补，退补工单编号为：×××××××。整改中：差错电量××××（计量故障需提供差错电量算法），××岗位工作人员采取××××（整改措施），计划于××月××日完成差错电费退补		需提供营销与采集系统相关数据截图，已完成电费退补的，需提供归档的电费退补流程截图。已整改的需提供地市公司营销部盖章的情况说明	
3	充换电设施电价异常	1. 用户行业类别为充换电设施服务业，执行大工业单一制（或工商业单一制）电价但无经营许可的客户。2. 用户行业类别为充换电设施服务业，执行大工业单一制（或工商业单一制）电价但报装容量小于 315kVA 的客户（地方特殊政策除外）。	必填项：客户编号、客户名称、运行容量、用电类别、系统执行电价、应执行电价、实际情况、差错原因、差错金额、是否异常、整改情况。示例：客户×××（户号×××），运行容量×××，	已整改：××岗位人员采取×××（整改措施），于××年××月××日完成整改（涉及电费退补的，提供追补依据）。整改中：××岗位人员采取×××（整改措施），计划	若为地方政策，可认定为无异常，需提供相关文件及省公司营销部签字盖章情况说明，并对关键内容进行标注	根据调查结果提供所属供电公司签字盖章情况说明和相应的佐证材料（如现场照片、系统截图、	营业执照、项目备案与营销系统中客户名称需相符

〈 105 〉

续表

序号	主题名称	规则	问题回复示例	整改措施示例	佐证材料		备注
					"无异常"	"有异常"	
3	充换电设施电价异常	3. 用户行业类别不为充换电设施服务业,但执行大工业单一制(或工商业单一制)电价的客户(港口岸电、污水处理等特殊电价除外)。 4. 充换电设施用户设置考核计量点。 取数时间范围:上一自然月,即上月1日0点(含0点至本月1日0点(不含0点)	用电类别为大工业,营销系统内执行××电价,应执行××电价。具体情况为×××,漏收/多收电费××元。有异常,已整改	于××年××月××日完成整改		客户营业执照等),涉及电费退补的需提供归档退补流程截图	
4	接电时长超长(归档)	筛查营销业务应用系统上一统计周期的所有高压新装、增容归档流程,对接电时长超过365天的情况进行稽查监控。时长判断条件:从首次受理环节至最后一次送电完成的时长(如无送电环节取归档时间)	必填项:客户编号、客户名称、业务受理时间、业务类型、流程编号、工单天数、工单天数超长原因、最长环节名称、最长环节停留天数、最长环节停留原因、是否异常、整改情况。 示例:客户×××(户号××)于××年××月××日申请(新装/增容)流程(流程编号××),工单总时长为××天,具体原因为×××。经核实,最长环节为×××,××天,具体原因为×××,有异常,无法整改	接电时长超期已无法整改,下一步计划×××××(加强业务培训、强化流程管控、加强客户沟通等具体预防性措施)		(1)地市公司及以上营销部签字盖章的情况说明。 (2)营销系统相关流程截图。 (3)与客户相关的申请材料。(用电申请单、供电方案答复单、竣工验收单、装接单等)。 (4)若客户原因造成的接电超期,需提供事前或事中证明材料	
5	低压非居接电时间超长	每月筛查营销业务应用系统上一统计周期所有归档、在途的低压非居民新装、增容流程,对超过30个工作日的工单明细进行稽查监控。剔除批量新装流程。时长判断条件:已归档工单计算工单总时长;在途工单计算自首次业务受理开始时间到统计时的总时长	必填项:客户编号、客户名称、业务受理时间、业务类型、流程编号、工单天数、工单天数超长原因、最长环节名称、最长环节停留天数、最长环节停留原因、是否异常、整改情况。 示例:客户×××(户号××)于××年××月××日申请×××(新装/增容)流程(流程编号××),工单总时长为××天,	接电时长超期已既成事实,无法整改,下一步计划×××××(加强业务培训、强化流程管控、加强客户沟通等具体预防性措施)		(1)地市公司及以上营销部签字盖章的情况说明。 (2)营销系统相关流程截图。 (3)与客户相关的申请材料。(用电申请单、供电方案答复单、	

续表

序号	主题名称	规则	问题回复示例	整改措施示例	佐证材料		备注
					"无异常"	"有异常"	
5	低压非居接电时间超长		具体原因为×××。经核实，最长环节为×××，××天，具体原因为×××，有异常，无法整改			竣工验收单、装接单等）。（4）若客户原因造成的接电超期，需提供事前或事中证明材料	
6	装表接电超期	装表接电环节超期，每月筛查营销业务应用系统上一统计周期所有归档、在途的高压新装、增容流程，对装表接电环节超3个工作日的工单进行稽查监控。装表接电环节时长判断条件：装表接电时长＝最后一次【送电】完成时间 - {竣工验收、业务收费、合同签订（签订调度协议）、配套工程施工及验收}最晚完成时间。工单在途时，{竣工验收、业务收费、合同签订（签订调度协议）、配套工程施工及验收均需完成进行筛查}	必填项：客户编号、客户名称、受理日期、业务类型、流程编号、竣工验收/业务收费/合同签订（签订调度协议）/配套工程施工及验收最晚完成时间、最后一次送电完成时间、环节时长、超期天数（工作日）、超期原因、是否异常、整改情况。示例：客户×××（户号×××），为单电源客户，于××年××月××日申请×××（新装/增容）流程（流程编号××），竣工验收/业务收费/合同签订（签订调度协议）/配套工程施工及验收最晚完成时间为××年××月××日，最后一次送电完成时间为××年××月××日，该环节时长为××个工作日，超期××个工作日。经核实，因×××（实际情况描述），有异常，无法整改	超期情况已无法整改，下一步计划×××××（加强业务培训、强化流程管控、加强客户沟通等具体预防性措施）		（1）地市公司及以上营销部签字盖章的情况说明。（2）客户情况说明	
7	一址多户	每月筛查营销业务应用系统中合同容量在315kVA及以上具有同一用电地址，同一客户名称，不同客户编号，判定为疑似一址多户客户，剔除已销户客户，剔除考核（关口）表，进行稽查监控，一	必填项：客户名称（客户编号1、客户编号2、××）、用电地址、各户号供电线路、是否存在高/低压物理联络、是否漏收高可靠性供电费、漏收原因、是否异常、整改情况	已整改：发现问题后，××岗位人员与客户进行沟通，确定漏收高可靠性供电费××元（简单计算过程），已于××月××日完成并户，同步完成高可靠	（1）客户信息资料，包含但不限于供用电合同、供电方案、接入电源运行方式（一次接线图或配电线路GIS图等）、现场勘查照片、客户	（1）地市公司及以上营销部签字盖章的情况说明。（2）已整改的，需提供并户流程	

序号	主题名称	规则	问题回复示例	整改措施示例	佐证材料		备注
					"无异常"	"有异常"	
7	一址多户	址多户明细中需展示客户供电线路	示例：客户×××（户号×××、×××、×××）在同一地址（××具体用电地址）分别立户。经核实，×××（具体介绍每个客户立户日期、用电地址、所属线路等信息），××个客户×××（有高/低压电气联络等），存在漏收高额可靠性供电费情况/客户用电地址填写错误，有异常，已整改/整改中	性供电费××元追收/于××月××日完成客户档案更正。整改中：发现问题后，××岗位人员与客户进行沟通，确定漏收高可靠性供电费××元（简单计算过程），已于××月××日发起/完成并户，计划于××月××日完成高可靠性供电费××元追收	产权证明、客户营业执照等。（2）存在一址多户，但不存在规避高可靠性供电费或基本电费的视为无异常	以及电费退补流程截图、新签订的供用电合同、高可靠性费用收费票据等。（3）客户档案更正前后的系统截图。（4）证明不存在于物理联络的佐证材料，例如手机地图、现场照片等	

附件：用电稽查工作单

户名				户号			
用电地址				审核批准人			
检查人员		检查时间		电工总数		电话号码	
负荷等级		用电类别		行业类别		电气负责人	
主接线方式		运行方式		生产班次		厂休日	
检查项目							
进线刀闸			架空及电缆				
配电箱柜			计量表计				
防倒送电			安全、消防用具				
规章制度			安防及反事故措施				
工作票			工作记录				
电工管理			其他情况				
《供用电合同》内容、执行情况：有违约行为写具体内容							
电源性质		主供电源		受电容量		批准容量	
供电线路		备用电源		保安电源/容量			
自备电源			用电设备容量				
容量核定情况			转供电情况				
计量方式		TA变比		电价类别		力率标准	
计量容量		倍率		电费交费方式		无功补偿装置	
有功表计		无功表计		有否欠费		封印情况	

检查结论：

客户签名：

第六章

营销新型业务服务

第一节　充电桩现场施工与验收

一、充电桩安装要求

1. 充电桩的分类

（1）按安装方式分

可分为落地式充电桩、挂壁式充电桩。落地式充电桩适合安装在不靠近墙体的停车位。挂壁式充电桩适合安装在靠近墙体的停车位。

（2）按安装地点分

按照安装地点，可分为公共充电桩和专用充电桩。公共充电桩是建设在公共停车场（库）结合停车泊位，为社会车辆提供公共充电服务的充电桩。专用充电桩是建设单位（企业）自有停车场（库），为单位（企业）内部人员使用的充电桩。

自用充电桩是建设在个人自有车位（库），为私人用户提供充电的充电桩。充电桩一般结合停车场（库）的停车位建设。安装在户外的充电桩防护等级不应低于 IP54（是电子产品外壳的防尘和防水等级，其中 5 级为最高级，能够防止防尘进入，但不能完全阻止防尘的进入，而 4 级为防止水溅入四面八方，防止水的喷溅）。安装在户内的充电桩防护等级不应低于 IP32。

（3）按充电接口数分

可分为一桩一充和一桩多充。

（4）按充电方式分

充电桩（栓）可分为直流充电桩（栓），交流充电桩（栓）和交直流一体充电桩（栓）。

2. 充电桩基本要求

直流充电桩应满足 GB/T 20234.3—2015《电动汽车传导充电用连接装置　第 3 部分：直

流充电接口》和 Q/GDW 1235—2014《电动汽车非车载充电机通信协议》对充电接口的要求。

充电桩应具有为电动汽车安全自动地充满电的能力，充电桩能依据电动汽车 BMS 提供的数据，动态调整充电参数、执行相应动作，完成充电过程。充电桩具有实现外部手动控制的输入设备，可对充电桩参数进行设定。充电桩应设置交流计量表、直流计量表，精度不低于 0.5 级，充电倍率不低于 0.5C。

充电桩应具备通过 CAN 网络与 BMS 通信的功能，用于判断电池类型，获得动力电池系统参数、充电前和充电过程中动力电池的状态参数；预留充电桩通过 CAN 或工业以太网与充电站监控系统通信接口，满足深圳市统一充电运营管理平台接入要求。

充电桩应能够判断充电连接器、充电电缆是否正确连接。当充电连接器与电动汽车蓄电池系统正确连接后，充电桩才允许启动充电过程；当充电桩检测到与电动汽车蓄电池系统的连接不正常时，立即停止充电，并发出报警信息。

直流充电桩上应配置界面友好、操作方便的人机操作界面，实现人机交互和现场控制功能：在直流充电桩上可实现现场的启动、急停、充电参数设置功能；可自动或手动选择充电控制方式（BMS 控制或充电桩控制）；具备运行状态、故障状态显示；背光照明、运行状态监测等功能。设备关键位置要印有招标人要求印制的 LOGO。

电动汽车充电模式应可选择自动充满、定时间、定电量、定金额等充电方式。充电过程中，显示如下主要信息：电池类型、充电电压、充电电流、已充时间、剩余时间、已充电量等。在手动设定过程中会显示人工输入信息，在出现故障时有相应的提示信息。

充电桩应具有充电保护功能：通信异常保护、绝缘阻抗检查保护、紧急停机保护、充电电流异常保护、充电量异常保护、电压异常保护，漏电保护、充电枪过温保护、电池温度异常保护。

充电桩交流侧主回路应采用 A 型漏电产品的塑壳断路器，以防止漏电危害，从而保证维护人员的人身安全。

充电桩应采用具有 CMC 认证的电表进行计量。

第二节　充电桩安装施工流程

一、安装前准备

1. 技术准备

（1）充电桩施工图纸的学习、核查；

（2）交底培训：安全交底、施工注意事项交底；

（3）安装电工、焊工、起重吊装工和电气调试人员等，按有关要求持证上岗；

（4）施工现场的准备：临时用电、作业现场、作业工具等的准备；

（5）施工方案的制作：施工平面图、施工内容、施工要求、施工小组建设、施工进度表、完工验收等。

2. 材料准备

（1）进场材料的检验：材料的型号、规格、品牌、产地等必须与施工图纸一致；根据材料检验报告单对材料进行长度、外观检验，充电桩设备、电线电缆还需要进行耐压测试或绝缘试验，主要设备，材料、成品和半成品进场检验结论应有记录，因有异议送有资质试验室进行抽样检测，试验室应出具检测报告，依法定程序批准进入市场的新电气设备、器具和材料进场验收，尚应提供安装、使用、维修和试验要求等技术文件，查验合格证和随带技术文件，实行生产许可证和安全认证制度的产品，有许可证编号和安全认证标志。外观检查：有铭牌，柜内元器件无损坏丢失、接线无脱落脱焊，涂层完整，无明显碰撞凹陷。

（2）线管敷设

线管敷设工艺流程：明管敷设→支吊架加工→固定点位置测定→支吊架固定→管路敷设与连接→地线连接。

1）支吊架加工

支吊架有一字型、L型和门型。一字型、L型支架可用槽钢、角钢制作，门型吊架可用槽钢、角钢、C型钢制作，载荷轻的桥架，其门型吊架的吊杆可用圆钢制作。支吊架的表面防腐与桥架一致，加工应平直，无明显扭曲。下料误差应在5mm范围内，切口应无卷边、毛刺。支吊架应焊接牢固，无显著变形。各横撑间的垂直净间距与设计偏差不应大于5mm，金属电缆支架必须进行防腐处理。位于湿热、盐雾以及有化学腐蚀地区时，应根据设计做特殊的防腐处理。

2）支吊架位置测量及固定

电缆管道支架、托盘等的层间距离，应满足载荷要求，同时应能方便的敷设电缆及其固定安置接头。吊装线槽的吊杆直径，不应小于6mm。

焊在预埋件和允许焊接的钢结构上的支吊架，焊接不少于两个边，必须牢固，焊接处应及时除去焊渣，补漆。

支吊架固定前，必须知道墙体、楼（平）顶、钢架本身的强度，能否承受桥架、电缆和电线的重量和集中附加载荷，在不能采用金属膨胀螺栓的砖墙上，应按不同材料的墙体、不同类型（实心、多孔、空心）的黏土砖墙体，采用不同的固定方式。实心和多孔黏土砖墙宜用燕尾螺栓固定，埋入深度不小于100mm；空心黏土砖、轻质砖块，宜用穿墙长螺栓加夹板形式固定。当设计无要求时，电缆桥架水平安装的支架间距为1.5～3m；垂直安装的支架间距不大于2m。

交流单芯电缆或分相后的每相电缆固定用的夹具和支架,不形成闭合铁磁回路,安装室内引出室外桥架的支吊架时,支吊架高低应满足桥架由内向外有2%的坡度,防止雨水沿桥架流入室内。

支吊架应横平竖直,与桥架底部应保持面接触。托架支吊架的固定方式应按设计要求进行。各支吊架的同层横档应在同一水平面上,其高低偏差不大于5mm。托架支吊架沿桥架走向左右的偏差不应大于10mm 在有坡度的电缆沟内或建筑物上安装的电缆支架,应有与电缆沟或建筑物相同的坡度。

3)明敷不宜敷设在热力管道、热力设备、高压线路的上部,电缆与管道之间无隔板防护时,净距应满足以下要求。

管道水平敷设时距离地面的高度一般不低于2.5m,垂直敷设时距离地面1.8m以下部分应采取保护接地措施。

与其他电力电缆管道水平敷设时,净距不小于600mm,在可能范围内宜远离;对电压高、电流大的电力电缆管道间距宜更远。单根单芯电缆穿管时,不能使用钢管,敷设在多尘或潮湿场所管路的管口和管子连接处,均应作密封处理。管道穿过不同区域之间的墙、板孔洞处,应采用非燃性材料严密堵塞。

管路超过下列长度时,应在便于接线处装设接线盒:管子长度每超过45m,无弯曲时;管子长度每超过30m,有1个弯曲时;管子长度每超过20m,有2个弯曲时;管子长度每超过12m,有3个弯曲时线管、辅材等必须做防腐处理。

每管宜只穿1根电缆,电缆管不应有穿孔、裂缝和显著的凹凸不平,内壁应光滑;金属电缆管不应有严重锈蚀;塑料电缆管应有满足电缆线路敷设条件所需保护性能的品质证明文件。易受机械损伤的地方和在受力较大处直埋时,应采用足够强度的管材。

桥架敷设电缆,电力电缆总面积与桥架横截面积之比不大于40%,控制电缆总面积与桥架横截面积之比不大于50%。电缆桥架在每个支吊架上的固定应牢固,桥架连接板的螺栓应紧固,螺母应位于桥架的外侧。铝合金桥架在钢制支吊架上固定时,应有防电腐蚀的措施。

管口应无毛刺和尖锐棱角;缆管弯制,不应有裂缝和显著的凹瘪现象,弯曲程度不宜大于管子外径的10%,弯曲半径不小于电缆最小允许弯曲半径。无防腐措施的金属电缆管应在外表涂防腐漆,镀锌管锌层剥落处也应涂以防腐漆。每根电缆管的弯头不应超过3个,直角弯不应超过2个。

电缆管明敷安装要牢固,当无设计规定时,电缆管支持点间的距离不宜超过3m;当塑料管的长度超过30m时,宜加装伸缩节;对于非金属类电缆管在敷设时宜采用预制的支架固定,支架间距不宜超过2m。

电力电缆管道与控制电缆管道应分层敷设,如需敷设在同一支架上时,控制电缆应放在下侧。

直线敷设的电缆桥架，要考虑因环境温度变化而引起膨胀或收缩，所以要装补偿的伸缩节，以免产生过大的引力而破坏桥架本体：直线段钢制电缆桥架长度超过 30m、铝合金或玻璃钢制电缆桥架长度超过 15m 设有伸缩节；电缆桥架跨越建筑物变形缝处设置补偿装置。水平安装的管道，其直线段的连接头，应尽量设在两个支吊架之间的 1/4 左右处。线管之间连接应牢固可靠，密封应良好，套接的短套管或带螺纹的管，接头的长度不应小于电缆管外径的 2.2 倍，镀锌和壁厚小于等于 2mm 的钢导管不得套管熔焊连接。

刚性导管经柔性导管与电气设备、器具连接，柔性导管的长度在动力工程中不大于 0.8m，在照明工程中不大于 1.2m。

硬质塑料管在套接或插接时，其插入深度宜为管子内径的 1.1～1.8 倍。在插接面上应涂以胶合剂粘牢密封；采用套接时套管两端应采取密封措施。

水泥管宜采用管箍或套接方式进行连接，管孔应对准，接缝应严密，管箍应有防水垫密封圈，防止地下水和泥浆渗入。

线管在墙体上敷设时，要注意整齐美观，不得影响建筑物的整体外观，保护管固定点间距不得大于 1.5m，改变方向时增加保护管固定点间距。

4）暗敷

线管至地下构筑物基础，不得小于 300mm 线管表面至地面深度，不得小于 700mm，当位于行车道下时，不宜小于 1000mm；电缆管应有不小于 0.1%的排水坡度。

暗配的导管，埋设深度与建筑物、构筑物表面的距离不应小于 15mm。

电缆在屋内埋地穿管敷设或电缆穿墙、楼板穿管时，穿管内径不应小于电缆外径的 1.5 倍。壁厚小于等于 2mm 的刚电线导管不应该埋设于室外土壤内。

当电缆线管与公路或街道交叉时，线管长度应超出路基、街道路面两边以及排水沟边 500mm 以上。

敷设的管道露出地面时，管口距地面的高度不小于 200mm；进入设备，管口距地面高度不小于 50mm。

沿线管全长的上下紧邻侧铺以厚度不小于 100mm 的软土或沙层。电缆沟线管顶部土壤覆盖厚度不应小于 500mm，表面浇筑素混凝土，厚度不小于 100mm。

电缆沟每隔 50m 设置一个电缆井，非直线角度应设置电缆井；电缆井一般采用钢筋混凝土盖板，盖板重量不宜超过 50kg。

直埋敷设，沿同一路径敷设的电缆数量不宜超过 8 根，电缆上下各均匀铺设细沙层，厚度宜为 100mm；寒冷地区，电缆应埋于冻土层以下，不能深埋时，可增加细沙层的厚度，在电缆上下方各增加的厚度不宜小于 200mm。

5）接地

接地线多采用扁钢、圆钢、铜杆等，当无规定时，接地体顶面埋设深度不应小于 0.6m，利用线管做接地线时，应先焊好接地线，有螺纹的管接头处，应用跳线焊接，金属电缆桥架及其支吊架全长不小于两处与接地（PE）或接零（PEN）干线相连接，非镀锌桥架间连接板的两端跨接铜芯接地线，接地线最小允许截面积不小于 $4mm^2$，镀锌桥架间连接板的两端不跨接铜芯接地线，但连接板两端不少于两个有防松螺帽或防松垫圈的连接固定螺栓。

凡是非带电的裸露可接近的金属部分都必须接地，非镀锌桥架间连接板的两端跨接铜芯接地线，接地线最小允许截面积不小于 $4mm^2$，工作接地应采用铜芯绝缘导线或电缆，不得利用镀锌扁铁或金属软管。

工作接地线和保护接地线必须分开，保护接地导体不得利用金属软管，所有金属外壳要连成一个可靠的接地整体，不能因建筑物构筑物的维修而导致接地连接中断。

接地（PE）或接零（PEN）支线必须单独与接地（PE）或接零（PEN）干线相连接，不得串联连接，利用电缆保护钢管作接地线时，应先焊好接地线，再敷设电缆。有螺纹连接的电缆管，管接头处应焊接跳线，跳线截面应不小于 $30mm^2$，地线采用焊锡焊接于电缆钢带上，焊接应牢固，不应有虚焊现象，应注意不要将电缆烫伤。

接地装置的焊接应采用搭接焊，搭接长度应为：扁钢与扁钢搭接为扁钢宽度的 2 倍，不少于三面施焊；圆钢与圆钢搭接为圆钢直径的 6 倍，双面施焊；圆钢与扁钢搭接为圆钢直径的 6 倍，双面施焊；扁钢与钢管，扁钢与角钢焊接，紧贴角钢外侧两面，或紧贴 3/4 钢管表面，上下两侧施焊。除埋设在混凝土中的焊接接头外，要有防腐措施。

镀锌的钢导管、可挠性导管和金属线槽不得熔焊跨接接地线。

铠装电缆接地线应用铜绞线或镀锡铜编织带，$120mm^2$ 以下电缆用 $16mm^2$ 接地线，$150mm^2$ 及以上用 $25mm^2$ 接地线，$16mm^2$ 及以下接地线横截面积与电缆芯线面积相等。

接地装置施工完毕后，应及时作隐蔽工程验收。验收应包括下列内容：测量接地电阻，并做记录；查验应提交的技术文件；审查施工质量。

（3）设备安装

设备安装工艺流程：基础制作→充电桩搬运→充电桩固定安装。

1）基座制作

基础采用水泥一次浇筑成型，要求基础的每一个面平整无麻面。预埋泄水管，坡度为 2%，泄水管内侧加设防鼠网；预埋接地件和预留进出线孔。进出线孔居中，使用防火泥密封统一使用黑色水泥，刷黄色油漆，基础台面高出地面不小于 200mm。

基础的埋置深度，应按下列条件确定：建筑物的用途，基础的形式和构造；作用在地基上的荷载大小和性质；工程地质和水文地质条件；地基土冻胀和融陷的影响。

在满足地基稳定和变形要求的前提下，当上层地基的承载力大于下层土时，宜利用上层土作持力层。除岩石地基外，基础埋深不宜小于 0.5m。

2）配电箱（柜）、充电桩搬运

清扫道路，排除障碍物，保证道路平整畅通，吊装时，应使用设备自设吊环，无吊环时应吊挂四角主要承力处，运输时充电桩应保持水平，禁止倾斜或倒放。

3）配电箱（柜）、充电桩安装

配电箱（柜）的安装：分立地安装和挂墙、嵌墙安装，根据设备尺寸进行放线定位，安装要牢固，安装过程中要注意设备的外观、漆层无损伤，不能损伤设备的元器件和线路，保证设备的整洁干净。设备内部的电线接线压接牢固、可靠，二次线接线正确牢固，导线与端子排连接紧密，标示要清晰、齐全。

充电桩安装：充电桩定位，按充电桩外形尺寸进行测量放线定位，把充电桩牢固的安装在做好的基础上，垂直允许偏差为0.15%。充电桩内要保持配线的整齐，回路编号齐全，以及标示正确。要注意充电桩安装地点不得有爆炸危险介质，周围介质不含有腐蚀金属的破坏绝缘的有害气体及电介质软件界面。充电桩安装上要做到竖直方向上要垂直，水平方向上要平整。

（4）电线电缆敷设

电缆敷设工艺流程：电缆敷设→电缆绝缘测试→挂标牌。

1）电缆敷设

控制和信号电缆可紧靠或多层叠置，垂直敷设或大于45°倾斜敷设的电缆在每个支架上固定或每隔2m处设固定点。

电缆敷设排列整齐，水平敷设的电缆，首尾两端、转弯两侧及每隔5～10m处设固定点；敷设于垂直桥架内的电缆固定点间距，电力电缆全塑型不大于1000mm，除全塑型外的电缆不大于1500mm，控制电缆不大于1000mm，电缆线路中不应有接头，如采用接头时，必须具有防爆性，并列电缆的接头位置应相互错开，净距不小于500mm。

不同系统、不同电压等级、不同电流类别的线路，不应穿在同一管内或线槽的同一槽孔内。

导线在管内或线槽内，不应有接头或扭结。导线的接头，应在接线盒内焊接或用端子连接，电力电缆与控制电缆置放在同一层面时，电力电缆与控制电缆之间应设立防火隔板。

电力电缆间及其与控制电缆间或不同使用部门的电缆间，当电缆穿管或用隔板隔开时，平行净距可降低为0.1m。

电力电缆间、控制电缆间以及它们相互之间，不同使用部门间的电缆间在交叉点前后1m范围内，当电缆穿入管中或用隔板隔开时，其交叉净距可降低为0.25m。电力电缆间、控制电缆间以及它们相互之间，不同使用部门间的电缆间在交叉点前后1m范围内，当电缆穿入管中或用隔板隔开时，其交叉净距可降低为0.25m。

暗敷时高电压等级的电缆宜敷设在低压等级电缆的下面。

电缆敷设时，凡在拐弯的位置一定要有保护措施。

敷设电缆应从电缆盘的上端引出，用机械敷设时，机械牵引力不得大于电缆允许的牵引强度，电缆应在切断后 4h 内进行封头，应有防止电缆机械损伤的措施，防止电缆铠装压扁、电缆绞拧、护层断裂、绝缘破损的机械损伤的措施。

电缆敷设中应及时整理，做到横平竖直、排列整齐，避免交叉重叠，及时在电缆终端、中间接头、电缆拐弯处、夹层内、隧道以及竖井的两端等地方的电缆上装设标识牌。标志牌上应标明电缆线路的编号、电缆型号、规格与起止地点。标示牌的规格应该一致，并具有防腐蚀性能，挂装要牢固。明敷电缆的中间接头应用托板托置固定。直埋电缆的中间头外面应有防止机械损伤的保护盒。明敷在室内以及电缆沟、隧道、竖井内带有麻护层的电缆，应剥除麻护层，并对其铠装加以防腐。

电缆在墙体上敷设时，要注意整齐美观，不得影响建筑物的整体外观，保护管固定点间距不得大于 1.5m，改变方向时增加保护管固定点间距。

电缆敷设完毕后，应及时清除杂物，盖好盖板。必要时，尚应将盖板缝隙密封。

2）电缆绝缘测试

使用 1000V 绝缘电阻表，绝缘阻值不小于 10MΩ。

3）挂标牌

电缆标牌应挂在醒目的地方，标牌上应标识电缆型号规格、大小、电缆的来处。

（5）回路接通

电缆终端与接头的制作，应由经过培训的熟练工人进行。

电缆终端与接头的制作，应严格遵守制作工艺规程，三芯电力电缆在电缆接头处，其电缆铠装、金属屏蔽层应各自有良好的电气连接并相互绝缘；在电缆的终头处，电缆铠装、金属屏蔽层应用接地线分别引出，并应接地良好。

电缆终端与接头应符合下列要求：型式、规格应与电缆类型如电压、芯数、截面、护层结构好环境要求一致；结构应简单、紧凑，便于安装；所用材料、部件应符合相应技术标准要求。

制作电缆终端与接头，从剥切电缆开始应连续操作直至完成，缩短绝缘暴露时间。剥切电缆时不应损伤线芯和保留的绝缘层。附加绝缘的包绕、装配、收缩等应清洁。

严格的控制电缆头制作的材料和工艺质量，要求所制作的电缆头的使用寿命不能低于电缆的使用寿命。电缆接头的额定电压等级及其绝缘水平不得低于所连接电缆的额定电压等级及绝缘水平。绝缘头两侧的绝缘垫层的耐压值不得低于电缆保护层绝缘水平的两倍。

接头的形式应与所设置环境条件相适应，且不致影响电缆的流通能力。电缆头两侧个 2～3m 的范围内，应采用防火包代做阻火延烧处理。

< 116 >

终端电缆头和放在电缆沟、电缆隧道、电缆槽盒、电缆夹层内的中间电缆头必须登记造册，并经常对其进行检测。

电缆头制作完成后，应立即与设备连接好，不得乱摆放，以防损伤成品。在电缆头附近用火时，应该注意将电缆头保护好，防止将电缆头烧坏或烧伤。电缆头是塑料产品，应该注意不要受到机械损伤。

根据接线端子的型号选用螺栓，将电缆接线端子压在设备上，注意应使螺栓由上向下或从内到外穿，平垫、弹簧垫应安装齐全。

回路接通之后，对整个回路进行绝缘测试：使用 1000V 绝缘电阻表，绝缘阻值不小于 10MΩ。

第三节　充电桩的检验验收合格标准

满足以下要求时，可认为验收合格：

（1）系统文件及资料齐全。

（2）所有软、硬件设备型号、数量、配置均符合项目合同技术协议的要求。

（3）验收结果必须满足验收大纲要求、项目技术文件的要求。

（4）无缺陷项目，偏差项目总数不得超过 2%。

验收文档资料验收申请文件，内容包括：

（1）制造厂提供的产品说明书、试验记录、合格证件以及装配图等技术文件。

（2）相关设备的工厂验收报告，要求验收合格。

（3）安装记录。

（4）现场安装调试报告。

（5）自检报告。

（6）施工、调试、监理单位的资质及人员资质材料。

（7）验收申请报告。

充电桩安装工程验收测试表

编号	序号	测试项目	测试方式	测试记录	单项测试结论
1.1		**外观**			
	1	检查充电机铭牌、合格证、型号规格是否符合要求	现场查看		
	2	检查外壳是否采用金属，壳体坚固，结构上防止人体轻易触及露电部分	现场查看		
	3	检查柜体安装是否整齐，固定可靠，框架无变形	现场查看		
	4	检查柜体的漆层是否清洁无损	现场查看		
	5	检查柜体接地是否牢固良好	现场查看		

续表

编号	序号	测试项目	测试方式	测试记录	单项测试结论
	6	检查开启门是否用裸铜线与接地金属构架可靠连接	现场查看		
	7	检查基础型钢允许偏差，成列安装允许偏差是否满足要求，检查柜间连接是否牢固	现场查看		
	8	检查充电机安装垂直倾斜度不超过 5%	测量查看		
	9	防锈（防氧化）：充电机铁质外壳和暴露在外的铁质支架、零件应采取双层防锈措施，非铁质的金属外壳也应具有防氧化保护膜或进行防氧化处理	现场查看		
	10	防盗保护：室外充电机外壳门应装防盗锁，固定充电机的螺栓必须是在打开外壳的门后才能安装或拆卸	现场查看		
1.2		**机屏电器**			
	1	检查充电机屏上各电器的名称、型号以及运行标志是否齐全、清晰	现场查看		
	2	充电机屏上各个元器件应拆装方便	现场查看		
	3	充电机屏的发热器件应安装在散热良好的地方	现场查看		
	4	检查熔断器规格，自动开关整定值是否符合设计要求，检查开关是否操作灵活，有无较大振动和噪声	现场查看		
	5	检查充电机屏上信号是否显示正确	现场查看		
	6	检查直流母线排尺寸是否符合要求，正负母线标识及相色是否正确，是否连接牢固，固定可靠，是否与导线连接牢固可靠，是否采用阻燃绝缘铜母线	现场查看		
1.3		**机屏二次回路及端子排**	现场查看		
	1	二次回路应按图纸施工，接线正确	现场查看		
	2	导线与电气元件应连接牢固可靠	现场查看		
	3	屏、柜内的导线不应有接头，导线芯线应无损伤	现场查看		
	4	检查线芯标识正确、规范，二次回路的编号是否满足要求	现场查看		
	5	配线应整齐、清晰、美观，导线绝缘应良好，无损伤。二次回路接地应设专用螺栓	现场查看		
	6	检查电流回路和其他回路导线的截面是否满足要求	现场查看		
	7	检查可动部位导线的安装是否符合要求	现场查看		
	8	端子排应无损坏，固定牢固，绝缘良好	现场查看		
	9	端子应有序号，端子排应便于更换且接线方便	现场查看		
	10	端子排离地高度宜大于 350mm	现场查看		
	11	交流回路电压超过 400V 者，端子板应有足够的绝缘强度	现场查看		
	12	检查端子与导线截面是否匹配	现场查看		
	13	连接件应采用铜质制品，绝缘件应采用自熄性阻燃材料	现场查看		
	14	端子牌应标明编号、名称，其标明的字迹应清晰、工整，且不易褪色	现场查看		

续表

编号	序号	测试项目	测试方式	测试记录	单项测试结论
	15	同一个端子并接的线芯不超过两根，不同线芯的导线不并接入同一个端子	现场查看		
1.4		**机屏电缆接线**			
	1	检查线径是否符合设计标准	测量查看		
	2	线耳与导线要压接搪锡焊牢，接头部分热缩包牢	现场查看		
	3	检查引入柜电缆和铠装电缆的安装是否牢固	现场查看		
	4	柜内电缆芯线应水平或垂直配置	现场查看		
	5	强弱电回路不应使用同一根电缆	现场查看		
	6	电缆接头无锈蚀，电缆孔密封	现场查看		
	7	直流母线及接头应满足长期通过设计电流的要求，屏间引线应满足长期通过设计电流的要求	现场查看		
	8	检查充电机屏内所有电缆牌的标记是否清楚	现场查看		
1.5		**机屏表计**			
	1	检查所配表计数字显示是否清晰	现场查看		
1.6		**人机界面与操作**			
	1	检查人机界面的菜单切换功能和定值设置是否符合设计要求	现场操作		
	2	改变人机界面定值时，充电机仍应能够正常工作	现场操作		
	3	充电机开停机操作正常，急停开关是否工作正常，充电机启动和停电恢复是否由人工确认后才能恢复	现场操作		
	4	检查人机界面的模拟量采集及显示数据是否正确，功能是否正常	现场查看		
	5	检查人机界面是否符合《电动汽车非车载充电机技术规范》（Q/CSG 11516.3—2010）中 6.7.3 规定的要求	现场查看		
	6	检查 GPS 对时功能是否正常	现场查看		
1.7		**充电机重要功能、性能指标**			
	1	三遥测试：充电机"遥测、遥信、遥控"功能的检查按照《电动汽车非车载充电机技术规范》（Q/CSG 11516.3—2010）附录 A，对照主站充电机人机界面及操作，进行对比测试	现场操作		
	2	充电机输入/输出电流电压值指标测试：在单个充电任务与全站满负荷充电任务时测试各项指标，按照《电动汽车非车载充电机技术规范》（Q/CSG 11516.3—2010）指标范围进行对比	现场操作		
	3	低压辅助电源指标测试：在单个充电任务与全站满负荷充电任务时测试各项指标，测试结果是否满足《电动汽车非车载充电机技术规范》（Q/CSG 11516.3—2010）	现场操作		
	4	电气绝缘性能测试：在单个充电任务与全站满负荷充电任务时测试绝缘电阻和漏电流指标，测试结果是否满足《电动汽车非车载充电机技术规范》（Q/CSG 11516.3—2010）	现场操作		

续表

编号	序号	测试项目	测试方式	测试记录	单项测试结论
	5	噪声测试：在单个充电任务与全站满负荷充电任务时测试各项指标，测试结果是否满足《电动汽车非车载充电机技术规范》（Q/CSG 11516.3—2010）	现场操作		
1.8		充电机连接器			
	1	功能测试：能够通过各项充电测试，BMS 系统能正确响应充电过程	现场操作		
	2	内部绝缘体应无裂纹或伤痕	查看现场		
	3	外壳、手柄及电缆应无损伤或变形	查看现场		

测试结论：合格□/不合格□测试人员：

第四节　屋顶分布式光伏建设

一、屋顶分布式光伏建设的基本要求

分布式光伏是指在固定建筑物屋顶建设安装，以用户侧自发自用为主、多余电量上网且在配电网系统平衡调节为特征的装机容量 6MW 以下的屋顶分布式光伏，以下简称"分布式光伏"。

户用分布式光伏是指个人利用自有住宅及住宅区域内建设安装的分布式光伏。户用分布式光伏并网容量应小于 50kW。

工商业分布式光伏是指在厂房、商业楼宇、公共建筑等固定建筑物屋顶建设安装、装机容量小于 6MW 的户用光伏以外的各类分布式光伏。

分布式光伏应符合国家能源和区域的发展战略。

分布式光伏设计使用年限不应小于 25 年。

分布式光伏不应作为消防应急电源。

分布式光伏设计、建设、验收、运维应建立相应的档案。

所有新建、扩建或改建的分布式光伏项目，必须履行备案、设计、施工和验收程序。

分布式光伏设计和安装应符合有关管理规定、设备标准、建筑工程规范和安全规范等要求。分布式光伏设计、安装施工单位，应具备国家规定的相应资质。

分布式光伏应在供电公司公布的可开放容量内安装，符合本区域分布式光伏规划布局。

分布式光伏所依托的建筑物应具有合法性，严禁依附违章建筑物建设。

户用分布式光伏依托的住宅应具有房产证或乡镇及以上政府出具的房屋证明。

25 年以上老旧小区、面临拆迁、废弃厂房或房屋、农村危房、高层楼宇等建筑屋顶不应安装分布式光伏。

对于租用他人屋顶以营利性质为目的的光伏项目，按照工商业分布式光伏办理。

分布式光伏应对其依托的建筑屋顶进行荷载分析和验算，应充分考虑防风、防台和安全承载等因素，满足屋顶结构的安全性和可靠性。

分布式光伏整县规模化开发应避免远距离、跨区域、跨电压送电，以就近消纳、就地平衡为主，与开发区域内电网建设发展、用电负荷增长相协调。

二、屋顶分布式光伏设计安装的基本要求

1. 设计安装技术要求

（1）光伏组件的选型和光伏方阵的设计应与建筑结合，在综合考虑发电效率、发电量、电气和结构安全、适用、美观的前提下，选择适用的光伏构件，并与建筑相协调。

（2）在人员有可能接触或接近光伏系统的位置，应设置防触电警示标识。

（3）分布式光伏建设应综合考虑建筑屋顶的光照条件、使用功能、电网条件、负荷性质和系统运行方式等因素。

（4）分布式光伏应采取防雷接地措施，结合主体建筑实施。光伏组件和构件的金属外框应可靠接地，金属构件应与建筑物防雷接地系统联结，联结点不得少于两处。

（5）分布式光伏户外电缆应具有防水、防紫外线性能，室内电缆不低于本建筑物室内电缆选型要求。

（6）屋顶电缆敷设应采用电缆桥架或穿管保护，交流电缆和直流电缆应分开布置敷设。

（7）直流侧电缆耐压等级应达到光伏方阵最大输出电压的 1.25 倍及以上；额定载流量应高于短路保护电器整定值，线路损耗应控制在 2% 以内；短路保护电器分断能力应达到光伏方阵的标称短路电流的 1.25 倍及以上。

（8）光伏组件的类型、规格、数量、安装位置、安装方式和可安装面积应根据建筑屋顶设计确定。

（9）光伏组件串应根据逆变器的最大功率跟踪控制范围、光伏组件的工作电压及其温度系数等因素确定，光伏组件串中并列的两个光伏组件安装间隙宜为 20mm。

（10）光伏方阵的数量应根据总装机容量及光伏组件串的容量确定。

（11）光伏方阵中，同一光伏组件串中各光伏组件的电气性能参数应保持一致，选用同一规格、同一品牌的产品。

（12）光伏支架布置不应跨越建筑物变形缝，光伏系统各部件之间应可靠连接。

（13）逆变器应按照型式、容量、相数、频率、冷却方式、功率因数、过载能力、温升、效率、输入输出电压、最大功率点跟踪、保护和监测功能、通信接口、防护等级等技

术条件进行选择。

（14）逆变器允许的最大直流输入功率应不小于其对应的光伏方阵的实际最大直流输出功率，光伏方阵的最大功率工作电压变化范围应在逆变器的最大功率跟踪范围内。

（15）逆变器的配置容量应与光伏方阵的安装容量相匹配，数量应根据光伏系统装机容量及单台逆变器额定容量确定。

（16）逆变器的配置应满足下列要求：应具备自动运行和停止功能、最大功率跟踪控制功能和防孤岛功能；应具有并网保护装置，并与电网的保护相协调；应具备电压自动调整功能；应满足环境对逆变器的噪声和电磁兼容要求。

（17）逆变器应设置在通风良好的场所，其位置应便于维护和检修，应满足高效、节能、环保的要求。

（18）户外型逆变器的防护等级应不低于 IP65 要求，户内型逆变器的防护等级应不低于 IP2X 要求。

（19）分布式光伏可根据实际需要，在确保安全的前提下，宜配置适当容量的储能装置。

（20）储能装置应采用自动监测装置进行实时在线监测，具有在线识别电池组落后单体、判断储能电池整体性能、充放电管理等功能，还应具有人机交互界面和通信接口。

（21）储能装置应配置具有保护功能、数据采集及通信功能的控制器。

2. 设计电气技术要求

（1）分布式光伏与公共电网连接处的电压偏差、电压波动和闪变、谐波、电压不平衡度等电能质量应满足相关国家标准要求。

（2）10kV 电压等级并网的分布式光伏，应在公共连接点装设 A 级电能质量在线监测装置，具备可测功能，电能质量监测历史数据应至少保存一年。

（3）10kV 电压等级并网的分布式光伏，应具备有功功率调节能力，输出功率偏差及功率变化率不应超过电网调度机构的给定值，并能根据电网频率值、电网调度机构指令等信号调节光伏的有功功率输出。

（4）380V 电压等级并网的分布式光伏，应在并网点安装易操作、具有明显开断点、具备开断故障电流能力的开关，开关应具备失压跳闸及检有压合闸功能，具备可控功能。

（5）10kV 电压等级并网的分布式光伏，应在并网点安装易操作、可闭锁、具有明显开断点、带接地功能、可开断故障电流的开断设备，具备可控功能。

（6）380V 电压等级并网的分布式光伏，应具备保证并网点功率因数应在 0.95（超前）～0.95（滞后）范围内可调节的能力。

（7）10kV 电压等级并网的分布式光伏，应具备保证并网点处功率因数在 0.98（超前）～0.98（滞后）范围内连续可调的能力，有特殊要求时，可做适当调整以稳定电压水平。在其无功输出范围内，应具备根据并网点电压水平调节无功输出，参与电网电压调节的能力，其调节方式和参考电压、电压调差率等参数可由电网调度机构设定。

（8）380V、10kV 电压等级并网的分布式光伏，当并网点处电压超出表 6-4-1 规定的电压范围时，应在相应的时间内停止向电网线路供电。

表 6-4-1　　　　　　　　　电压保护动作时间要求

并网点电压	要求
$U<50\%U$	最大分闸时间不超过 0.2s
$50\%U\leqslant U<85\%U$	最大分闸时间不超过 2.0s
$85\%U\leqslant U\leqslant110\%$	连续运行
$110\%U<U<135\%U$	最大分闸时间不超过 2.0s
$135\%U\leqslant U$	最大分闸时间不超过 0.2s

注　1. U 为并网点电压。
　　2. U 为分布式光伏并网点的电网额定电压。
　　3. 最大分闸时间是指异常状态发生到光伏停止向电网送电时间。

（9）380V 电压等级并网的分布式光伏，以及 10kV 电压等级接入用户侧的分布式光伏，当并网点频率超过 49.5～50.2Hz 运行范围时，应在 0.2s 内停止向电网送电。

（10）10kV 电压等级直接接入公共电网的分布式光伏，宜具备一定的耐受系统频率异常的能力，应能够在表 6-4-2 所示电网频率范围内按规定运行。

表 6-4-2　　　　　　　　　分布式光伏频率响应时间要求

频率范围	要求
$f<48Hz$	分布式光伏根据逆变器允许运行的最低频率或电网调度机构要求而定
$48Hz\leqslant f<49.5Hz$	每次低于 49.5Hz 时要求至少能运行 10min
$49.5Hz\leqslant f\leqslant50.2Hz$	连续运行
$50.2Hz<f\leqslant50.5Hz$	频率高于 50.2Hz 时，分布式光伏应具备降低有功输出的能力，实际运行可由电网调度机构决定；此时不允许处于停运状态的分布式光伏并入电网
$f>50.5Hz$	立即终止向电网线路送电，且不允许处于停运状态的分布式光伏并网

（11）10kV 电压等级并网的分布式光伏，并网线路可采用两段式电流保护，必要时加装方向元件。当依靠动作电流整定值和时限配合，不能满足可靠性和选择性要求时，宜采用距离保护或光纤电流差动保护。

（12）分布式光伏应具备快速监测孤岛且立即断开与电网连接的能力，防孤岛保护动作时间不大于 2s，其防孤岛保护应与配电网侧线路重合闸和安全自动装置动作时间相配合。

（13）分布式光伏应实现可观可测可控，将电流、电压、发电功率、发电量等相关数据信息实时上传至能源大数据中心。

（14）380V 电压等级并网的分布式光伏，以及 10kV 电压等级接入用户侧的分布式光伏，可采用无线、光纤、载波等通信方式。采用无线通信方式时，应采取信息通信安全防护措施。

（15）10kV 电压等级直接接入公共电网的分布式光伏，应采用专网通信方式，具备与电网调度机构之间进行数据通信的能力，能够采集光伏的电气运行工况，上传至电网调度机构，同时具有接受电网调度机构控制调节指令的能力。

（16）10kV 电压等级直接接入公共电网的分布式光伏，与电网调度机构之间通信方式和信息传输应满足电力系统二次安全防护要求。

（17）在正常运行情况下，分布式光伏电站应向电网调度机构提供的信息至少包括：380V 电压等级并网的分布式光伏，以及 10kV 电压等级接入用户侧的分布式光伏，应上传电流、电压和发电量等信息，预留上传并网点开关状态能力。10kV 电压等级直接接入公共电网的分布式光伏，应能够实时采集并网运行信息，主要包括并网点开关状态、并网点电压和电流、输送有功、无功功率、发电量等，并上传至相关电网调度部门；配置遥控装置的分布式光伏，应能接收、执行调度端远方控制解/并列、启停和发电功率的指令。

（18）分布式光伏接入电网前，应明确计量点，计量点设置除应考虑产权分界点外，还应考虑分布式光伏出口与用户自用电线路处，每个计量点均应装设双向电能计量装置。

三、建设安装要求

分布式光伏建设应充分考虑消防、结构安全、综合管线、维修、排水、防雷接地等方面的技术要求，不得与相关技术规范要求相违背，严格按照设计建设。

建筑屋顶为坡屋面的，光伏板应与建筑屋面平行且有机结合，不得超出屋面外沿，光伏板最高点不得高过屋脊。

建筑屋顶为平屋面的，光伏板应严格按照设计方案安装，不得擅自增加联排数量，外围不得超出屋面外沿，光伏板面应预留防风检修通道，确保运行安全。

分布式光伏施工前应进行屋顶建筑结构和建筑电气安全复核检查。

分布式光伏建设前应制定安全应急预案，施工中发现安全隐患，应立即消除。

分布式光伏建设前期应对开发建设条件进行调查，对站址所在地域进行光伏资源评估。

分布式光伏建设中的安全、环保设施应与主体工程同步设计、施工，同时投产和使用。

施工过程中应做好现场各阶段的安全防护措施，保持施工现场的清洁和道路畅通，确保消防措施落实，满足区域工程施工管理相关规定。

施工过程中应保障屋顶业主和施工人员安全，应符合下列要求：施工人员应佩戴保险绳、防滑鞋和安全帽；严禁在雨雪、大风天气进行施工作业；在酷暑天气施工应做好防暑措施；应严格按照设计方案进行施工；施工区域应设立安全警戒，吊装区域应有专人警戒。

施工单位应取得建筑业企业资质证书、安全生产许可证、承装（修、试）电力设施许可证等相关证件，配备足够数量的专职技术人员及施工设备。

施工人员应经专业技术培训，具备相应的技术能力，持证上岗。

施工单位、施工人员严禁借用、租用或伪造相关资质证书。

分布式光伏使用的光伏组件、逆变器等设备应为正规厂家生产的产品，应有合格证、出厂检验报告等，应取得国家授权的有资质的检测机构检测报告。严禁使用贴牌、仿造、假冒伪劣产品。

分布式光伏使用的配电箱应为成套配电箱且必须经过 3C 认证，表箱材质要求使用不锈钢或 SMC 材质，箱内须配备符合安全需求的刀闸、断路器、浪涌保护器、自复式过欠压保护器等。

光伏支架、支撑金属件及其连接点，应具有承受系统自重、风荷载、雪荷载、检修荷载和抗震能力。

光伏支架和基础应按承载能力极限状态装设，并满足正常使用极限状态的要求。

光伏支架的安全等级为三级，结构重要性系数不应小于 0.95。

支架基础的安全等级不应小于上部支架结构设计安全的等级，结构重要性系数对于光伏发电站支架基础不应小于 0.95。

光伏阵列的支架连接件与主体结构的锚固承载力应大于连接件本身的承载力。

当光伏阵列的支架不能与主体结构锚固时，应设置支架基座。光伏支架基座应进行抗滑移和抗倾覆验算。

光伏方阵应设置接地网，并充分利用支架基础金属构件等自然接地体，接地连续、可靠，接地电阻应小于 4Ω。

光伏支架的桩基础施工完成后，必须进行混凝土强度、桩身完整性抽样检测并应进行承载力静载荷试验检验。光伏支架的桩基础应以受力点开展竖向抗压、抗拔抽检，抽检数量不应少于总桩数的 1‰，且不应少于 6 根。

光伏组件安装过程中，施工安装人员应采取防触电措施，严禁触摸光伏组件串的带电部位，严禁在雨中进行光伏组件的接线工作。当安装位置上空有架空线路时，应采取保护和隔离措施。

光伏支架堆存、转运、安装过程中不应破坏支架防腐层。

含逆变器室、就地升压变压器的光伏方阵区应设置消防沙箱和干粉灭火器。

低压分布式光伏与公共电网之间应设置隔离装置，在并网处应设置并网专用低压开关箱（柜），并设置专用标识和"警告""双电源"提示性文字和符号。

光伏直流电缆应满足耐候、耐紫外线辐射要求。电缆截面应满足最大输送电流的要求。

分布式光伏户外电气设备防护等级不应低于 IP54。

直接以光伏组件构成建筑围护结构时，应满足所在部位的建筑围护、建筑节能、结构安全和电气安全要求。

分布式光伏选用电气设备发出的噪声限值应符合对社会生活噪声污染源达标排放的要求。

第五节　屋顶分布式光伏安装流程

一、光伏支架安装

包括水泥墩制作，模具、预埋件、夹具安装，前后立柱安装、导轨安装，压块安装，支架导轨切割、截断和加工及材质要求等。

水泥墩制作：按设计图纸要求预制水泥墩基础或直接浇筑基础，原则采用方形独立底座基础，混凝土 C20，支架与水泥底座基础螺丝连接，紧固点不少于两个，螺丝采用热镀锌螺丝或不锈钢螺丝，水泥墩完成浇筑后应不少于 5 天方可进行下道工序施工。

支架、夹具、立柱、导轨材质选用热镀锌 C 型钢或铝合金型材，配套螺丝选用热镀锌或不锈钢螺丝，具体材质、规格尺寸按设计材料表要求执行。

支架、夹具、立柱、导轨、横梁、地脚等，安装施工前要严格对照设计图纸进行实际测量、放线、定位和排布，实际与图纸不符或有疑问、错误的，要及时反馈责任设计师并经其签字确认后方可变更方案，施工方无权随意变更。

支架施工、安装及制作，要求制作规范、尺寸精准、紧固到位、受力均匀、平整美观。

二、组件安装

包括组件安装、组件接地线安装、组件间 MC4 连接及紧固。

组件安装严格按图纸设计排布要求实施，组串要求规整、平直，组串中相邻组件高度差小于 1mm，同一组串最大高度差小于 10mm，严禁反向安装，中压块、边压块紧固到位，受力均匀。

组件可靠接地，具体做法是：组件与组件间接地选用 4 平双色接地铜芯线串接（接地线制作铜线鼻子），用不锈钢双刺螺母把接线鼻子禁锢于电池板的接地孔上，组串接地选用 6 平双色铜芯线与支架紧固，支架接地与防雷接地扁铁螺丝紧固，紧固件选用热镀锌螺丝或不锈钢螺丝。

组件连接插头 MC4 选用优质件，插头要妥善固定于支架横梁上，接插件悬空，不得外露，以防雨水进水。

三、光伏直流电缆安装

包括组件到组件及组件到逆变器之间的电缆连接，1×4 光伏电缆敷设，光伏电缆 PVC 套管施工，桥架安装及防火堵墙。

光伏电缆总体要求要有防护，不得外露，防护适用 PVC 套管或桥架，光伏电缆选用红黑两种（红正黑负）。室外桥架一律选用热镀锌桥架（室内桥架可采用喷塑），桥架材料厚度大于 1.2mm，镀锌厚度 65μm，桥架、桥架盖板、盖板卡具及 PVC——U 套管的卡具固定，一律选用热镀锌件或不锈钢件，螺丝紧固，固定间距原则要求 1.5m 一个，套管或桥架应起支架不得接触屋面，桥架内光伏电缆用尼龙扎带捆绑，光伏电缆两端必须穿线号管，线号管要用机打线号管，线号标识、代号、意义要统一、规范、清楚，线缆两端标识一致，一一对应。

桥架内光伏电缆进出线一律开孔或开槽（单根开孔），开孔或开槽进出线后用防火泥封堵。桥架排布及敷设要求横平竖直，固定要稳固、耐久（包括盖板），桥架开孔或开槽要求规范、准确、对接严丝合缝，整体美观，桥架要求可靠接地。

四、逆变器、交流汇流箱安装

包括逆变器、汇流箱支架加工制作，逆变器、汇流箱安装，逆变器、汇流箱接线、接地，逆变器通信线缆敷设、连接等。

逆变器、汇流箱支架用材一律选用热镀锌材料，材料焊接后其焊口要做防腐处理并刷漆，紧固件选用热镀锌或不锈钢材质，支架要求稳固、耐久、美观，保证安装可靠。

逆变器、汇流箱外壳保护接地、工作接地要与电站防雷接地分开设立，保护接地、工作接地选用16平双色接地铜芯线，接地一律制作铜线鼻子进行连接，接地走线及连接要规范、可靠。接地体选用4×40热镀锌角钢，地下深度2.5m，实测接地电阻小于4Ω，接地线与接地体采用螺丝连接，螺丝选用热镀锌或不锈钢，紧固要到位，连接处做防腐处理。

逆变器至汇流箱交流电缆连接要穿蛇皮套管或波纹管进行防护，汇流箱交流出线裸露部分穿防护管，防护管宜采用热镀锌管，防护管及汇流箱开口处用防火泥封堵。

逆变器、汇流箱安装位置按设计要求，外装要避免阳光直射，如必要，需搭建遮阳棚或防雨棚，内装需满足通风、散热、空气洁净条件。

逆变器通信线缆走线要求暗走或穿管走线，整体规范，美观，数据采集器选购必须满足小麦光伏监控平台统一监控需要，原则选用一带多机使用。

五、电站防雷接地安装

包括接地用材、敷设、接地体制作、防腐、连接、紧固等。

电站防雷接地单独设立，材料选用热镀锌扁铁，扁铁规格4×40，接地体选用40×40热镀锌角钢（或满足要求的圆钢），接地体地下埋深2.5m，接地电阻实测小于4Ω，扁铁与接地体角钢连接采用螺丝连接或三面焊接（焊口做防腐处理），开孔连接应两点式，间距不少于4cm，规格尺寸按设计要求，紧固件采用热镀锌或不锈钢螺丝，防雷接地要求与主体建筑防雷接地网或主体钢构连接，连接方式为焊接（焊口做防腐处理），接地排布、位置及数量按设计要求。

热镀锌扁铁搭接及固定采用不锈钢紧固件，螺丝连接，扁铁搭接8cm，开孔两个，间距4cm，扁铁搭接连接严禁焊接，开孔严禁气割、电焊开孔。

六、低压电缆及电缆沟施工

包括交流电缆选型、敷设、防护、连接及电缆沟开挖、回填、复原施工等

交流电缆规格尺寸按设计要求，原则上以满足电站需要（综合考虑接入距离、敷设方式、防护、电压衰减、损耗等因素进行选型，首选铝芯电缆，直埋电缆选用带铠甲动力电缆，四芯电缆采用3+1国标，不采用等芯电缆）以利降低成本。

地埋电缆沟深 50cm 标准，跨路地埋一律穿保护管，保护管选用钢管，铠甲电缆可直埋但要做防护处理（底部填沙，上部加防护板），非铠甲电缆穿管防护（PVC——U 管材或铁管）。

电缆头制作要规范，有标识（黄、绿、红、蓝绝缘胶带缠结牢固），接线鼻压紧牢固，线鼻紧固选用热镀锌螺丝，铠甲电缆之铠甲一端要可靠地接，另一端悬空，电缆进出柜体要做防护处理，以防划伤。

七、并网柜安装

包括并网柜基础制作、位置选取、设计、接地等。

并网柜安装于业主配电室内或另做箱变安装。

箱变基础按厂家所提供基础图施工。

箱变位置选取以就近、方便和降低成本为原则（离具体并网接入点）。

并网柜设计按电站接入方案及当地电网公司要求（如断路器是否加隔离，断路器要求、计量电表可视等）。

并网柜保护地、工作地、防雷接地要可靠连接（电气接地与防雷接地分开），工作地、保护地选用 16 平铜芯线，螺丝线鼻子连接，防雷用热镀锌扁铁，接地体单独制作或与原业主配电接地焊接相连（焊口做防腐处理），单独制作接地体的，要求制作地下接地网，挖深 50cm，4×40 热镀锌扁铁环绕，间隔 2m 做接地体一个，接地体采用镀锌角钢或圆钢，长度 1.5m，实测接地电阻小于 4Ω，接地体连接采用焊接（焊口做防腐处理），接地网单独设计的，按设计要求。

第六节 分布式光伏并网服务

一、分布式光伏业务的办理

1. 申请方式

营业柜台受理	95598客户服务电话
95598智能互动服务网站	网上国网

2. 所需材料

（1）自然人申请

1）客户有效身份证明；

2）房屋产权证明或其他证明文书；

3）物业出具同意建设分布式电源的证明材料。

（2）法人申请

1）客户有效身份证明（包括营业执照、组织机构代码证和税务登记证）；

2）土地合法性支持性文件；

3）政府投资主管部门同意项目开展前期工作的批复（需核准项目）。

分布式电源并网申请表

项目编号	GJDW2147535		申请日期	2017 年 08 月 15 日
项目名称	分布式电源并网			
项目地址	北京市西城区×××小区×××楼×××单元×××号			
项目类型	□光伏发电 ☑天然气三联供 □生物质发电 □风电 □地热发电 □海洋能发电 □资源综合利用（含煤气瓦斯发电）			
项目投资方	国家电网			
项目联系人	×××		联系人电话	12345678
联系人地址	北京市西城区×××小区×××楼×××单元×××号			
装机容量	投产规模 220kW 本期规模 500kW 终期规模 1000kW		意向并网电压等级	☑35kV □10（6、20）kV □380V □其他
发电量意向消纳方式	□全部自用 ☑全额上网 □自发自用剩余电量上网		意向并网点	□用户侧（ 个） ☑公共电网（10 个）
投资模式	□自投资 □合同能源管理 ☑省级备案 □地市级备案 □其他			
计划开工时	2017 年 08 月 15 日		计划投产时	2017 年 08 月 15 日
核准要求	☑省级核准 □地市级核准 □其他_____ □不需核准			
下述内容由选择自发自用、剩余电量上网的项目业主填写				
用电情况	月用电量（100kWh） 装接容量（10 万 kVA）		主要用电设备	变压器
业主提供资料清单	一、自然人申请需要提供资料：经办人身份证原件及复印件、房产证（乡镇及以上级政府出具的房屋使用证明）。 　二、法人申请需要提供资料：1. 经办人身份证原件及复印件和法人委托书原件（或法定代表人身份证原件及复印件）。2. 企业法人营业执照、土地证等项目合法性支持性文件，3. 政府投资主管部门同意项目开展前期工作的批复（需核准项目）。4. 发电项目（多并网点 380/220V 接入、10kV 及以上接入）前期工作及接入系统设计所需资料。5. 用电电网相关资料（仅适用于大工业用户）。			

续表

本表中的信息及提供的文件真实准确，谨此确认。 申请单位：（公章） 申请个人：（经办人签字） 　　　　　　　　　　　2017 年 08 月 15 日	客户提供的文件已审核，接入申请配受理，谨此确认。 受理单位：（公章） 　　　　　公章 　　　　　　　　　　　2017 年 08 月 15 日		
受理人	×××	受理日期	2017 年 08 月 15 日

告知事项：

1. 本表信息由客服中心录入，申请单位（个人用户经办人）与客服中心签章确认；
2. 同一新装客户业扩报装申请与分布式电源接入申请分开受理；
3. 分布式电源接入系统方案制定应在业扩报装接入系统方案审定后开展；
4. 合同能源管理项目、公共屋顶光伏项目，还需要提供建筑物及设施使用或租用协议；
5. 年用电量：对于现有用户，为上一年度用电量；新报装用户，依据报装负荷折算；
6. 本表 1 式 2 份，双方各执 1 份。

3. 光伏发电并网流程

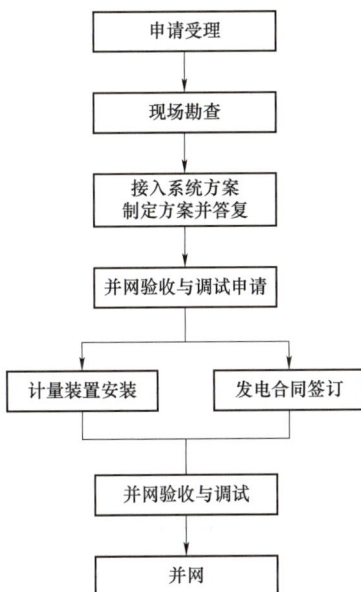

二、国家电网有限公司能源互联网营销服务系统低压分布式电源新装增容详解

1. 业务描述

分布式电源计量设备故障处理是指客户经理主动发现或接到发电客户关于分布式电源计量设备故障的信息后，记录发电客户信息、发电地址，安排相关人员到现场进行勘查，查找故障原因、排除故障，并及时恢复装表接电、确定退补电量、上网购电费和发电补贴所开展的业务。

2. 业务流程

低压分布式电源新装增容流程

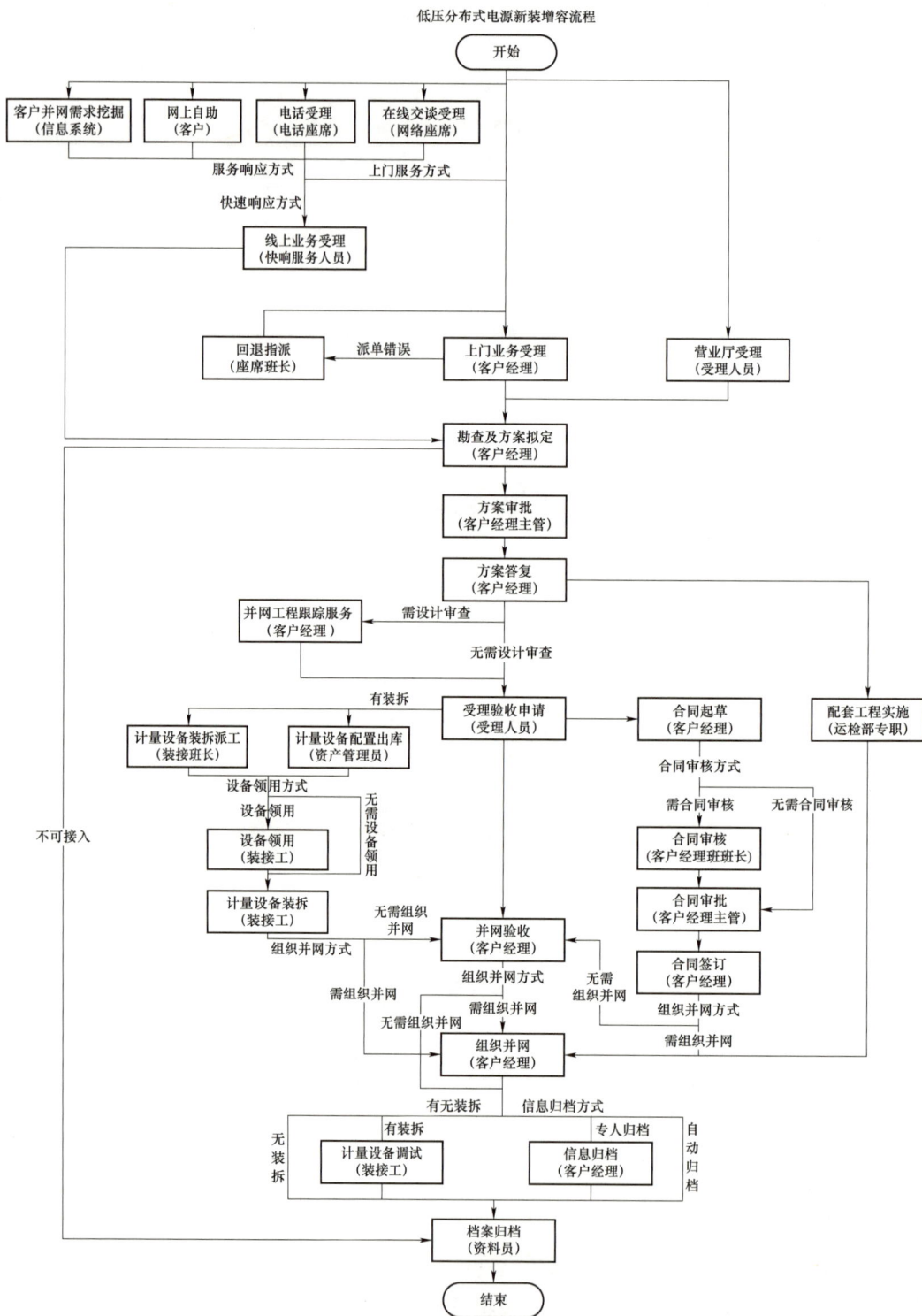

图 6-6-1 业务流程图

3. 营业厅受理营销 2.0 系统的操作

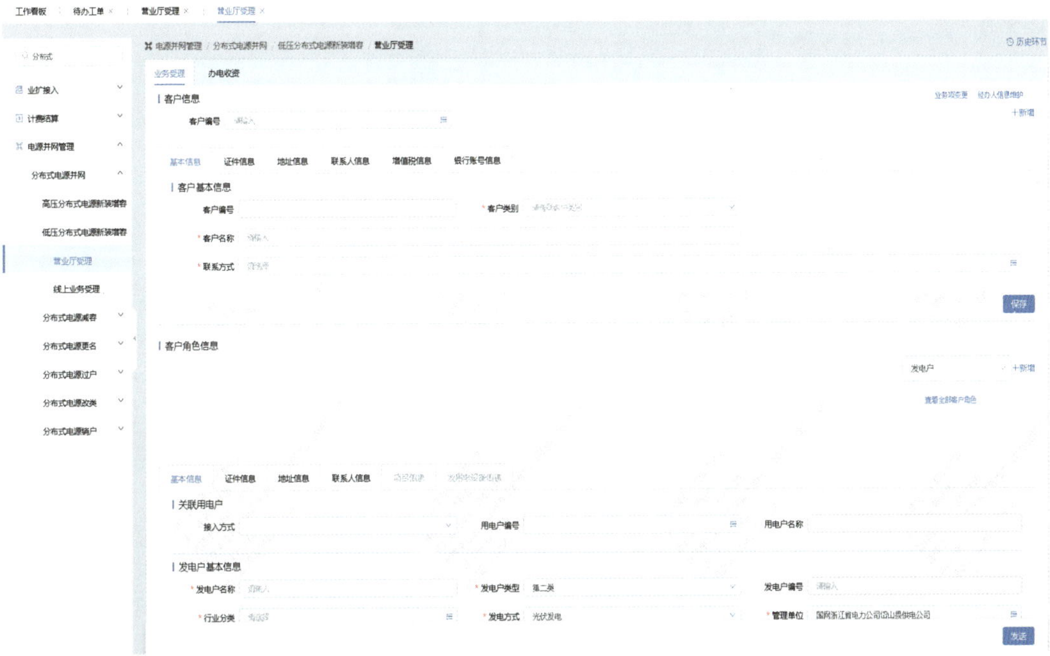

图 6-6-2 营业厅受理

（1）新建客户，如图 6-6-3 所示，客户类别可以选择个人或组织填写完信息后先不要点【保存】按钮，先填写完证件信息、地址信息、联系人信息、增值税信息、银行账号信息然后再点击【保存】按钮。

图 6-6-3 新建客户

（2）客户角色创建，点击【新增】按钮，添加一张角色卡，填写发电户基本信息、证件信息、地址信息、联系人信息，证件信息和联系人信息。

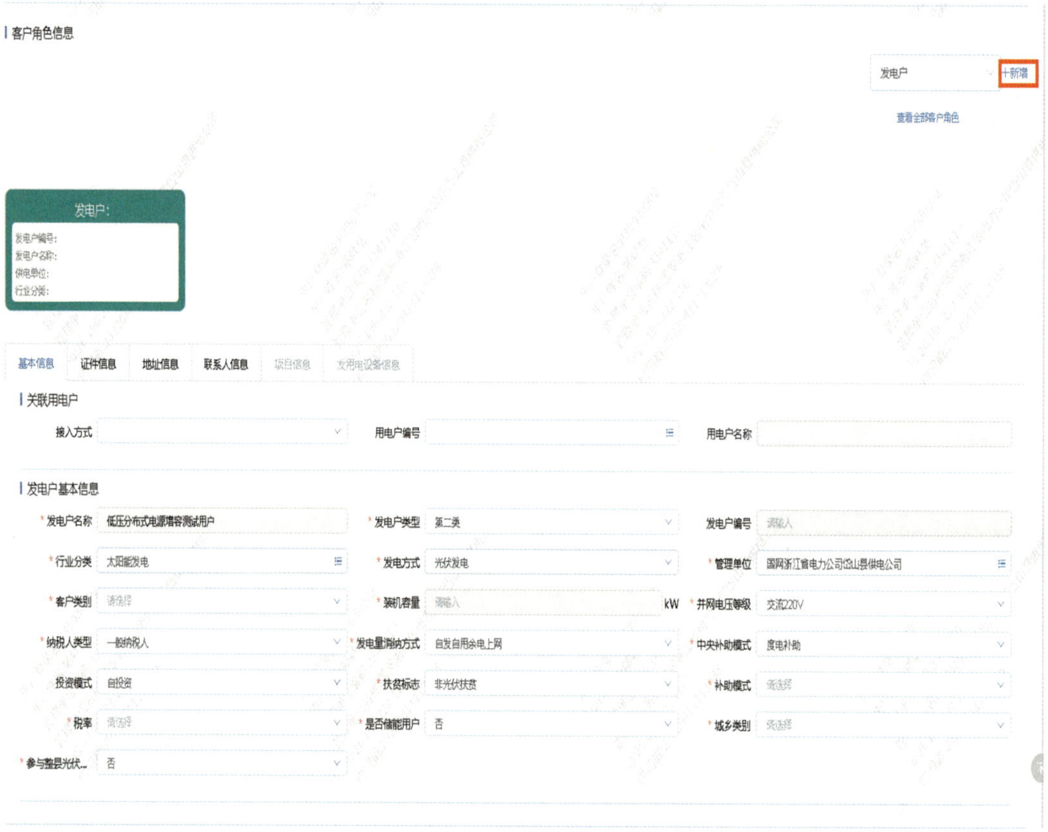

图 6-6-4　新建客户角色

注意：如果发电方式类别选择的是光伏发电，必须要在发电设备信息中添加设备类型【逆变器和太阳能光伏组建】，如图 6-6-5 所示。

图 6-6-5　发用电设备信息

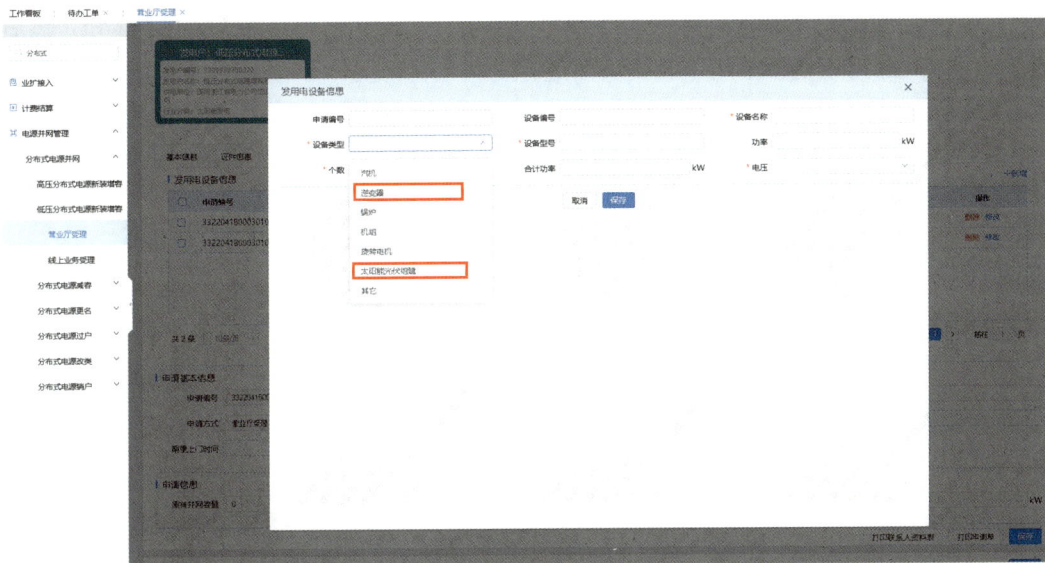

图6-6-6 新增发用电设备信息

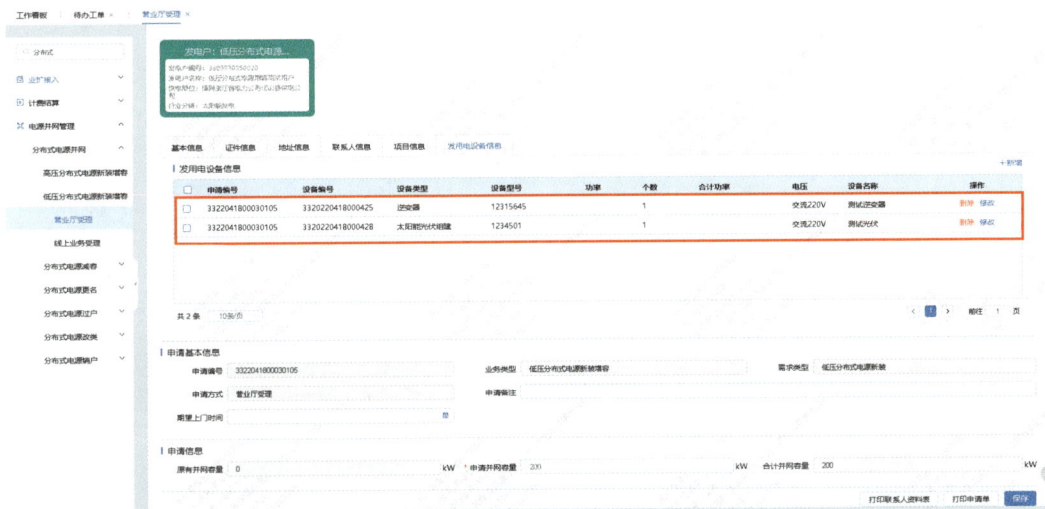

图6-6-7

（3）申请信息中可以按照需求填写并网容量和用电容量如图6-6-8所示。

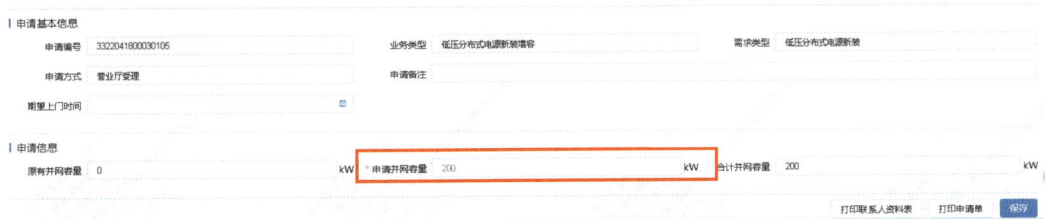

图6-6-8 申请信息

（4）完成客户基本信息、申请基本信息、申请信息的填写，点击【保存】按钮，然后点击左上角 tab 可以切换至用电收资页面进行资料上传，上传必备文件后点击【保存】按钮；然后点击右下角的【发送】按钮，即可发送工单进入下一个勘察及方案拟定流程。

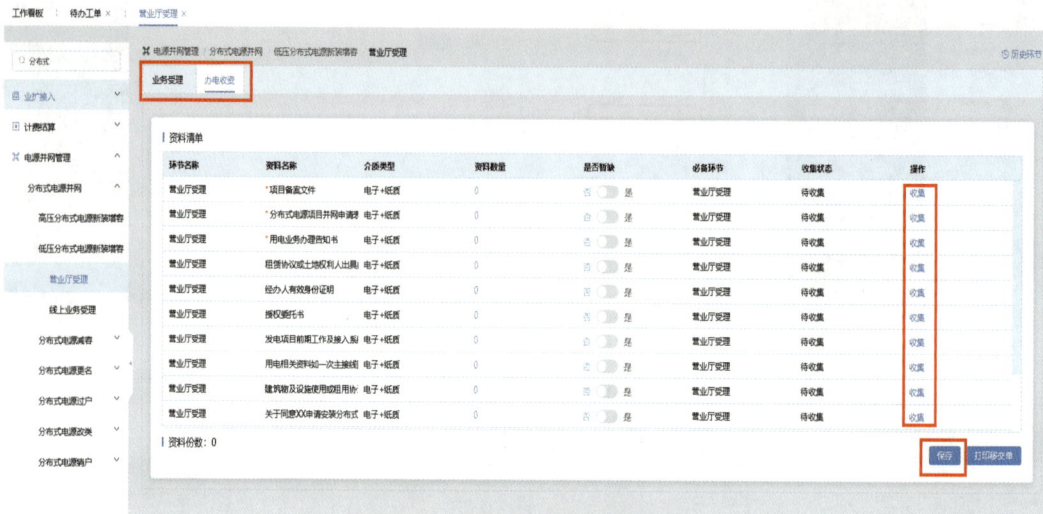

图 6-6-9　用电收资

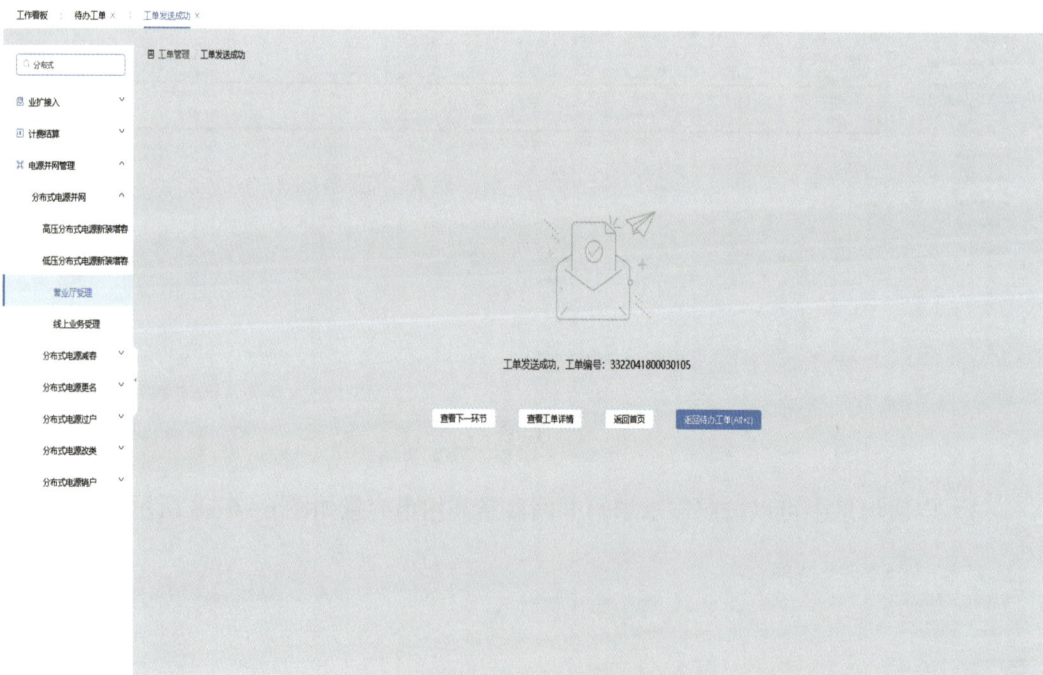

图 6-6-10　工单发送成功

4. 勘察及方案拟定

（1）方案拟定的工单。然后点击环节名称，进入勘察及拟定页面，如图 6-6-11 所示。

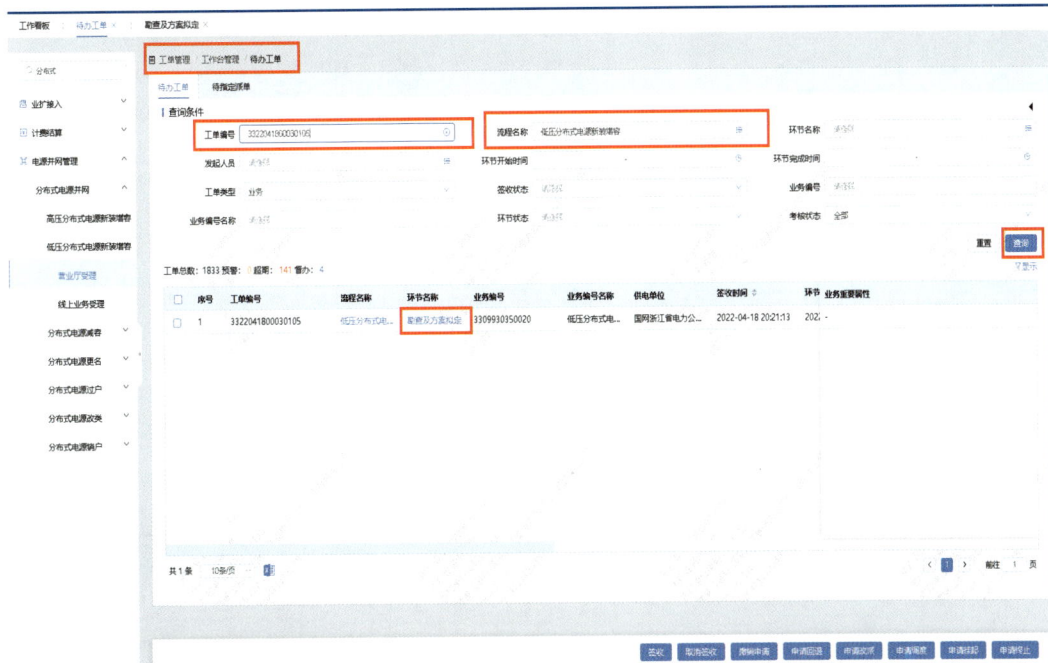

图 6-6-11　待办工单

（2）在勘察信息 tab 页可以按照业务要求维护用电户、发电户信息，填写相应勘查信息和勘查意见，并可打印【勘察单】，点击【保存】按钮可以进入方案信息 tab 页，如图 6-6-12 所示。

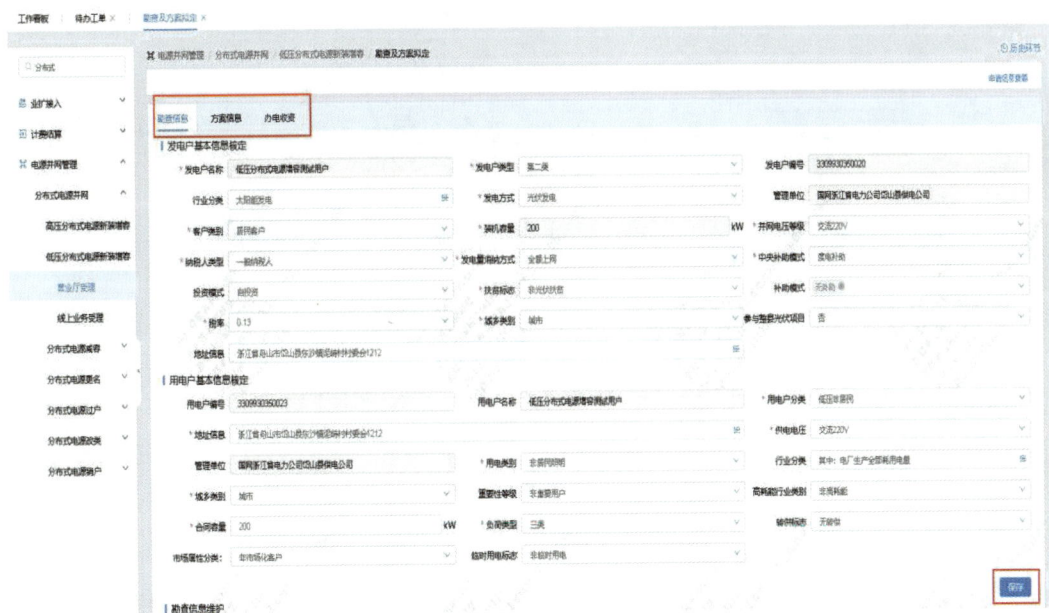

图 6-6-12　用电户、发电户信息核定

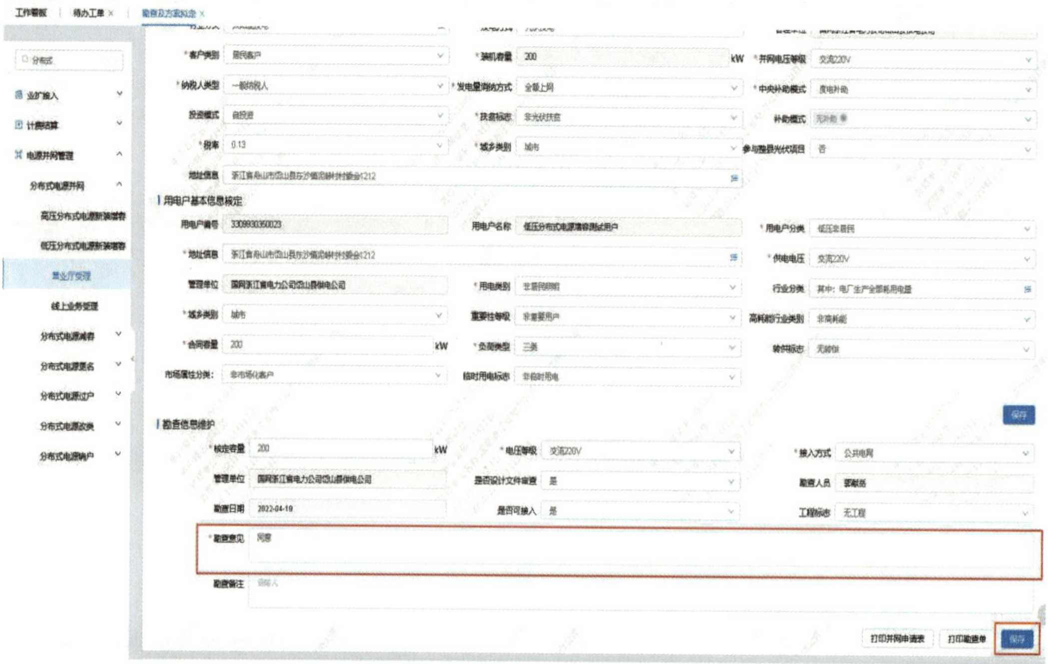

图 6-6-13 勘查信息维护

（3）在方案信息 tab 页，点选接入方案，进入接入方案页面，按要求填写相关信息，点击【保存】按钮，如图 6-6-14 所示。

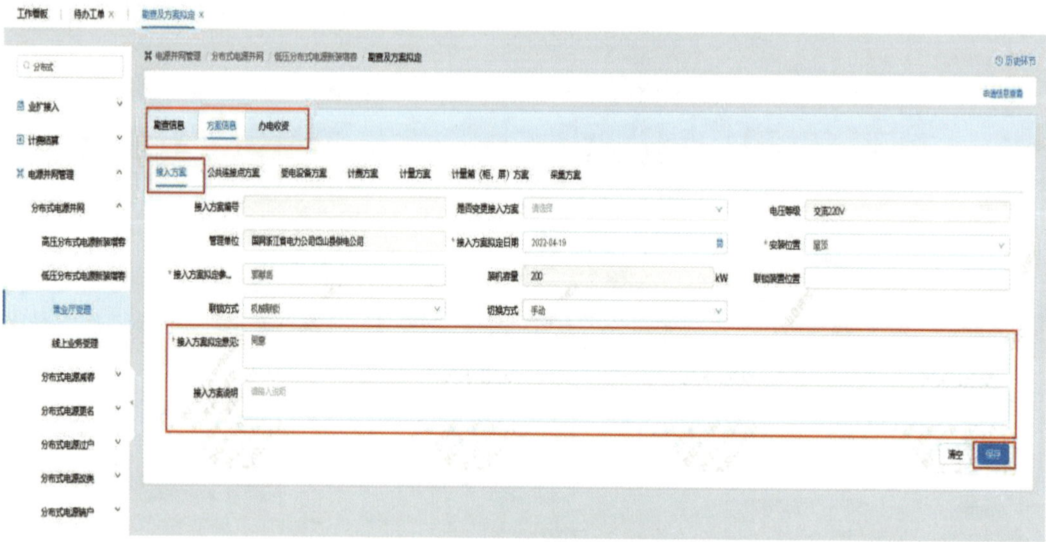

图 6-6-14 接入方案

（4）点选公共连接点方案，打开公共连接点方案界面，点击发电户右侧的加号，选择创建公共连接点，按要求填写相关信息，点击【保存】按钮，如图 6-6-15 所示。

图 6-6-15　新增公共连接点

图 6-6-16　公共连接点信息

（5）点击发电户右侧的加号，选择创建并网点，按要求填写相关信息，点击【保存】按钮，如图 6-6-17 所示。

图 6-6-17　新增并网点

（6）点击用电户右侧的加号，选择创建受网点，按要求填写相关信息，点击【保存】按钮，如图6-6-18所示。

图6-6-18　新增受电点

（7）点击新增后的受电点右侧的加号，选择创建电源方案，按要求填写相关信息，点击【保存】按钮，如图6-6-19所示。

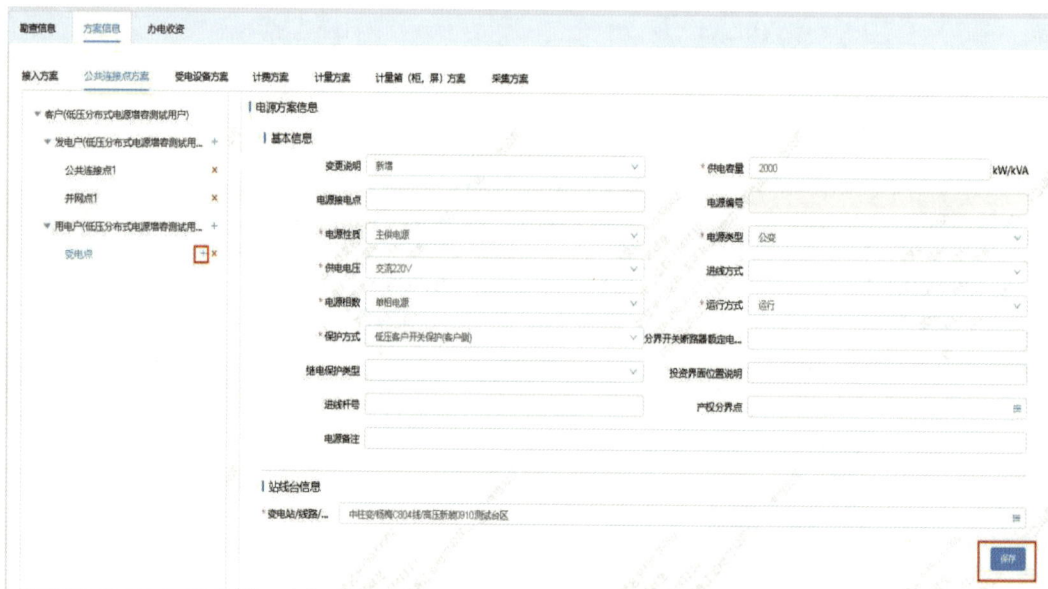

图6-6-19　新增受电点

（8）点选受电设备方案，打开受电设备方案界面，点击用电户右侧的加号，创建受电设备，按要求填写相关信息，点击【保存】按钮，如图6-6-20所示。

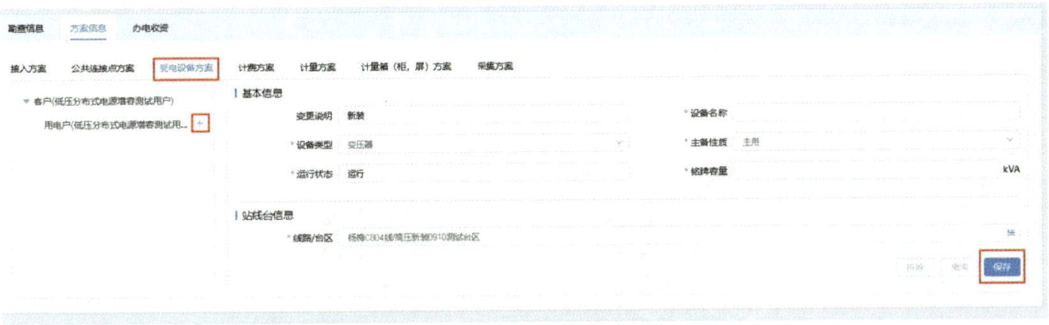

图 6-6-20　新增受电设备

（9）点选计费方案，打开计费方案界面，点击发电户右侧的加号，新增电价信息，按要求填写相关信息，点击【保存】按钮，然后点击用电户右侧的加号，新增电价信息，按要求填写相关信息，点击【保存】按钮，如图 6-6-21 所示。

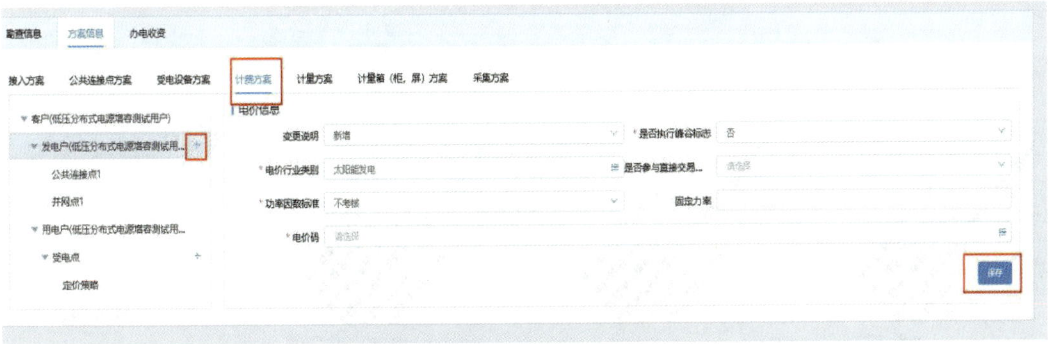

图 6-6-21　发电户新增电价

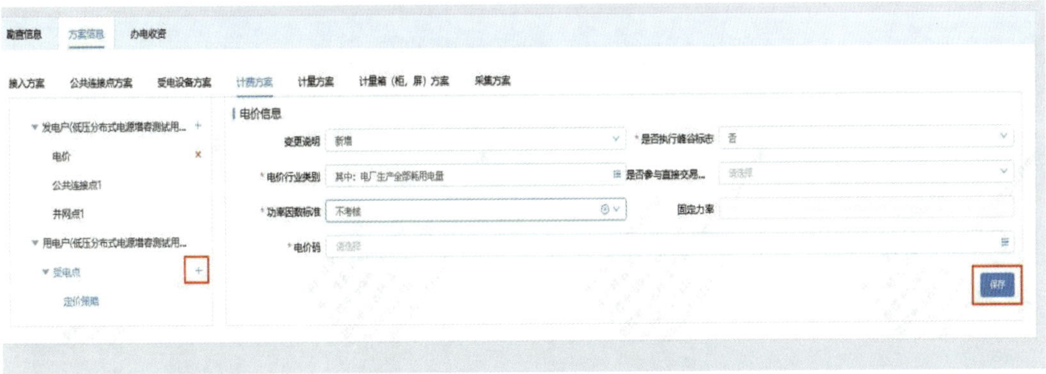

图 6-6-22　用电户新增电价

（10）点选计量方案，打开计量方案界面，根据实际情况在公共连接点、并网点、受电点下增加计量点，选择右侧的加号，新增计量点方案信息，点选计量点基本信息，打开计量点基本信息页面，按要求填写相关信息，点击【保存】按钮，如图 6-6-23 所示。

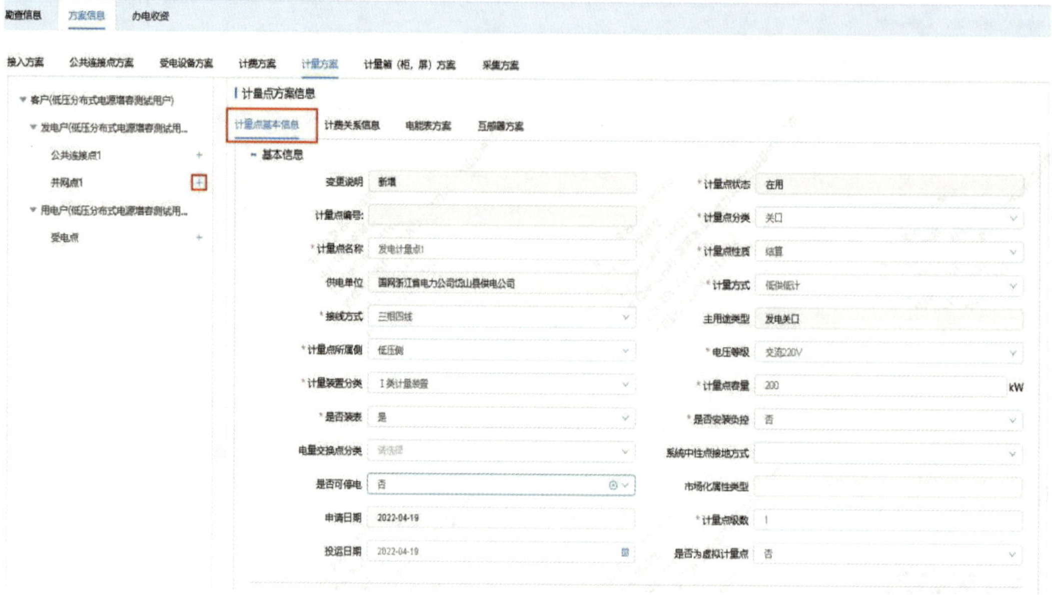

图 6-6-23　计量点基本信息

图 6-6-24　保存计量点信息

（11）点选电能表方案，打开电能表方案页面，点击【新增】按钮，打开电能表方案明细页面，按要求填写相关信息，点击【保存】按钮，如图 6-6-25 所示。

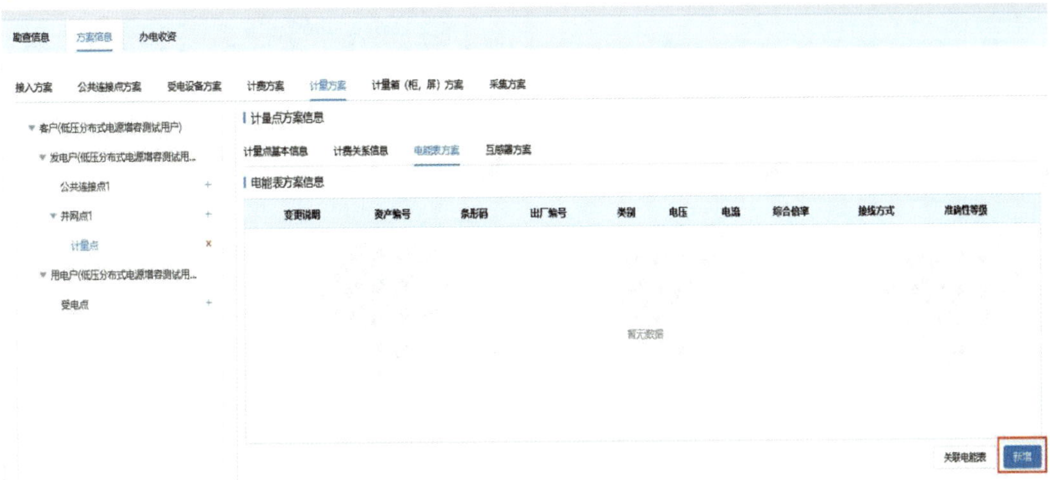

图 6-6-25　电能表方案

图 6-6-26　新增电能表

（12）点选计量箱（柜、屏）方案，打开计量箱（柜、屏）方案界面，按要求填写相关信息，点击【保存】按钮，完成新增计量箱（柜、屏），然后下滑页面，点击【新建】按钮，打开计量容器设备关系维护页面，点选设备分类，在列表中勾选要关联的计量容器设备关系，点击【保存】按钮，如图 6-6-27 所示。

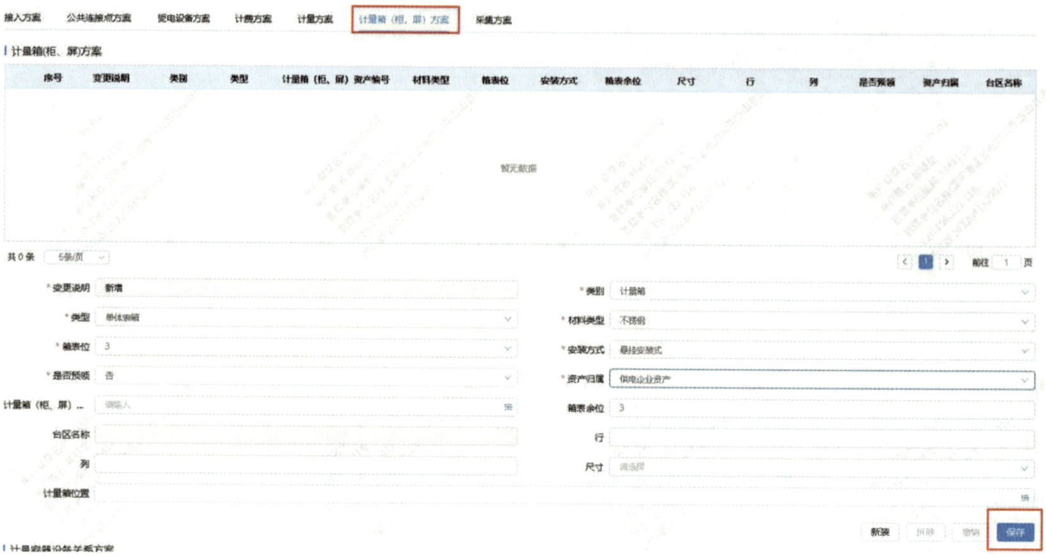

图 6-6-27 新增计量箱（柜、屏）

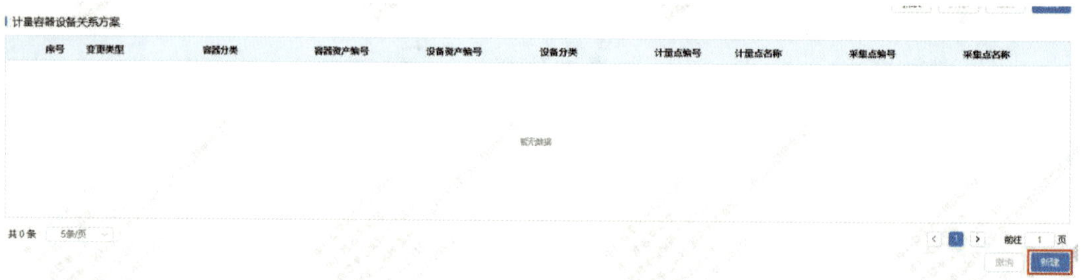

图 6-6-28 新建计量容器设备关系

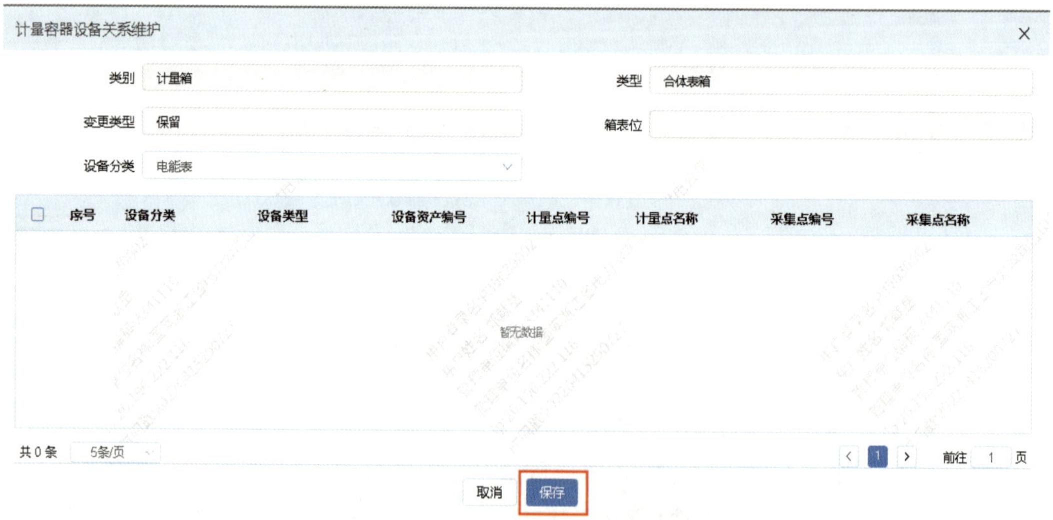

图 6-6-29 保存计量容器设备关系

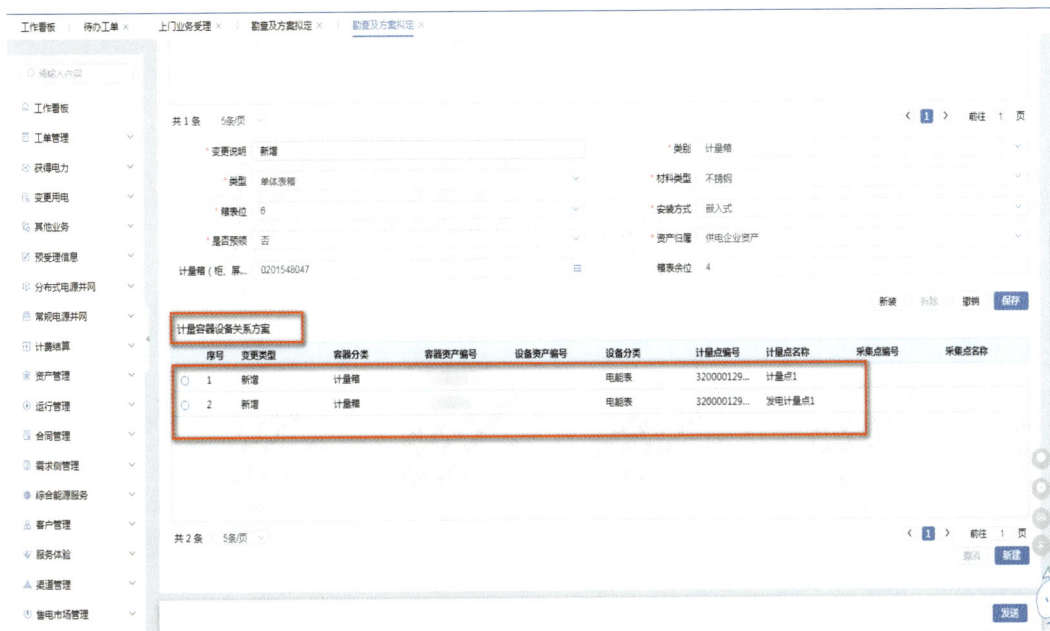

图 6-6-30　维护完的计量容器设备关系

（13）点选采集方案，打开采集方案界面，按要求填写相关信息，新增采集点方案信息，点击【保存】按钮，然后下滑页面，填写采集终端方案信息，点击【保存】按钮，如图 6-6-31 所示。所有方案保存完毕，点击【发送】，流程进入接入方案审批环节。

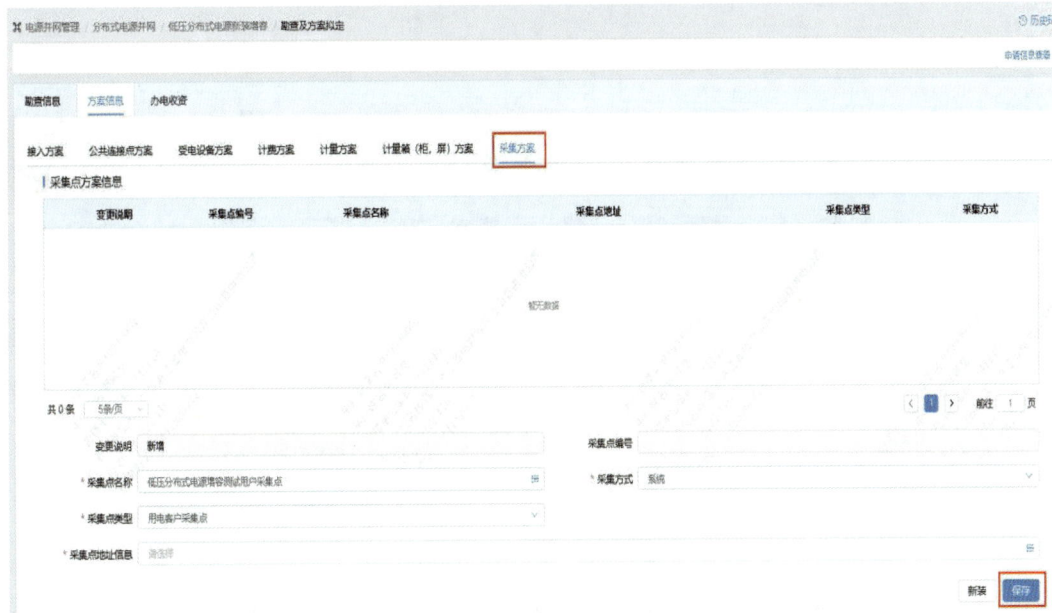

图 6-6-31　采集方案

图6-6-32 采集终端方案

5. 方案审批1.5.3操作说明

（1）登录系统，选择"工单管理/待办工单"，打开待办工单页面，填入流程名称、环节名称等信息，单击【查询】按钮，输入工单编号即可查询到方案审批的工单。然后点击环节名称，进入方案审批页面，如图6-6-33所示。

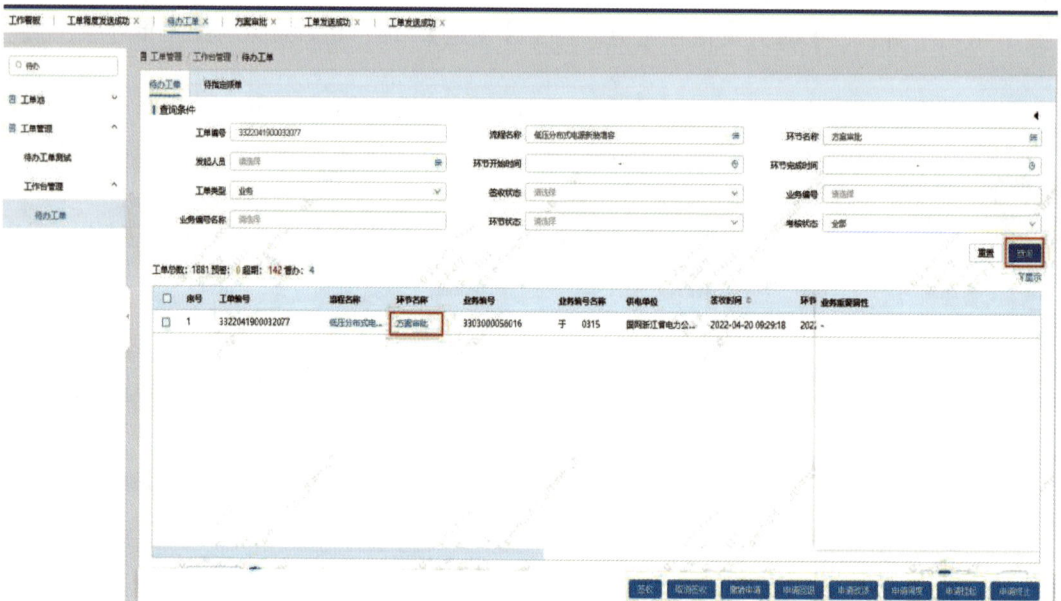

图6-6-33 待办工单

（2）检查方案是否符合业务要求，点击【通过】按钮，输入意见，点击【确定】，工单进入接入方案审批环节，如图6-6-34所示。

图 6-6-34　方案审批

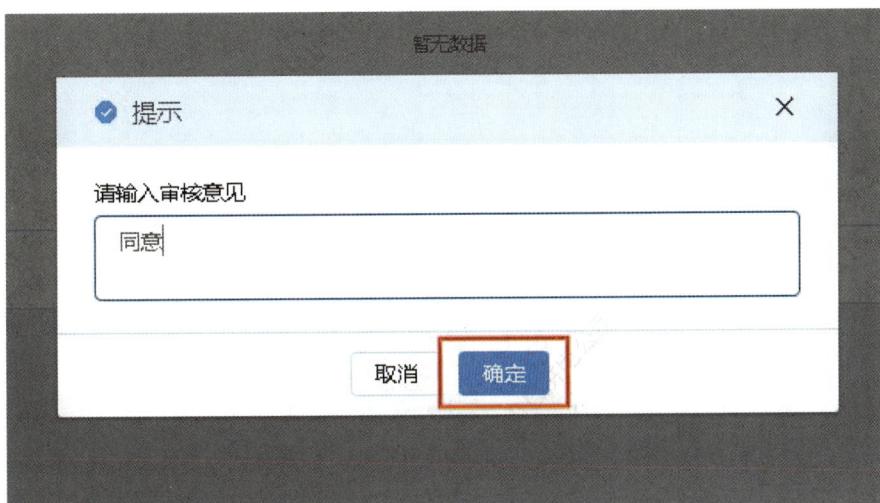

图 6-6-35　审核意见

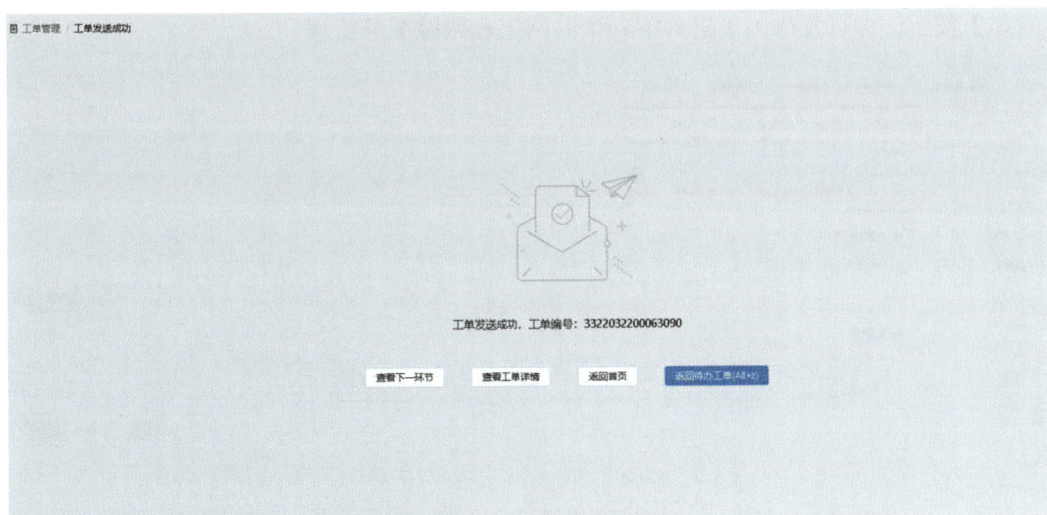

图 6-6-36　发送工单成功

6. 方案答复

（1）操作说明

1）登录系统，点击"工单管理/待办工单"，填入流程名称、环节名称等信息，单击【查询】按钮，输入工单编号即可查方案答复的工单。如图 6-6-37 所示。

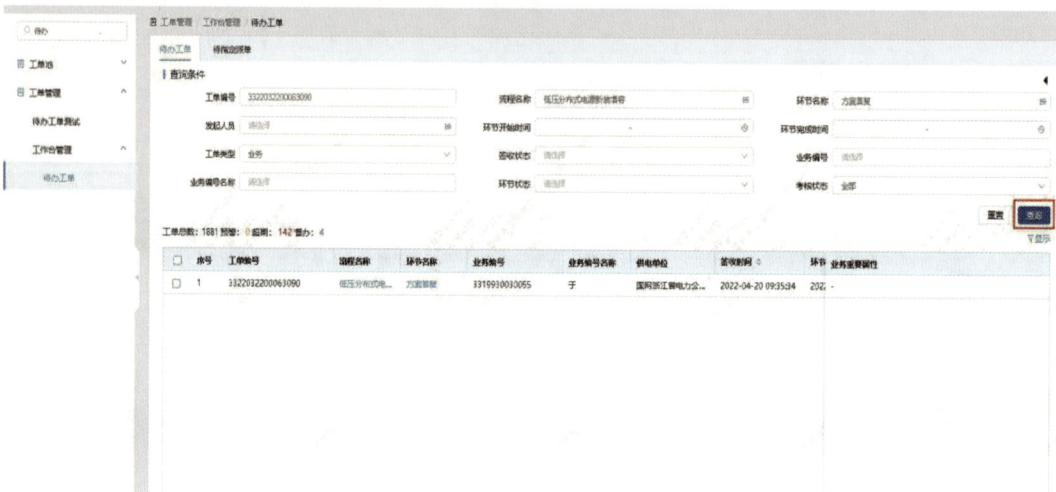

图 6-6-37　待办工单

2）进入方案答复页面即可对联系人发送答复通知，点选【答复方式】下拉框，可选择答复方式，点击【保存】按钮，然后点击【发送通知】按钮向用户发送通知。客户答复信息部分填写客户反馈的信息，点击【附件】按钮，可以上传附件，点击【打印确认单】按钮，可以打印确认单，最后点击【保存】按钮，保存客户答复信息，然后点击右下角的【发送】按钮，即可发送工单进入下一个并网工程跟踪服务流程。

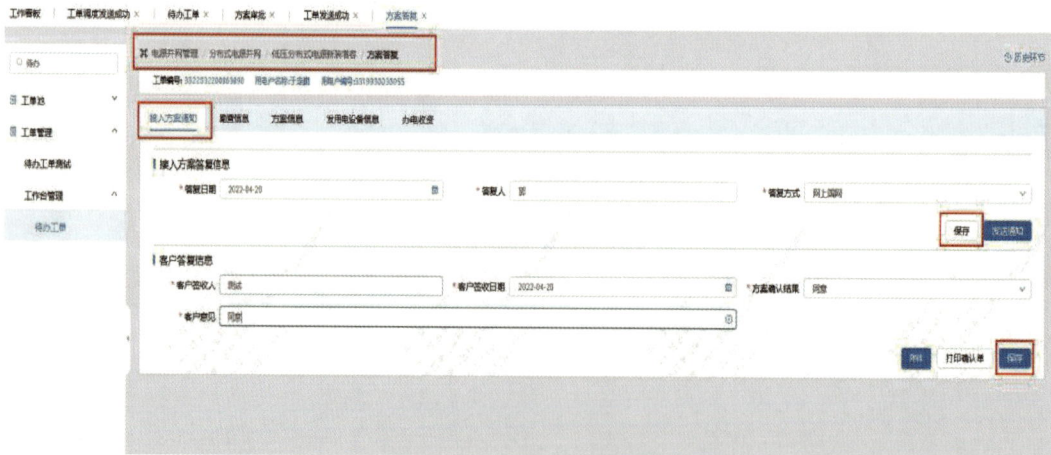

图 6-6-38　方案答复

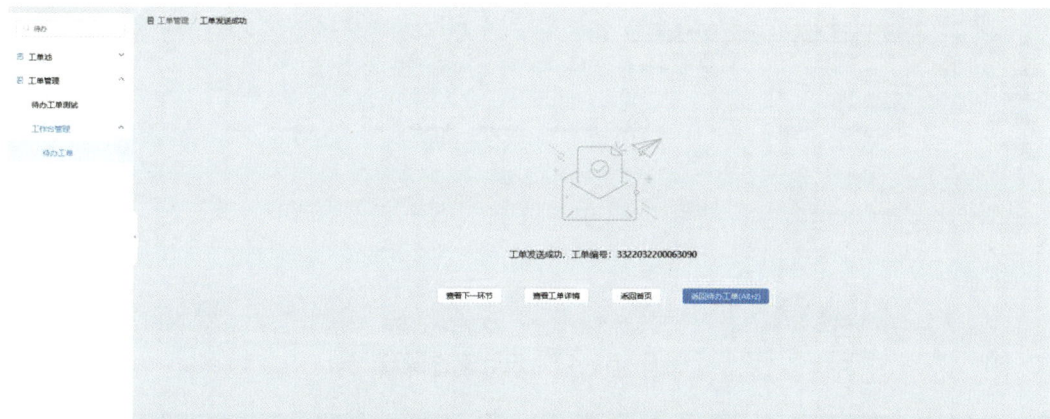

图 6-6-39 发送工单成功

7. 并网工程跟踪服务

（1）功能说明

并网工程跟踪服务是指客户经理使用电脑或移动作业终端，收取工程设计相关资料；组织相关部门对设计文件进行审查并出具审查意见；在并网工程施工期间，根据审查同意的设计图纸和有关施工标准，对并网工程中的隐蔽工程进行中间检查的工作。

（2）操作说明

1）登录系统，点击"工单管理/待办工单"，填入流程名称、环节名称等信息，单击【查询】按钮，输入工单编号即可查并网工程跟踪服务的工单。如图 6-6-40 所示。

图 6-6-40 待办工单

2）打开并网工程跟踪服务页面，点选设计文件登记 tab 页，点击【新增】按钮，选择设计单位，然后点击【保存】按钮，完成新增设计文件受理，可打印申请单，如图 6-6-41 所示。

图6-6-41 设计文件受理

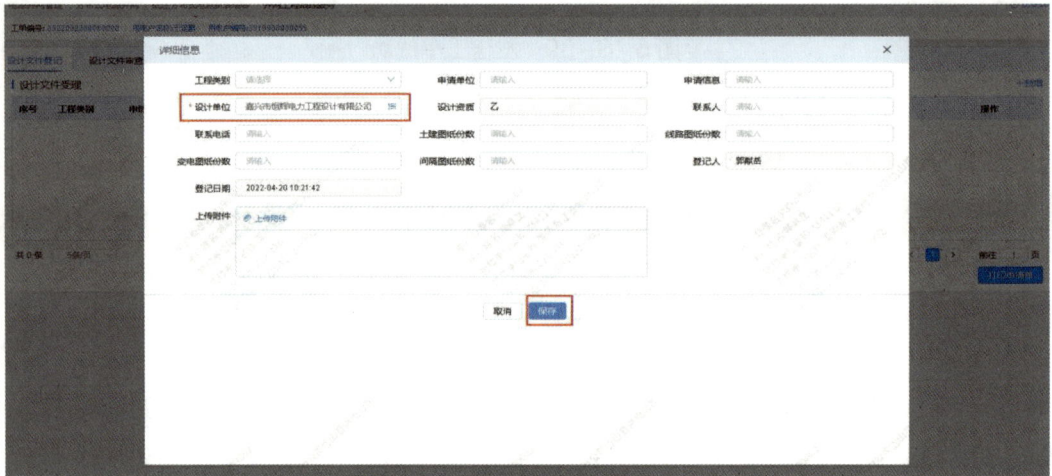

图6-6-42 详细信息

3）点选设计文件审查 tab 页，选择设计文件审核中的一条记录，填写审查信息、审查答复信息，点击【保存】按钮，可打印通知单以及协同通知，如图6-6-43所示。

图6-6-43 设计文件审核

4）点选办电收资 tab 页，点击收集打开档案采集窗口，选择上传文件的方式，然后确认上传文件，按要求上传完所需文件，然后点击【保存】按钮。

图 6-6-44　办电收资

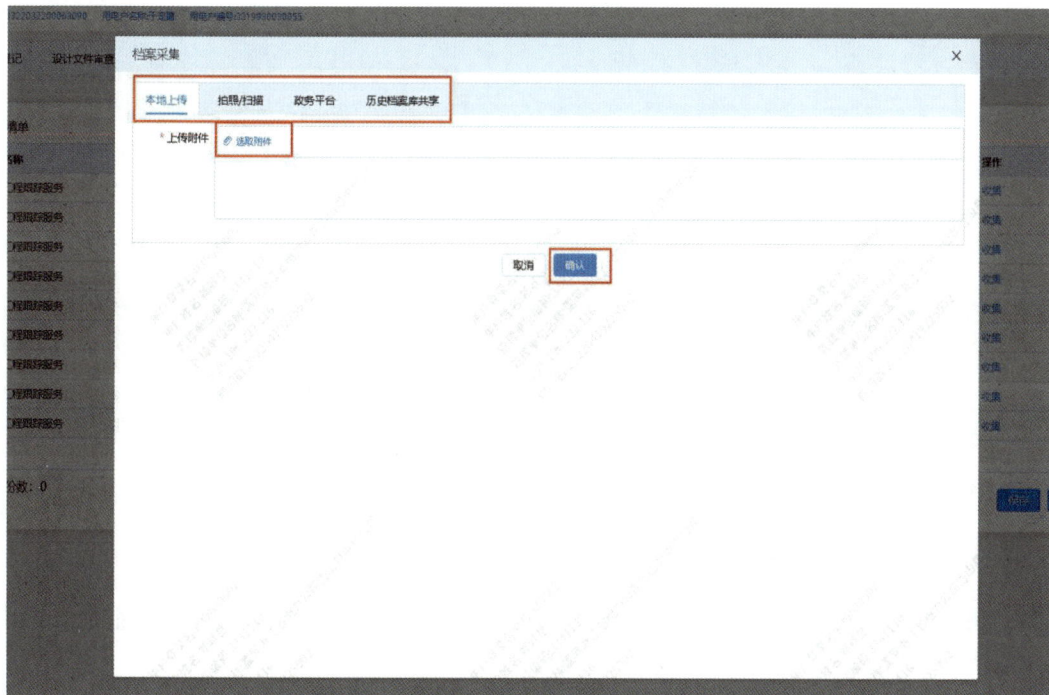

图 6-6-45　上传附件

5）点选设计文件审核 tab 页，然后点击右下角的【发送】按钮，即可发送工单进入下一个受理验证申请流程。

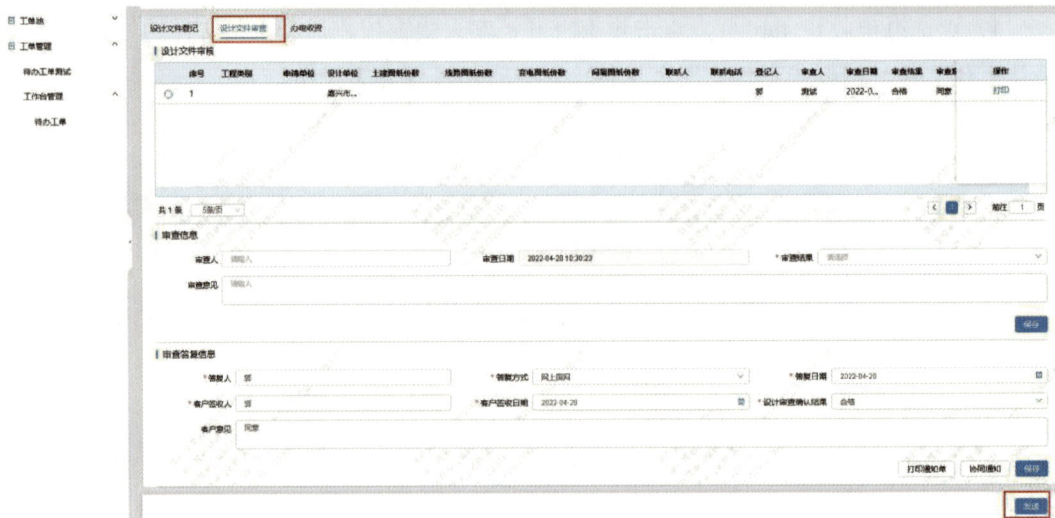

图 6-6-46　设计文件审查

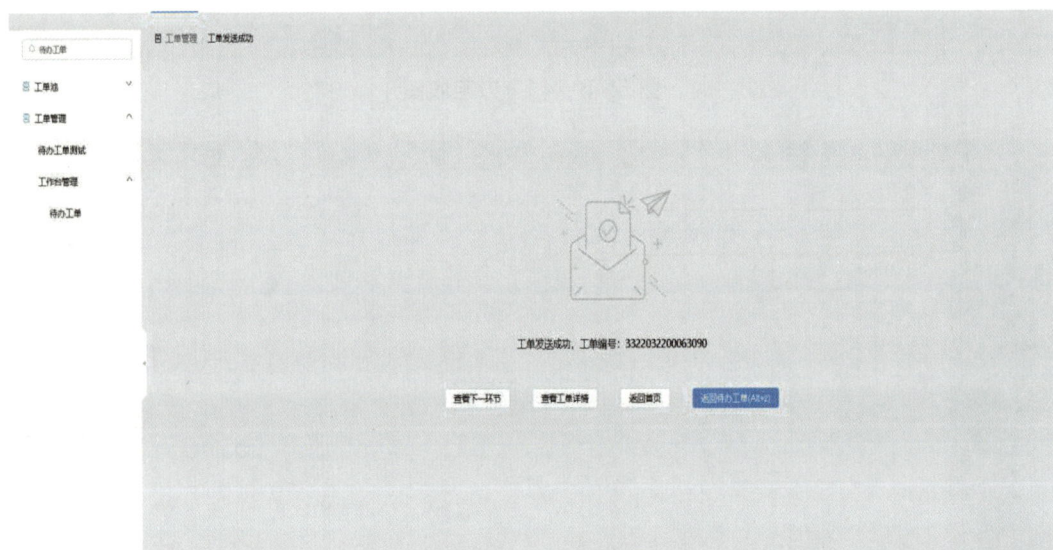

图 6-6-47　工单发送成功

8. 受理验收申请

（1）功能说明

受理验收申请是指受理人员/客户经理使用电脑或移动作业终端，受理并网验收和调试申请表及相关材料，或客户使用"网上国网"，提交并网验收和调试申请表及相关资料，由相关部门进行并网验收的工作。

（2）操作说明

1）登录系统，点击工单管理/待办工单，填入流程名称、环节名称等信息，单击【查询】按钮，输入工单编号即可查并网工程跟踪服务的工单。如图 6-6-48 所示。

图6-6-48 待办工单界面

2）打开受理验收申请页面，点选验收调试信息 tab 页面，按要求填写验收调试信息内容，点击【保存】按钮，如图6-6-49所示。

图6-6-49 验收调试信息

3）下滑页面，按要求填写验收调试资料信息，可进行新增、删除、保存的操作，如图6-6-50所示。

图 6-6-50　验收调试资料信息

4）点选计量计费方案 tab 页，可查看接入方案、公共连接点方案、受电设备方案、计费方案、计量箱（柜、屏）方案、采集方案，如图 6-6-51 所示。

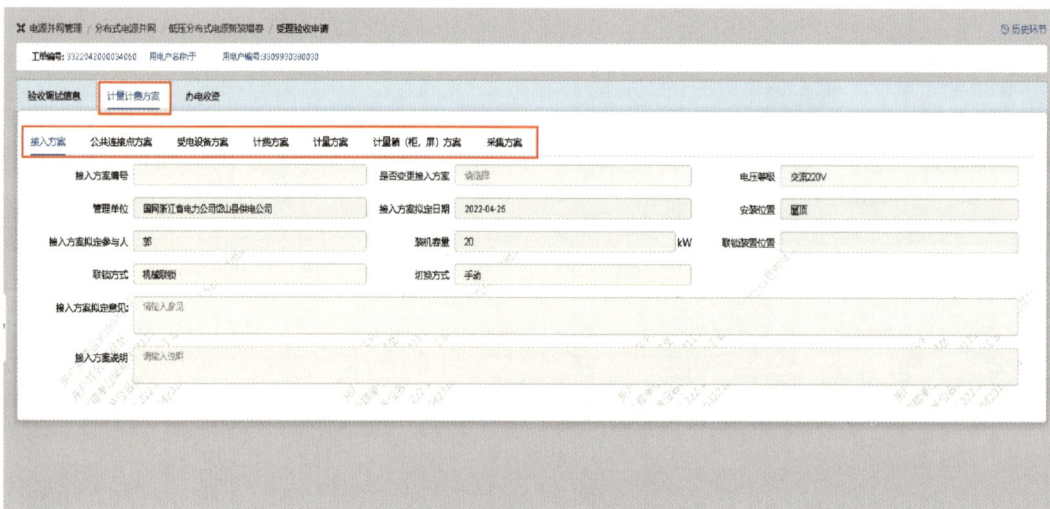

图 6-6-51　计量计费方案

5）点选办电收资 tab 页，点击收集操作上传相应资料，可通过本地上传、拍照/扫描、政务平台、历史档案库共享方式进行上传，点击【确定】按钮，还可打印移交单，如图 6-6-52 所示。然后点击右下角的【发送】按钮，会弹出提示框，点击【确认】按钮，即可发送工单进入下一环节，如图 6-6-53 所示。

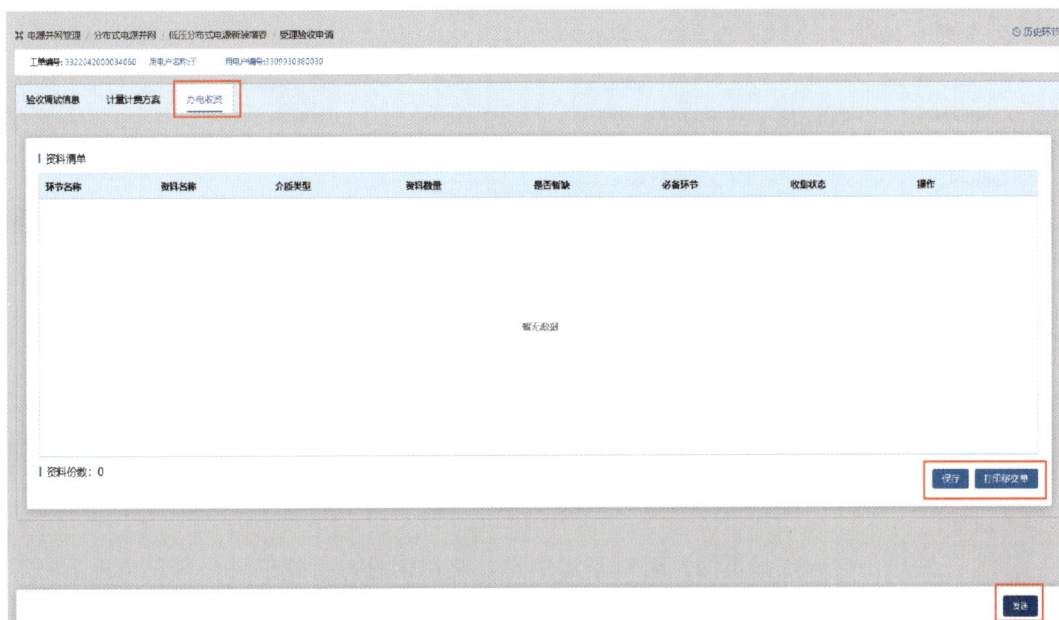

图 6-6-52　办电收资

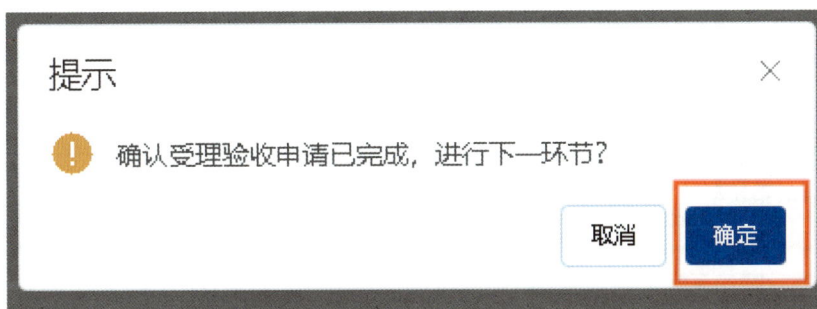

图 6-6-53　确认框

9. 合同起草

（1）功能说明

合同起草是指客户经理使用电脑或移动作业终端，根据客户申请的分布式电源并网业务、电压等级、消纳方式的不同，选择相应的范本，并在此范本的基础上编制分布式电源发用电合同的工作。

（2）操作说明

1）登录系统，点击工单管理/待办工单，填入流程名称、环节名称等信息，单击【查询】按钮，输入工单编号即可查合同起草的工单。如图 6-6-54 所示。

图6-6-54　待办工单界面

2）在发电户合同账户页面，可以基本信息，交费信息，付款信息，客户角色信息等进行编辑保存，如图6-6-55所示。

图6-6-55　发电户合同账户

3）点选业务模式 tab 页，选择业务信息列表中的一条信息，按要求填写相应内容，点击【保存】按钮，也可打印申请单，如图6-6-56所示。

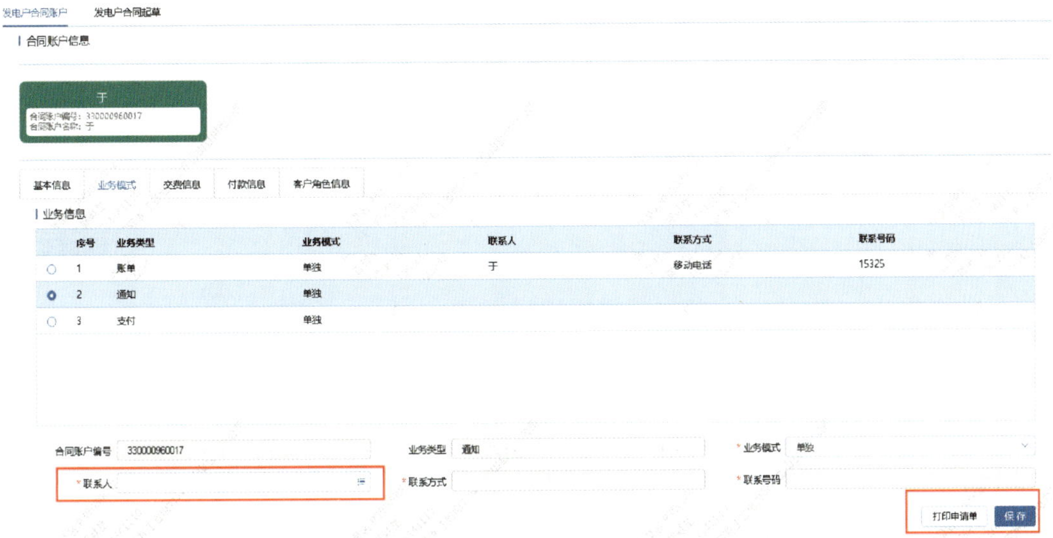

图 6-6-56 业务信息

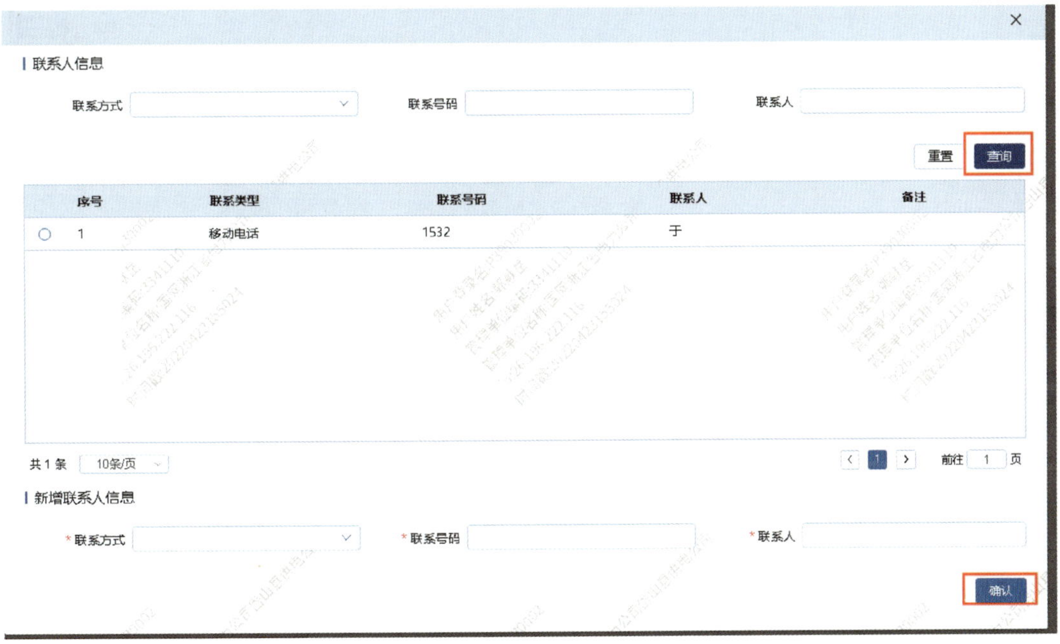

图 6-6-57 新增联系人

4）点选发电户合同起草 tab 页，点击合同信息右侧按钮，可上传合同模板或者下载已有模板，然后填写合同相关信息，点击【保存】按钮，点击【调度协议起草通知】，可向指定用户发起受理提醒，如图 6-6-58 所示。

图6-6-58　发电户合同账户

图6-6-59　合同模板

5）点选账户信息 tab 页，可编辑银行账户信息，如图6-6-60所示。

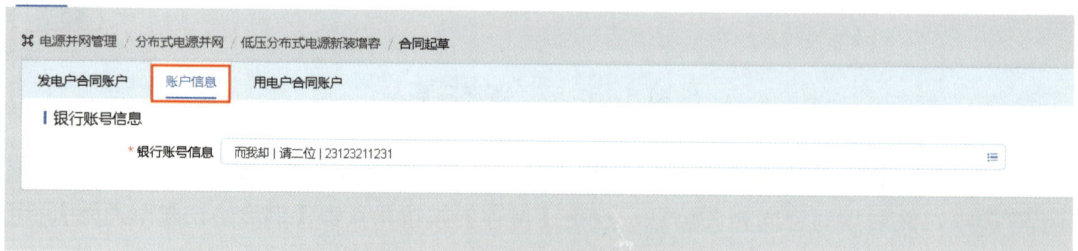

图6-6-60　账户信息

6）点选用电户合同账户 tab 页，可以对用电户基本信息，交费信息，付款信息，客户角色信息等进行编辑保存，如图 6-6-61 所示。

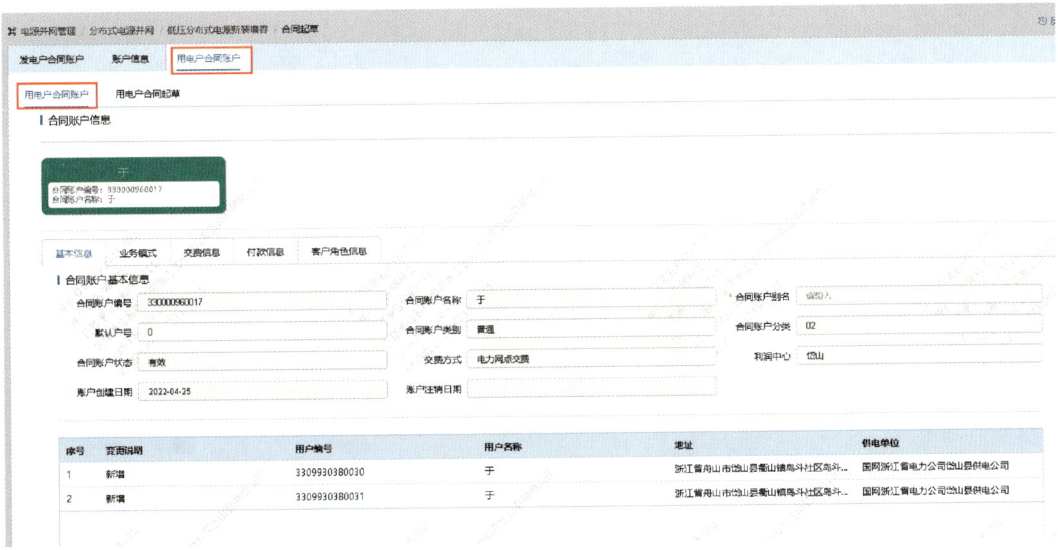

图 6-6-61　用电户合同账户

7）点选业务模式 tab 页，选择业务信息列表中的一条信息，按要求填写相应内容，点击【保存】按钮，也可打印申请单，如图 6-6-62 所示。

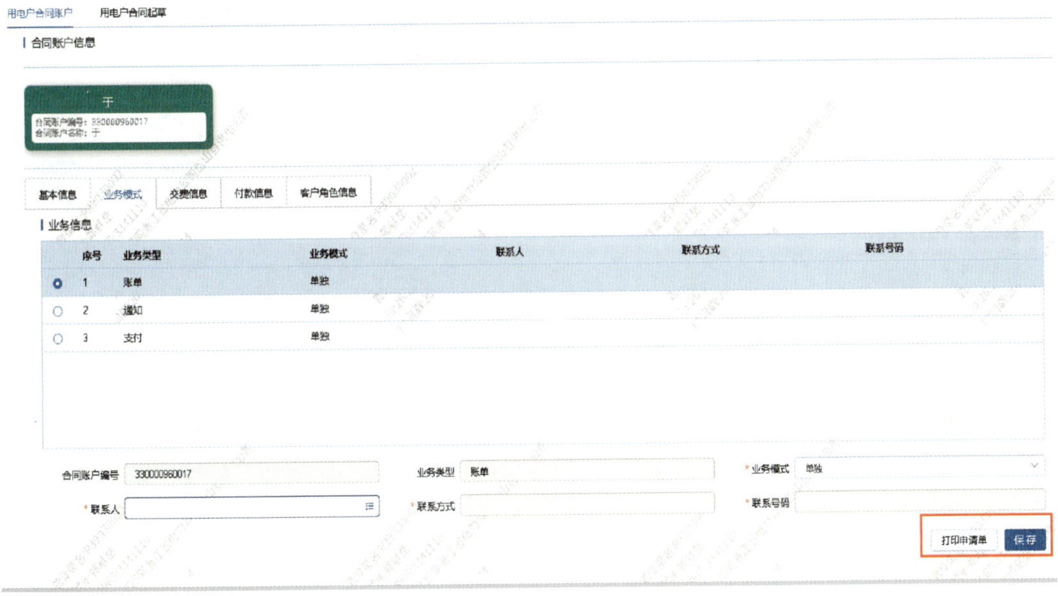

图 6-6-62　业务信息

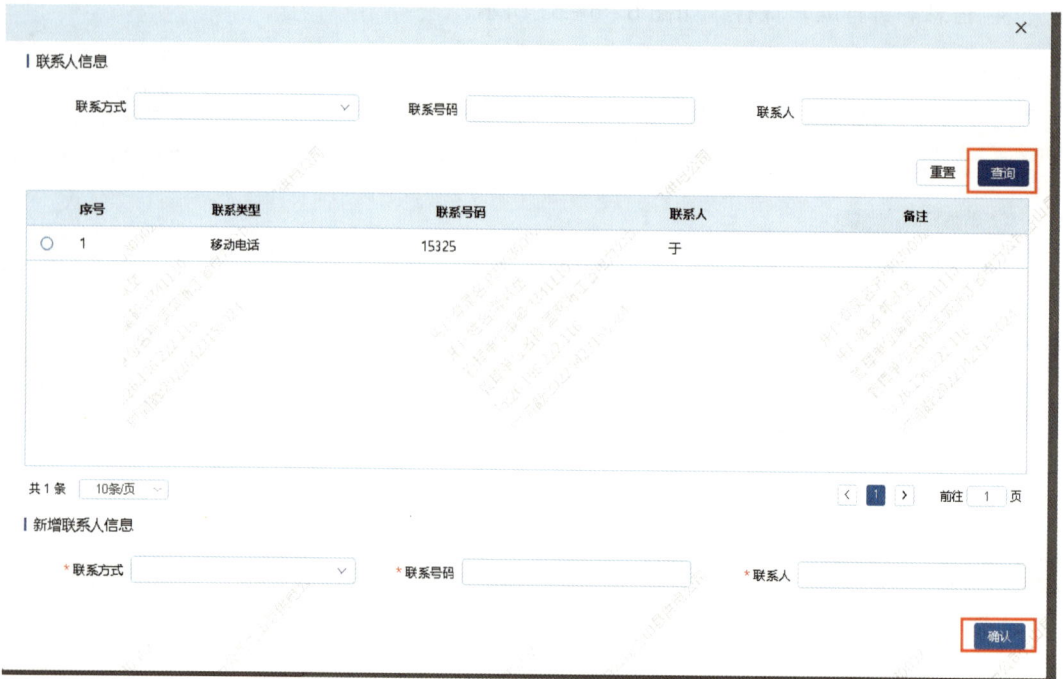

图 6-6-63　新增联系人

8）点选用电户合同起草 tab 页，点击合同信息右侧按钮，可上传合同模板或者下载已有模板，然后填写合同相关信息，点击【保存】按钮，点击【调度协议起草通知】，可向指定用户发起受理提醒，如图 6-6-64 所示。

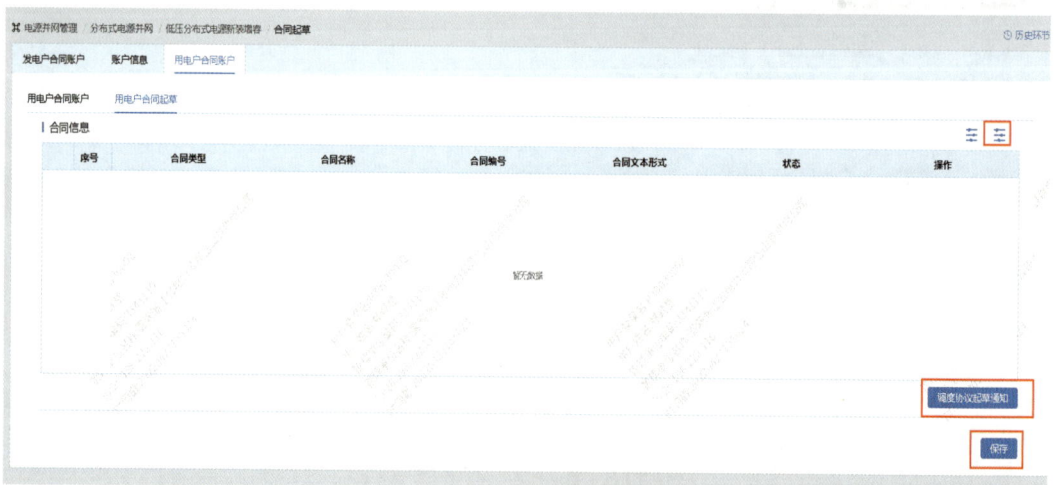

图 6-6-64　用电户合同起草

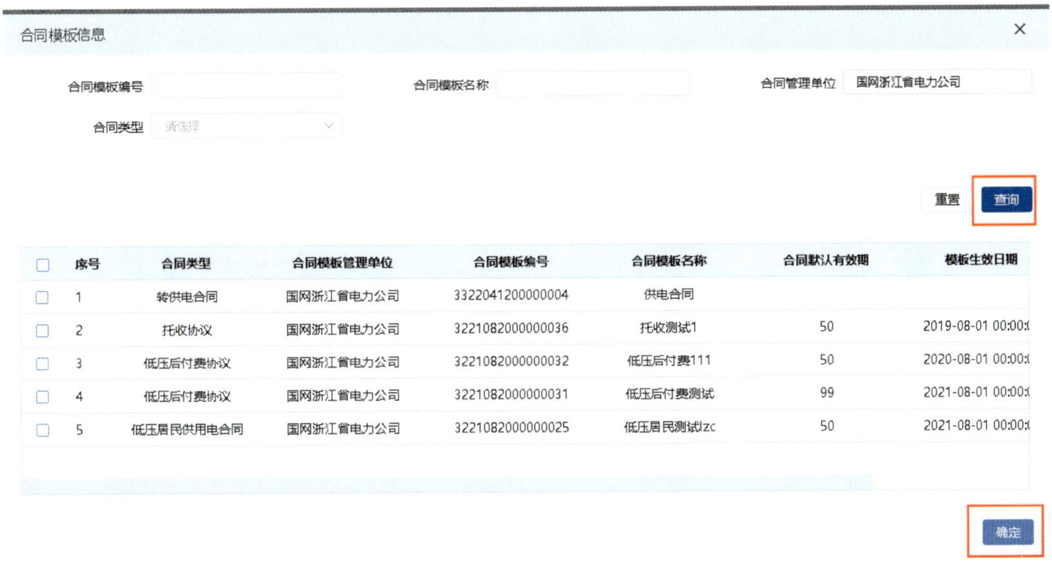

图 6-6-65　合同模板

9）然后点击右下角的【发送】按钮，弹出提示框，点击【确定】按钮，即可发送工单进入下一个环节。

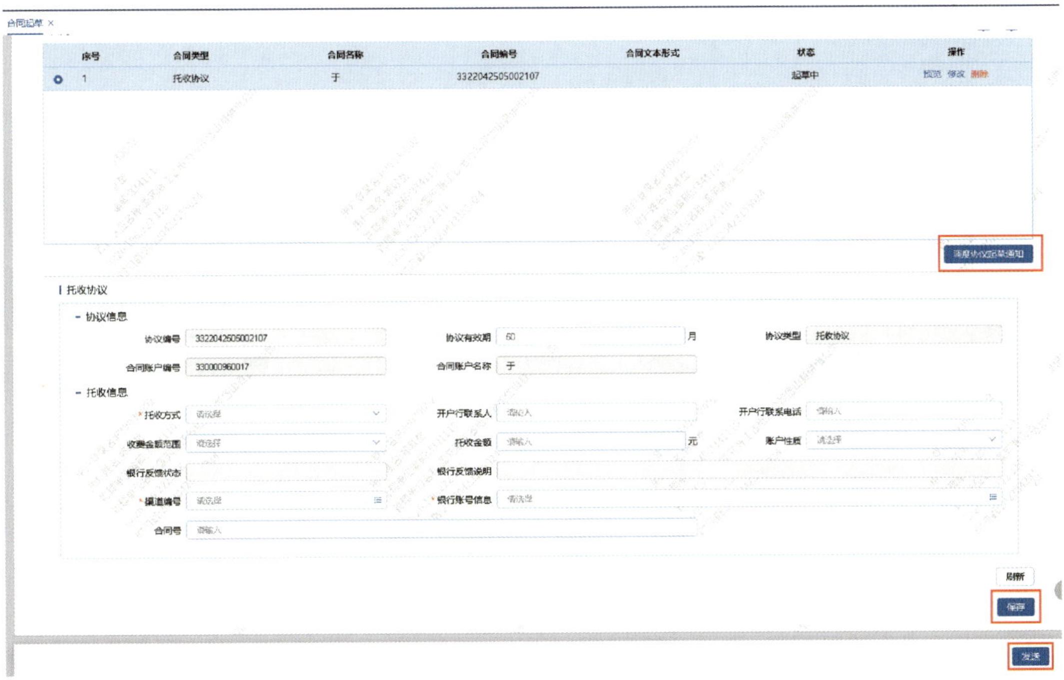

图 6-6-66　发送按钮

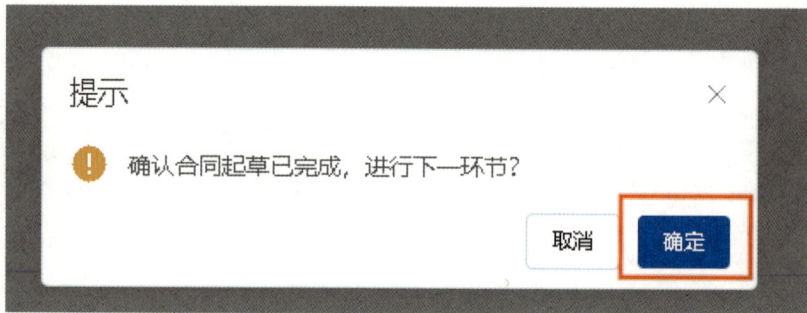

图 6-6-67 提示框

10. 合同审批

（1）功能说明

合同审批是指客户经理主管使用电脑或移动设备，按照法律、法规及国家有关政策，对提交的分布式电源发用电合同，进行审批并出具审批意见的工作。

（2）操作说明

1）登录系统，点击工单管理/待办工单，填入流程名称、环节名称等信息，单击【查询】按钮，输入工单编号即可查合同审核的工单。如图 6-6-68 所示。

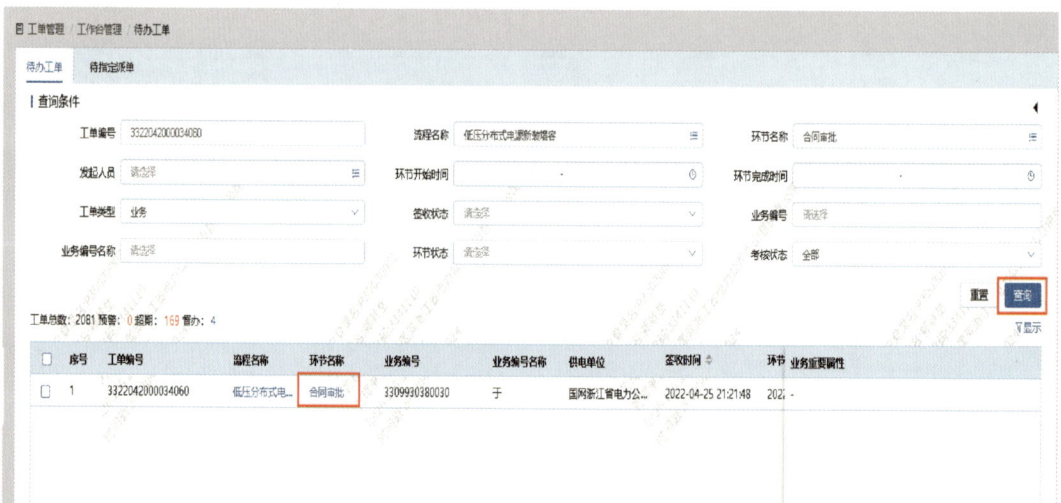

图 6-6-68 待办工单页面

2）审核环节点击【通过】按钮，输入通过意见，点击【确定】按钮，如图 6-6-69 所示。

申请信息查看

合同信息						
序号	合同类型	合同名称	合同编号	合同文本形式	状态	附件
1	分布式光伏发电项目发用电合同...	测试减容	3322030305000167		待签订	查看

审核审批信息					
历史审批记录					
序号	环节名称	审核/审批结果	审核/审批意见	审核/审批部门	审核/审批人员	审核/审批时间
			暂无数据			

共 0 条　　10条/页　　　　　　　　　　　　　　　　　　　　　　　　< 1 > 前往 1 页　　不通过　通过

图 6-6-69　审核页面

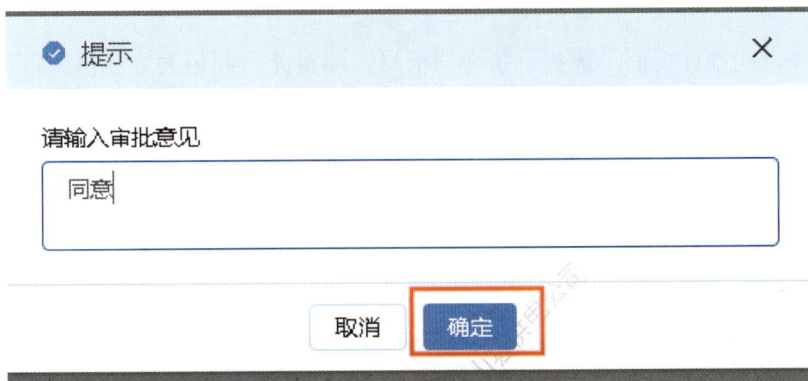

提示　　　　　　　　　　　×

请输入审批意见

同意

取消　　确定

图 6-6-70　审批意见

3）然后点击右下角的【发送】按钮，即可发送工单进入下一个环节。

11. 合同签订

（1）功能说明

合同签订是指客户经理使用电脑或移动作业终端，与发电客户签订发用电合同及协议附件（支持客户通过电子签名、电子签章进行合同签订），并记录签订人、签订日期、签订地点等相关信息的工作。

（2）操作说明

1）登录系统，点击工单管理/待办工单，填入流程名称、环节名称等信息，单击【查询】按钮，输入工单编号即可查合同签订的工单。如图 6-6-71 所示。

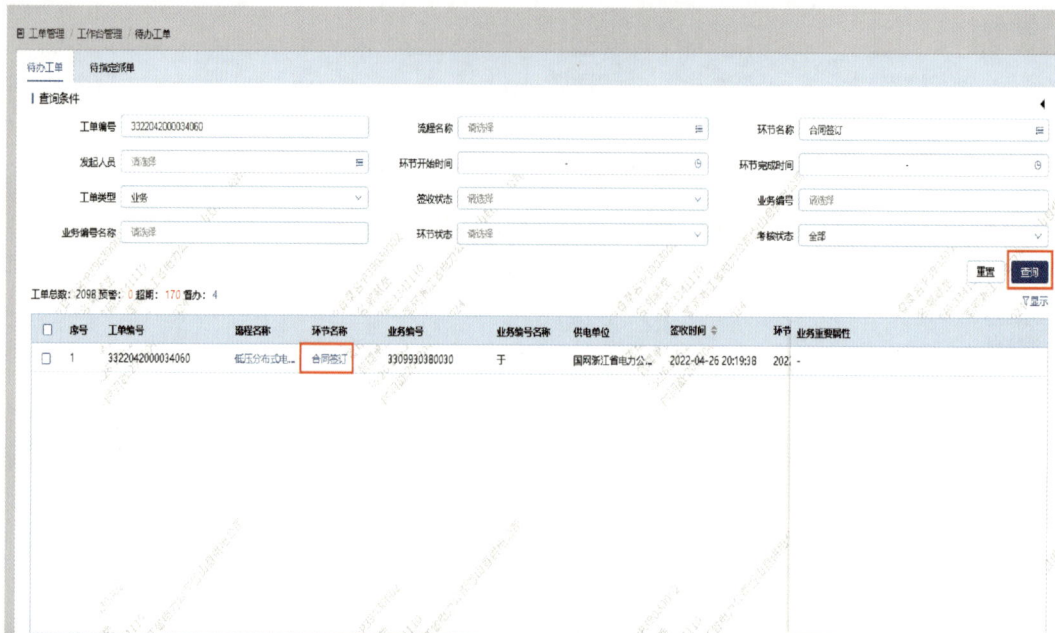

图6-6-71 待办工单页面

2）打开合同签订页面，选择一条合同信息，编辑此合同相关签订信息，还可进行预览、上传附件、合同上链、确定按钮，也可查看起草信息，如图6-6-72所示。

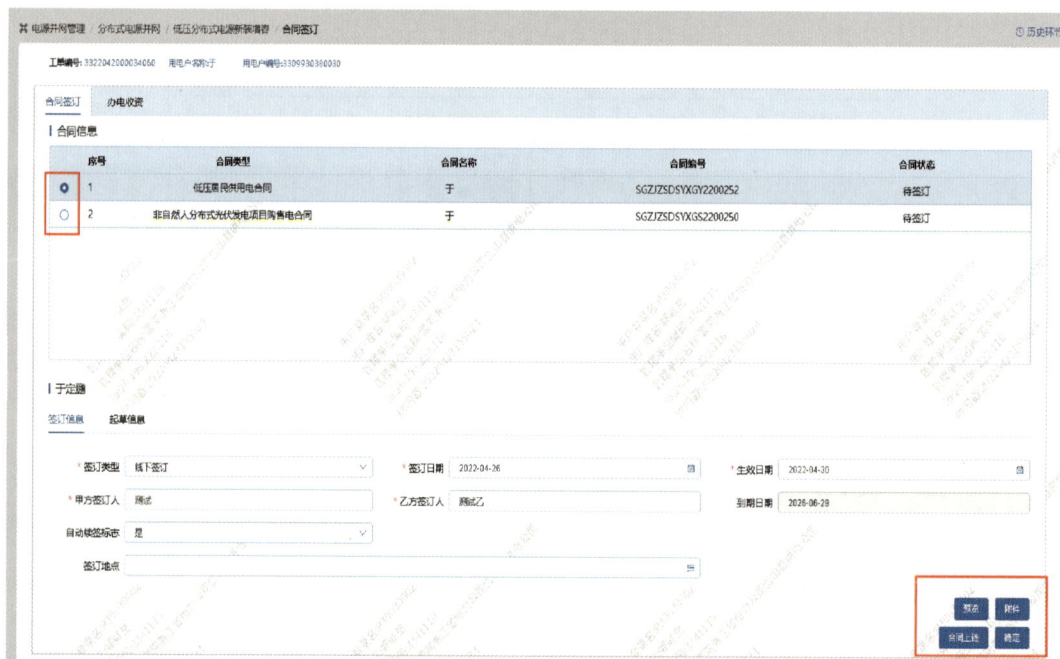

图6-6-72 合同签订

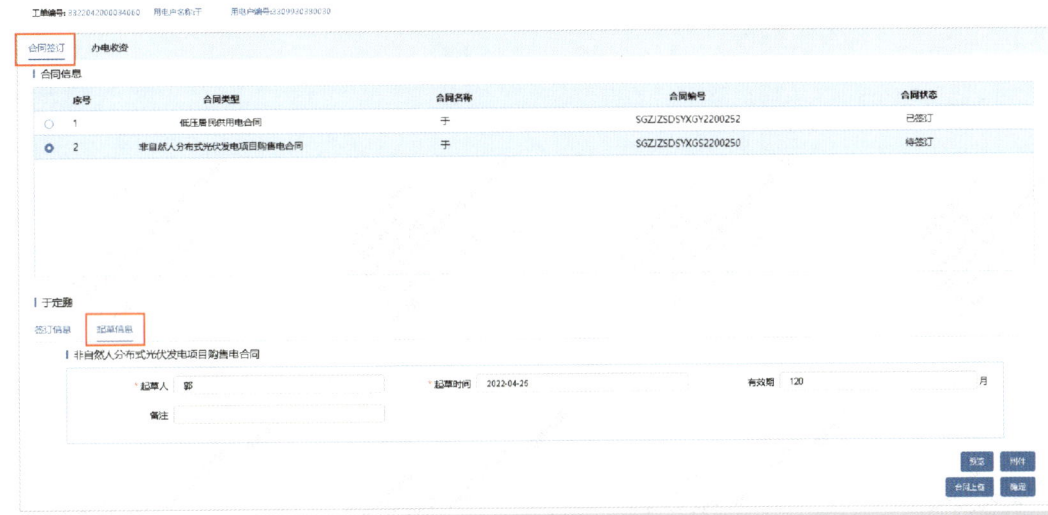

图 6-6-73 起草信息

3）点选办电收资 tab 页面，点击收集操作上传相应资料，可通过本地上传、拍照/扫描、政务平台、历史档案库共享方式进行上传，点击【确定】按钮，如图 6-6-74 所示。然后点击【保存】按钮，还可打印移交单，然后点击右下角的【发送】按钮，会弹出提示框，点击【确认】按钮，即可发送工单进入下一环节，如图 6-6-75 所示。

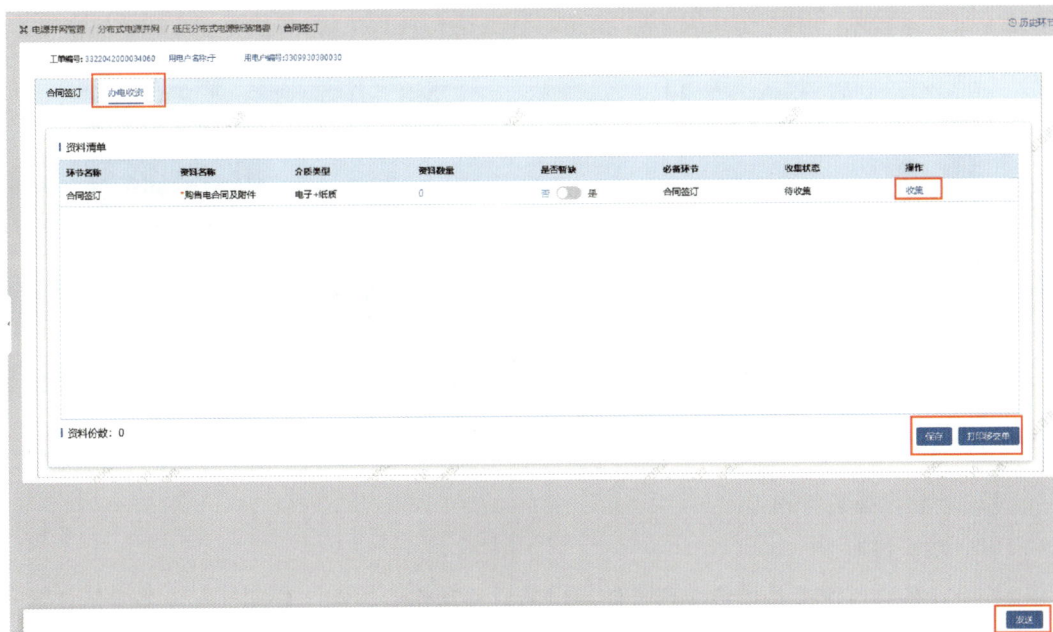

图 6-6-74 办电收资

图6-6-75　上传文件

4）然后点击右下角的【发送】按钮，弹出提示框，点击【确定】按钮，即可发送工单进入下一个环节。

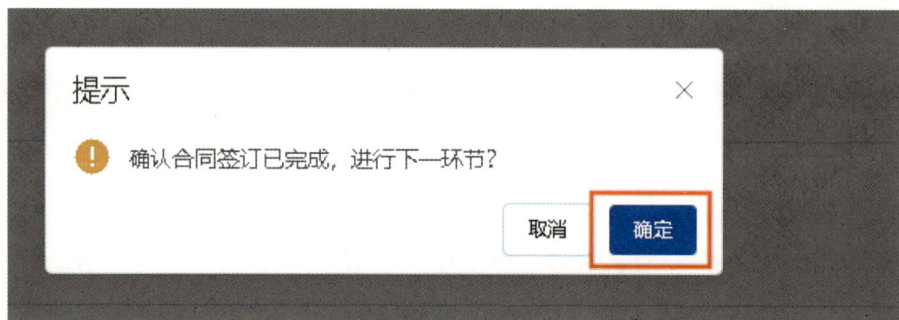

图6-6-76　提示框

12. 计量设备装拆派工

（1）功能说明

计量设备装拆派工是指装接班长使用电脑或移动作业终端，分配计量设备装拆任务，指派装接工完成设备装拆的工作。

（2）操作说明

1）登录系统，点击"工单管理/待办工单"，填入流程名称、环节名称等信息，单击

【查询】按钮，输入工单编号即可查停电的工单。如图 6-6-77 所示。

图 6-6-77 待办工单界面

2）打开计量设备装拆派工页面，点击【派工】按钮，进行派工，如图 6-6-78 所示。可根据单位、姓名进行查询筛选，在作业人员列表中选择一条信息，点击【确定】按钮，可在维护作业人员列表中进行删除操作，然后点击【保存】按钮，如图 6-6-79 所示。

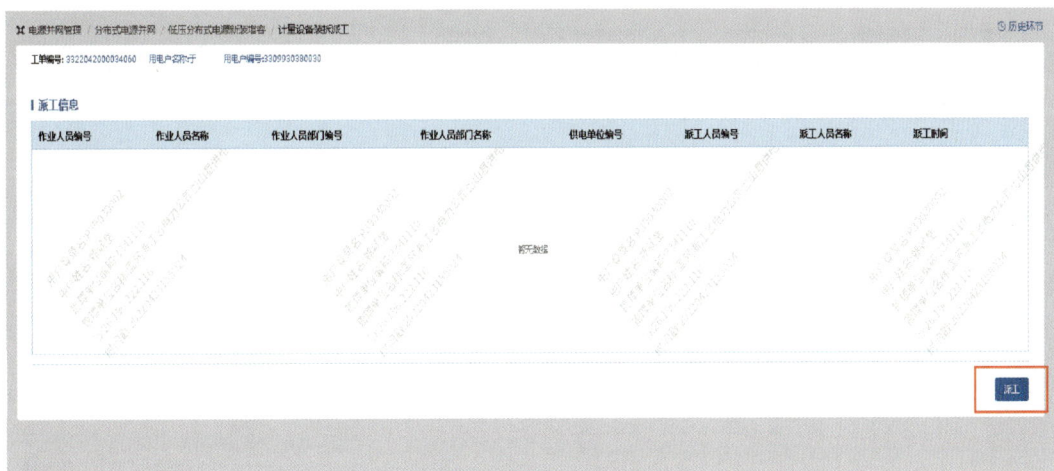

图 6-6-78 装拆派工

图6-6-79 新增派工信息

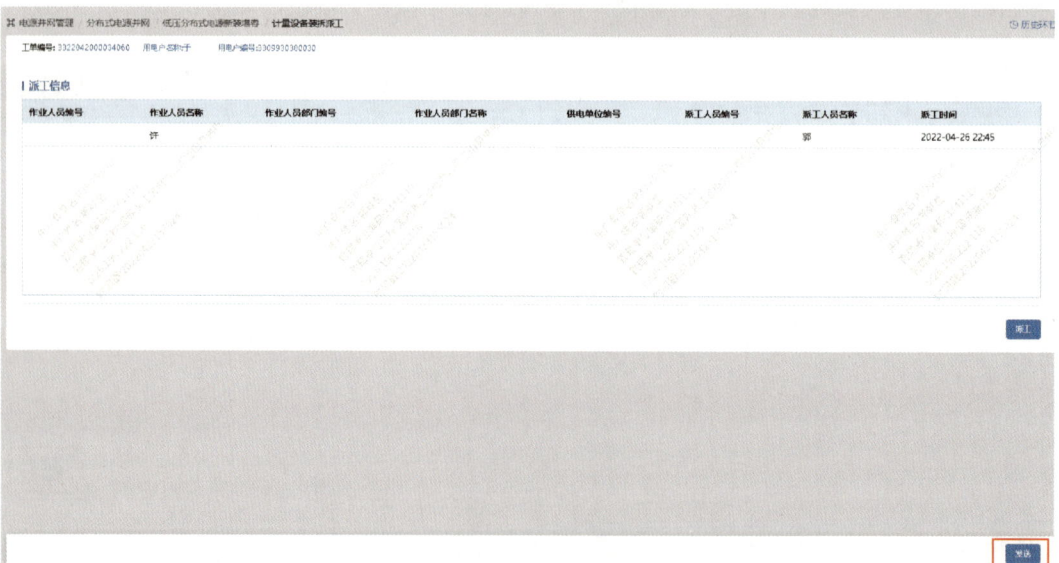

图6-6-80 派工信息

3）然后点击右下角的【发送】按钮，弹出提示框，点击【确定】按钮，即可发送工单进入下一个环节。

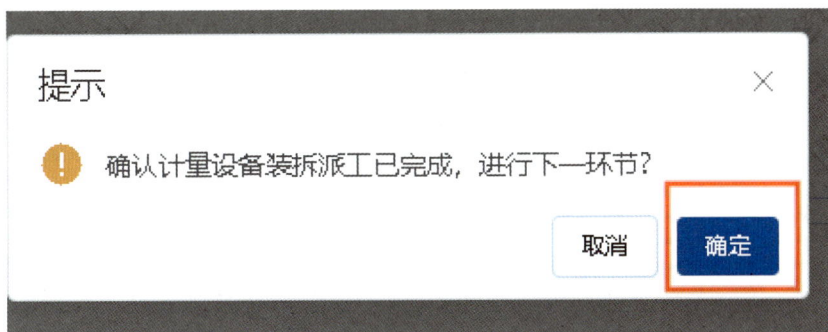

图6-6-81　提示框

13. 计量设备配置出库

（1）功能说明

计量设备配置出库是指资产管理员使用电脑，根据计量方案配置计量设备；按照装拆工单所列设备需求，发放设备并与装接工交接确认的工作。对通过移动仓储或自动周转柜设备出库的，可提前将所需设备放置移动仓储或自动周转柜，装接工扫描工单编号领用计量设备。

（2）操作说明

1）登录系统，点击"工单管理/待办工单"，填入流程名称、环节名称等信息，单击【查询】按钮，输入工单编号即可查计量设备配置出库的工单。如图6-6-82所示。

图6-6-82　待办工单

2）默认进入电能表 tab 页，点击电能表列表数据中右侧的【查询】按钮，打开电能表存放位置查询窗口，根据库房、库区等信息筛选出所需要的电能表信息，复制该条记录的资产编号将其粘贴在主界面的【配置对象资产编号】这一输入框中。如图 6-6-83 所示。

图 6-6-83　电能表界面

3）点击互感器进入互感器 tab 页，查看互感器信息，依上方电能表一样查询出资产编号复制粘贴在【配置对象资产编号】输入框中。如图 6-6-84 所示。

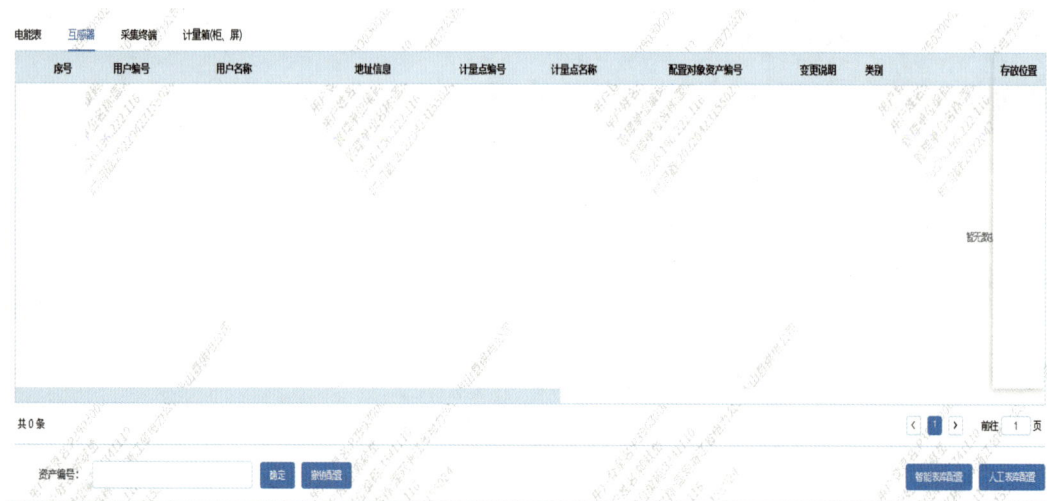

图 6-6-84　互感器界面

4）点击采集终端进入采集终端 tab 页，查看采集终端信息。依上方电能表一样查询出资产编号复制粘贴在【配置对象资产编号】输入框中。如图 6-6-85 所示。

图6-6-85 采集终端界面

5）点击计量箱柜（屏）进入计量箱柜（屏）tab 页，查看计量箱柜（屏）信息。依上方电能表一样查询出资产编号复制粘贴在【配置对象资产编号】输入框中。如图 6-6-86 所示。

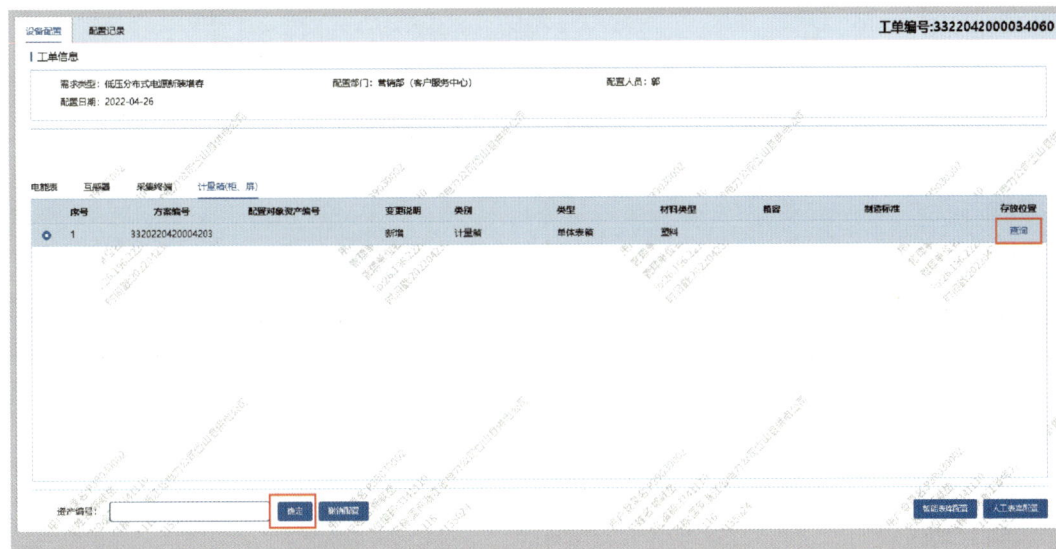

图6-6-86 计量箱柜（屏）界面

6）点击【配置】，在出库记录进入配置出库记录页，查看配置出库记录信息。如图 6-6-87 所示。

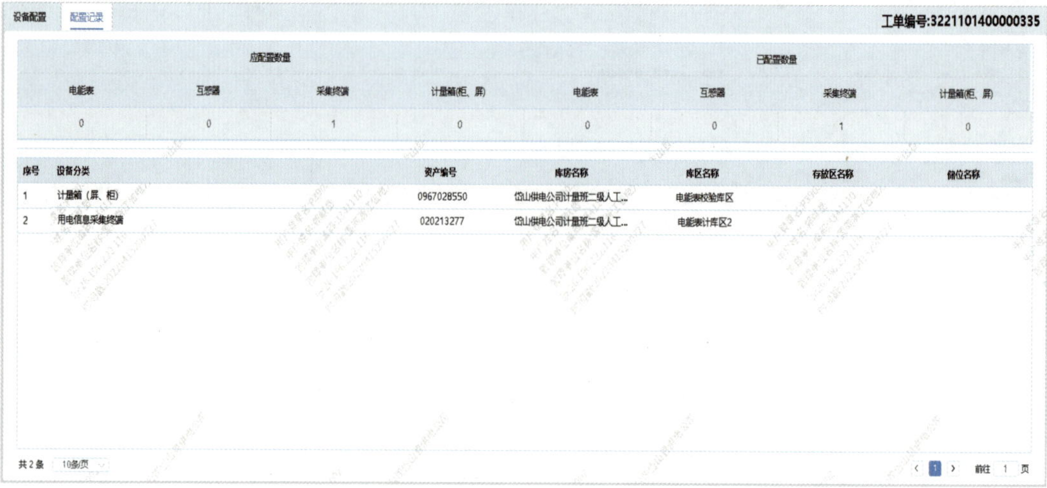

图 6-6-87　配置出库记录

7）点击【发送】按钮，页面提示工单发送成功。如图 6-6-88 所示。

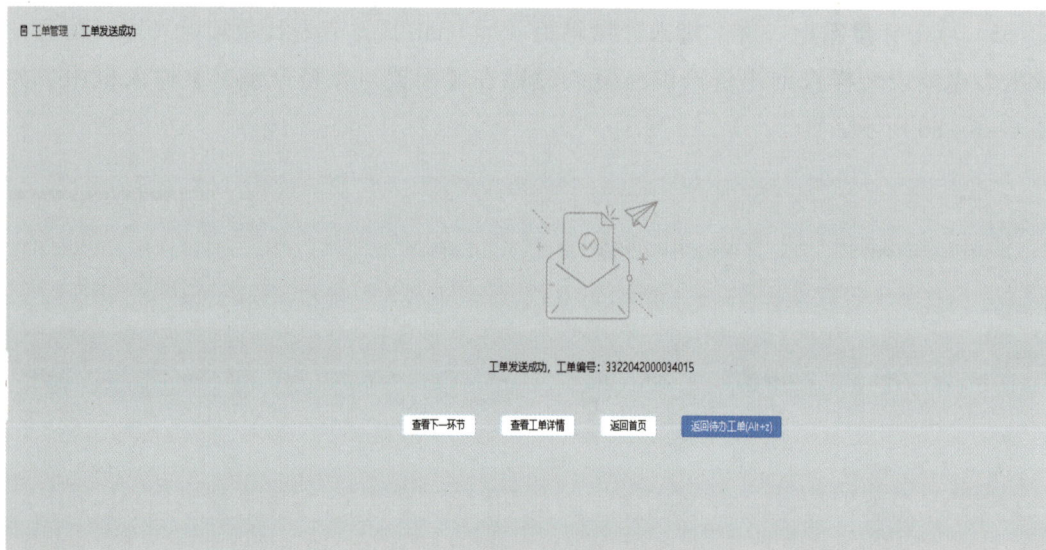

图 6-6-88　工单发送成功

14. 设备领用

（1）功能说明

设备领用是指装接工从库房领取相关计量设备的工作。

（2）操作说明

1）登录系统，点击工单管理/待办工单，填入流程名称、环节名称等信息，单击【查询】按钮，输入工单编号即可查设备领用的工单。如图 6-6-89 所示。

图 6-6-89　待办工单页面

2）打开设备领用页面，可点击电能表、互感器、采集终端、计量箱（柜、屏）选择要领用的设备，点击列表中要领用的设备，选择右下角【领用】按钮。

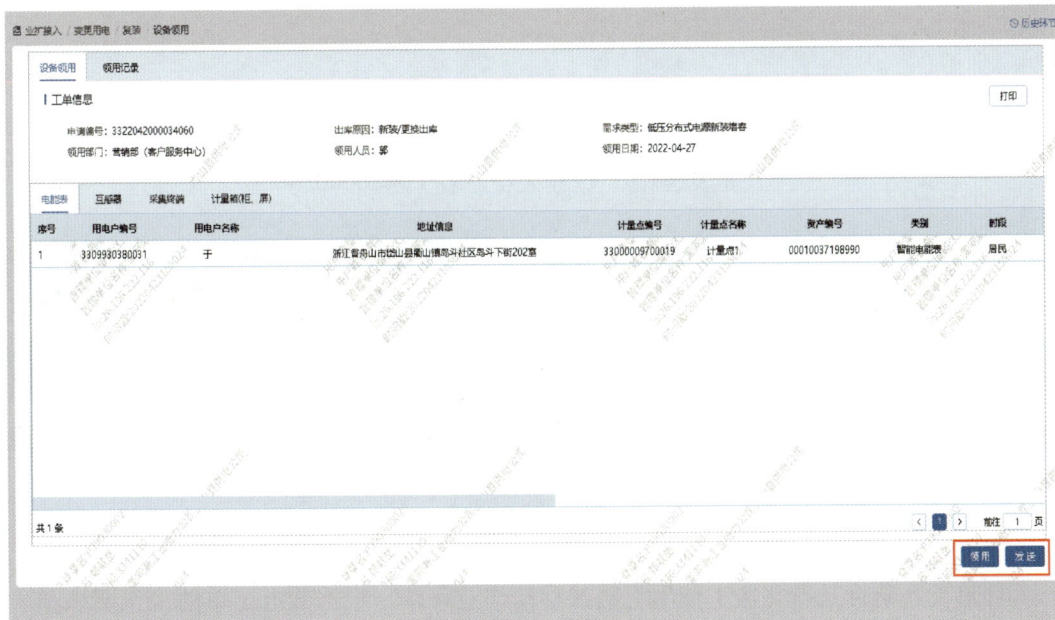

图 6-6-90　设备领用

3）点选领用记录 tab 页，可查看当前流程设备领用的记录，点击右下角的【发送】按钮，即可发送工单进入下一个环节。

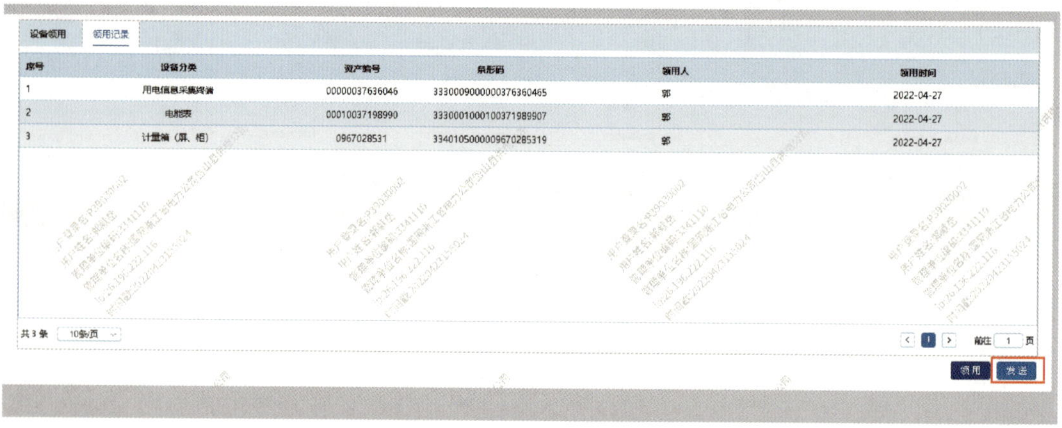

图6-6-91 领用记录

4）点击右下角的【发送】按钮，页面提示工单发送成功。如图6-6-92所示。

工单发送成功，工单编号：3322042000034060

图6-6-92 工单发送成功

15. 计量设备装拆

（1）功能说明

计量设备装拆是指装接工使用电脑或移动作业终端，根据装拆工单的工作要求和内容，开展计量设备装拆作业并记录计量设备装拆信息的工作。

（2）操作说明

1）登录系统，点击工单管理/待办工单，填入流程名称、环节名称等信息，单击【查询】按钮，输入工单编号即可查计量设备装拆的工单。如图6-6-93所示。

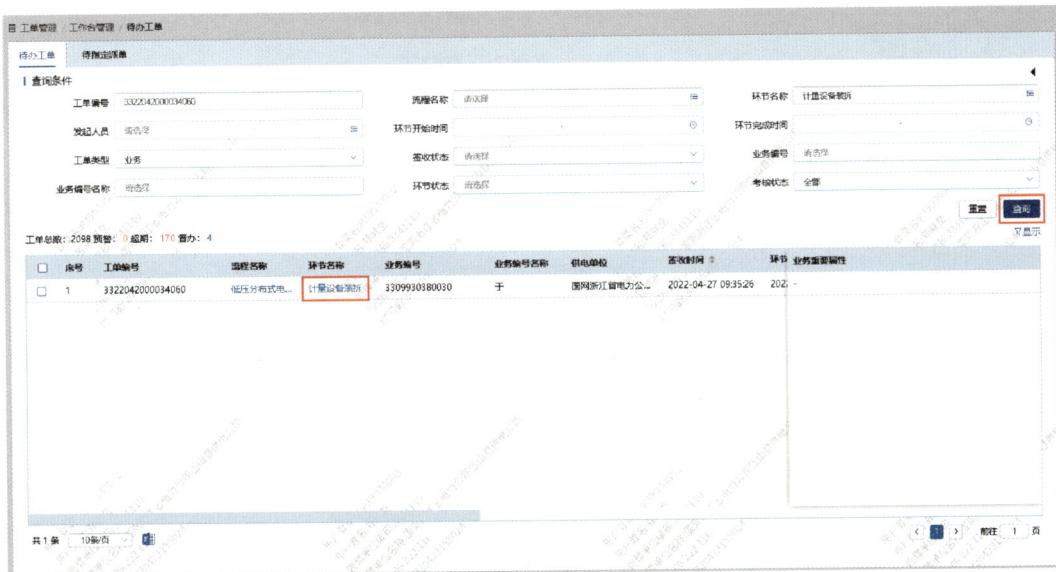

图6-6-93 待办工单页面

2）初始化进入计量点信息维护 tab 页，点击左边计量点树中计量点节点，展开右侧计量点方案信息界面。如图6-6-94 所示。

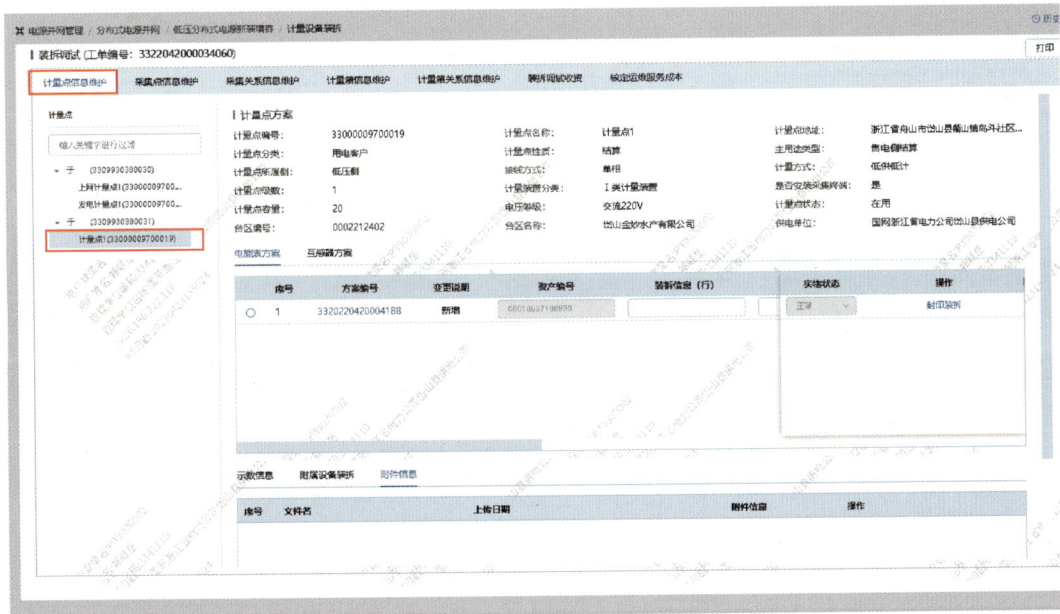

图6-6-94 计量点方案信息查看

3）选中对应的电能表方案列表数据，对于新安装的设备，选择装拆日期，点击【确定】按钮，如图6-6-95 所示。

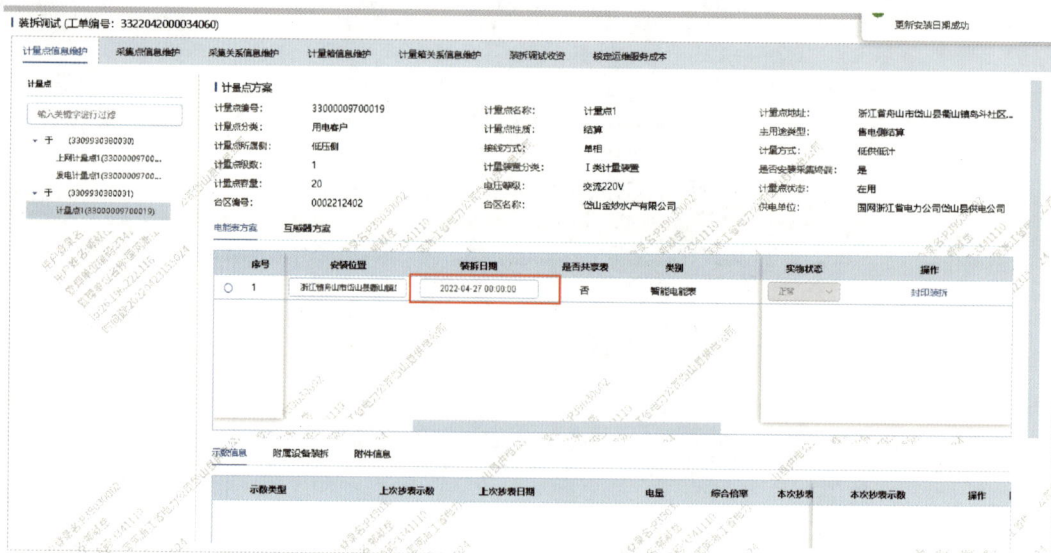

图 6-6-95　填入示数

4）点选采集点信息维护 tab 页，点击左边采集点树中采集点节点，展开右侧采集点方案信息界面，可进行采集点信息维护，如图 6-6-96 所示。

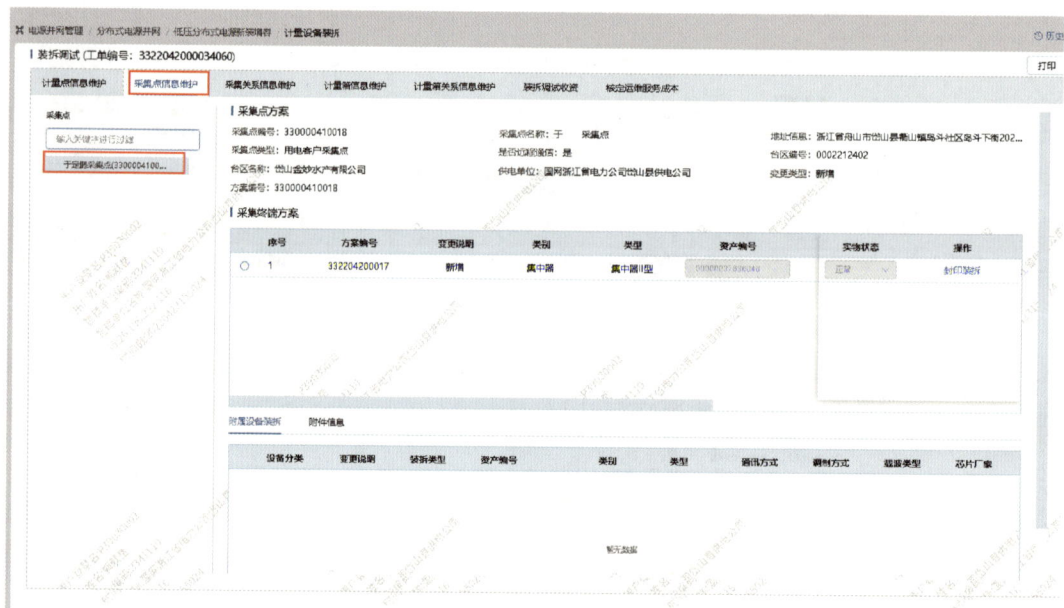

图 6-6-96　采集点信息维护

5）点选采集关系信息维护 tab 页，点击左边采集关系树中采集关系节点，展开右侧采集关系方案信息界面，可进行采集关系信息维护，如图 6-6-97 所示。

图6-6-97 采集关系信息维护

6）点选计量箱信息维护 tab 页，在列表中选择一条信息，可对其进行【封印装拆】工作，如图6-6-98所示。在附属设备装拆表格可对计量箱上的附属设备进行操作，点击附件信息，可对已上传附件进行查看、删除操作，也可全部下载和上传新的附件，如图6-6-99所示。

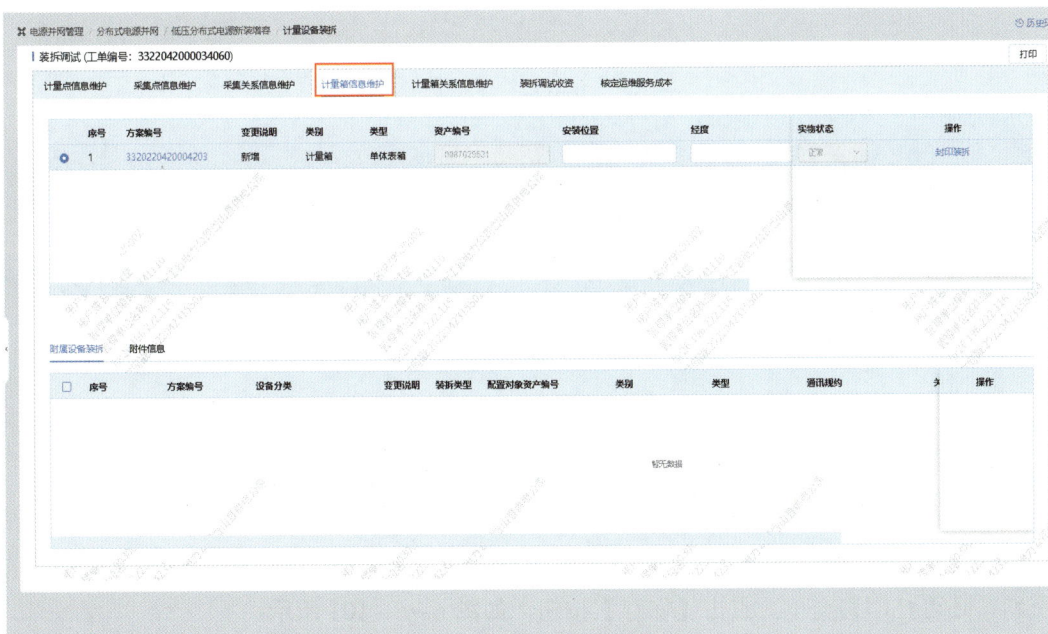

图6-6-98 计量箱信息维护

图 6-6-99　附件信息

7）点选计量箱关系信息维护 tab 页，点击左边计量箱关系树中计量箱关系节点，展开右侧计量箱关系方案信息界面，可进行计量箱关系信息维护，如图 6-6-100 所示。

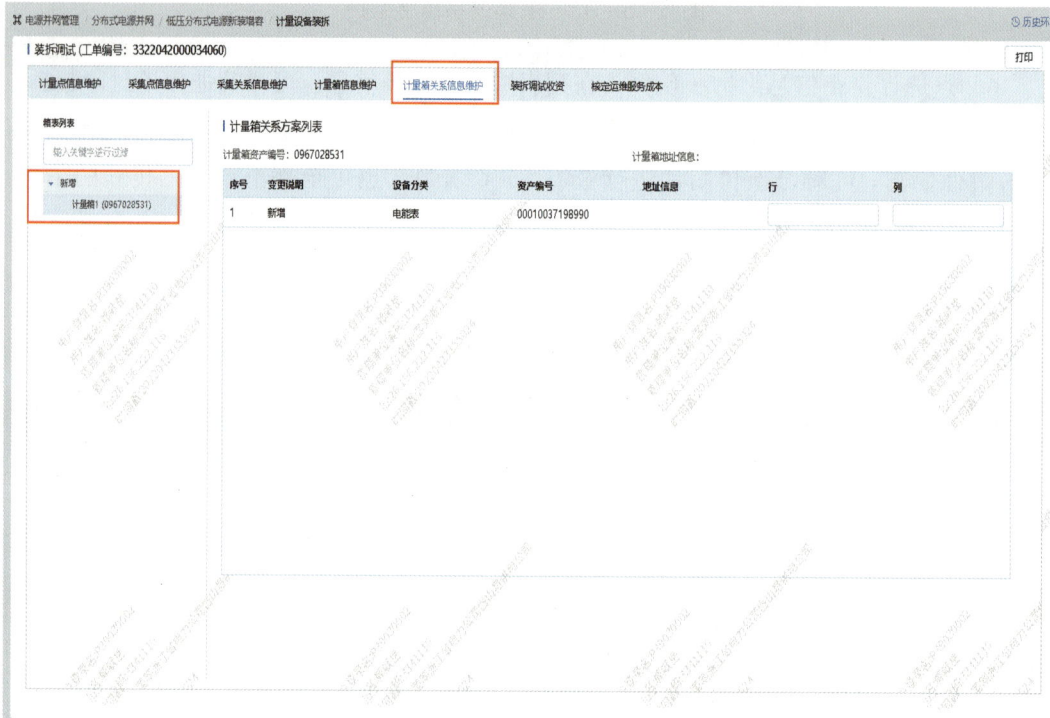

图 6-6-100　计量箱关系信息维护

8）点选装拆调试收资 tab 页面，根据资料清单列表中的需要，点击收集，上传相关资料，还可打印移交单，点击【保存】按钮，如图 6-6-101 所示。

9）点选核定运维服务成本 tab 页，可打印运维服务成本列表，填写需要的信息，可对服务成本信息进行重置、删除、保存的操作，如图 6-6-102 所示。

图 6-6-101　装拆调试收资

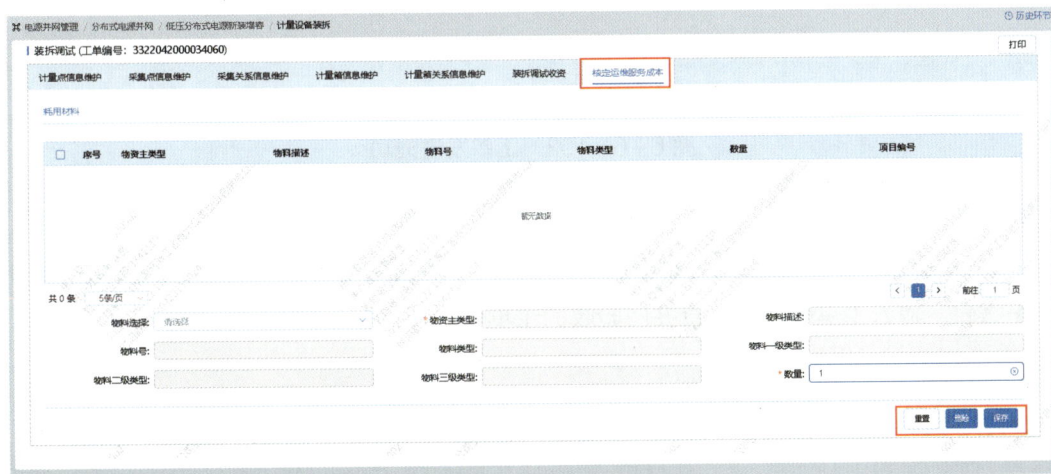

图 6-6-102　核定运维服务成本

10）点击右下角的【发送】按钮，即可发送工单进入下一个环节。

16. 并网验收

（1）功能说明

并网验收是指调控中心人员使用电脑或移动作业终端，按照国家和电力行业颁发的设计规程、运行规程、验收规范和安全防范措施等要求，根据客户提供的竣工报告和资料，组织相关部门对并网工程进行全面检查验收、并网调试，签订并网调度协议，完成组织并网，维护客户空间位置及拓扑关系的工作。在并网验收期间，可提供个性化的产品目录供客户选择。

（2）业务角色

调控中心人员。

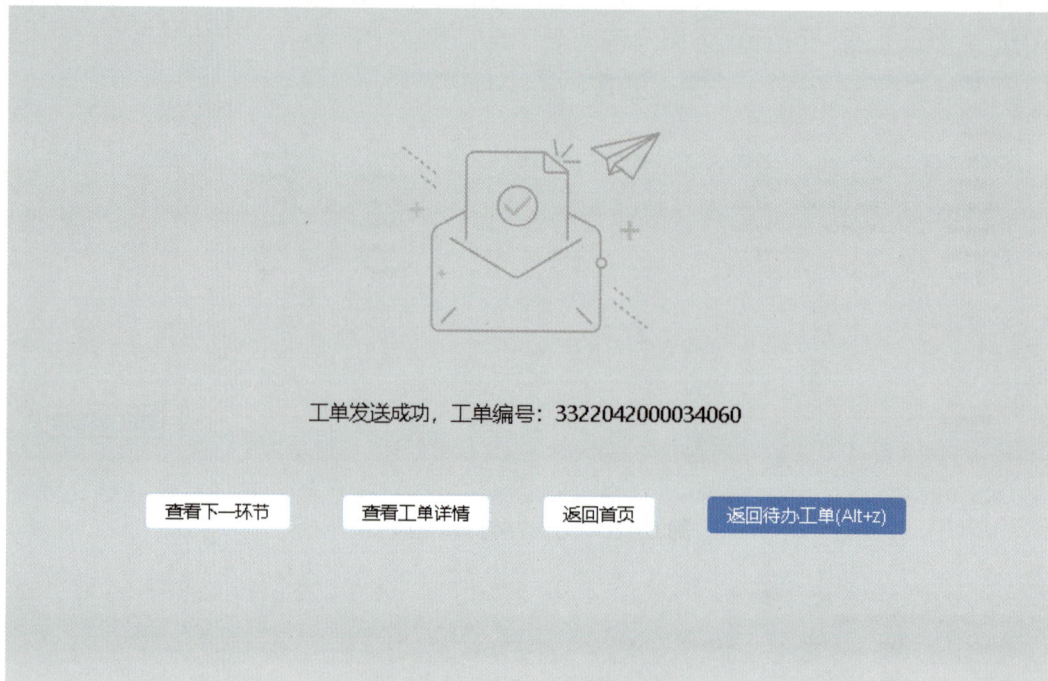

图 6-6-103　工单发送成功

（3）操作说明

1）登录系统，点击工单管理/待办工单，填入流程名称、环节名称等信息，单击【查询】按钮，输入工单编号即可查并网验收的工单。如图6-6-104所示。

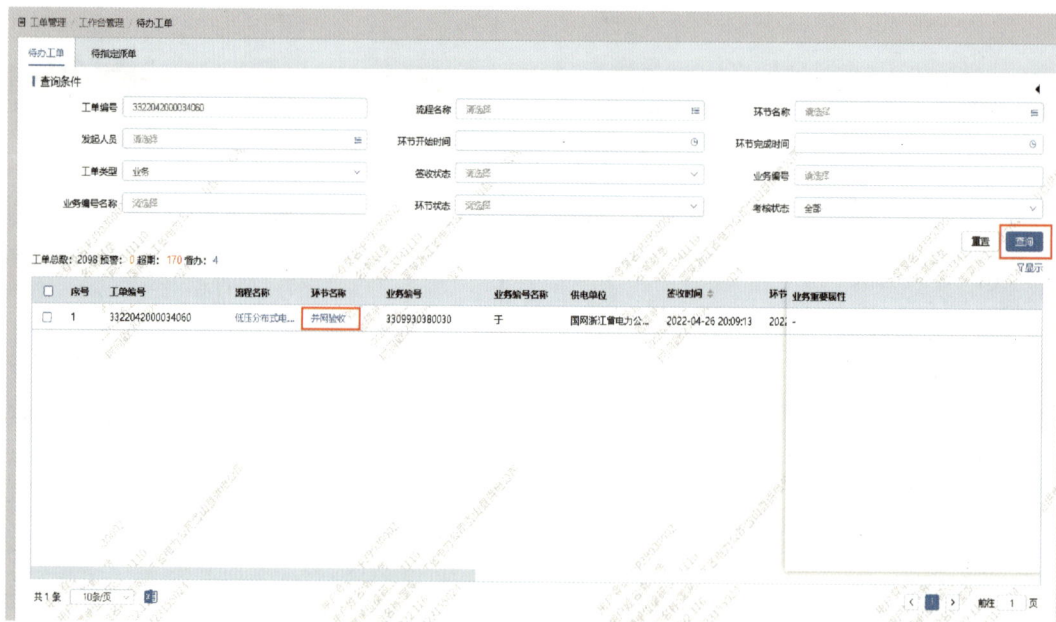

图 6-6-104　并网验收

2）打开并网验收页面，新增验收信息，按要求填入相关内容，点击【保存】按钮，也可打印意见单，如图6-6-105所示。

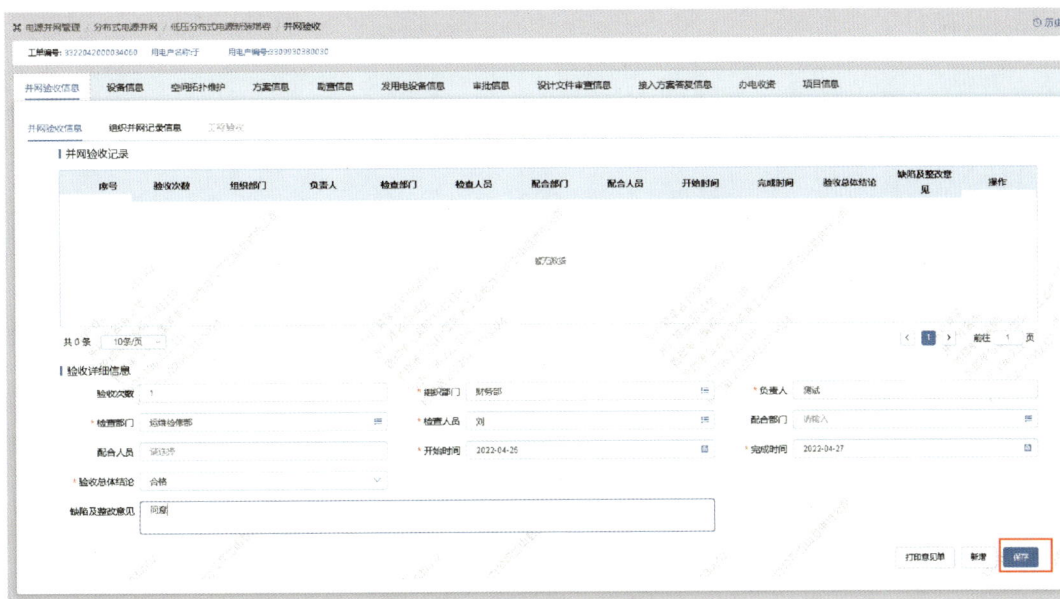

图6-6-105　验收详细信息

3）点选组织并网记录信息 tab 页，新增验收详细信息，按要求填入相关内容，点击【保存】按钮，如图6-6-106所示。

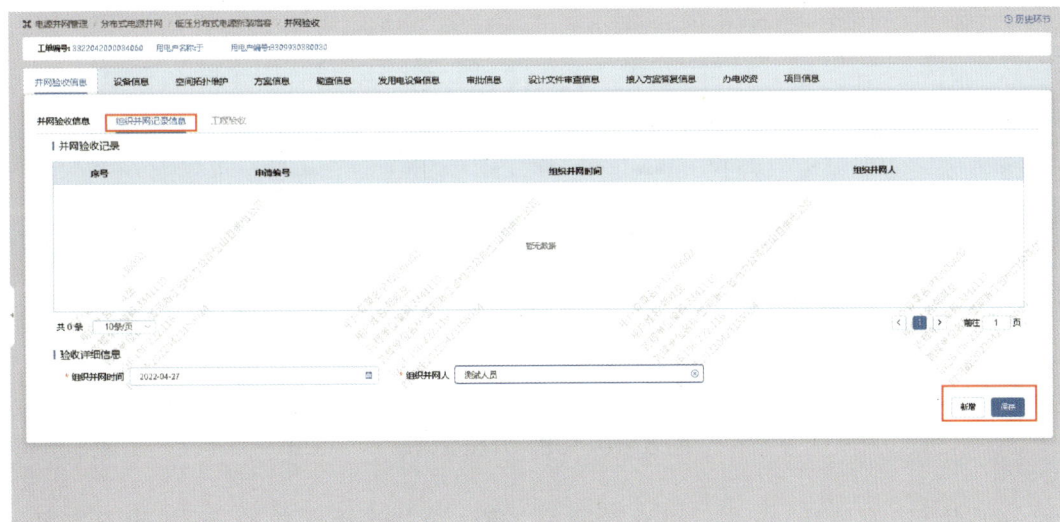

图6-6-106　组织并网记录信息

4）点选设备信息 tab 页，点击【新增】按钮，填入相应信息，点击【保存】按钮，也可进行删除操作，如图6-6-107所示。

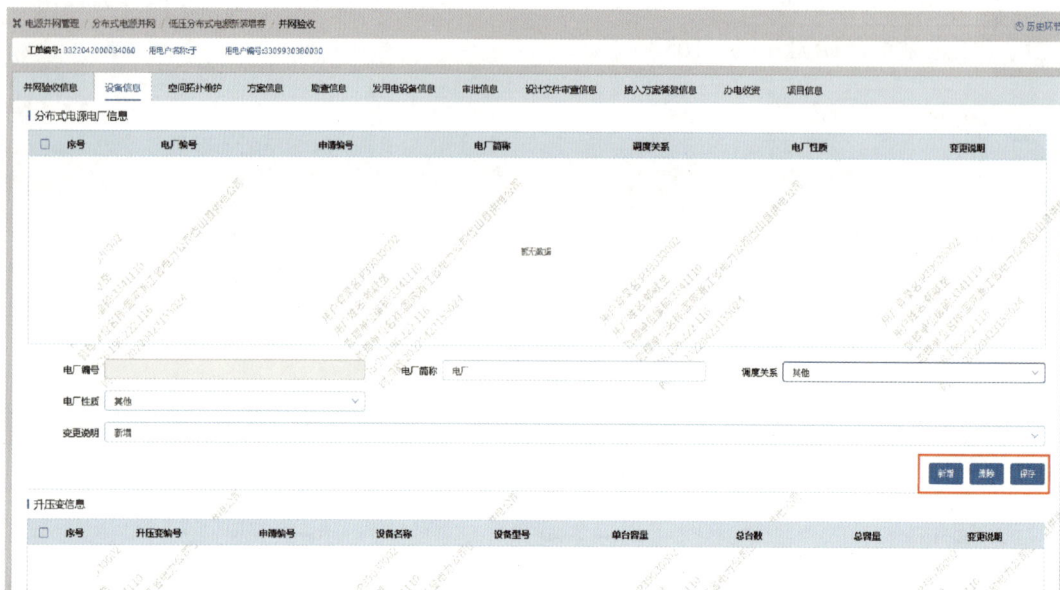

图 6-6-107　分布式电源电厂信息

5）下滑页面，点击【新增】按钮，填入相关升压变信息，点击【保存】按钮，也可进行删除操作，如图 6-6-108 所示。

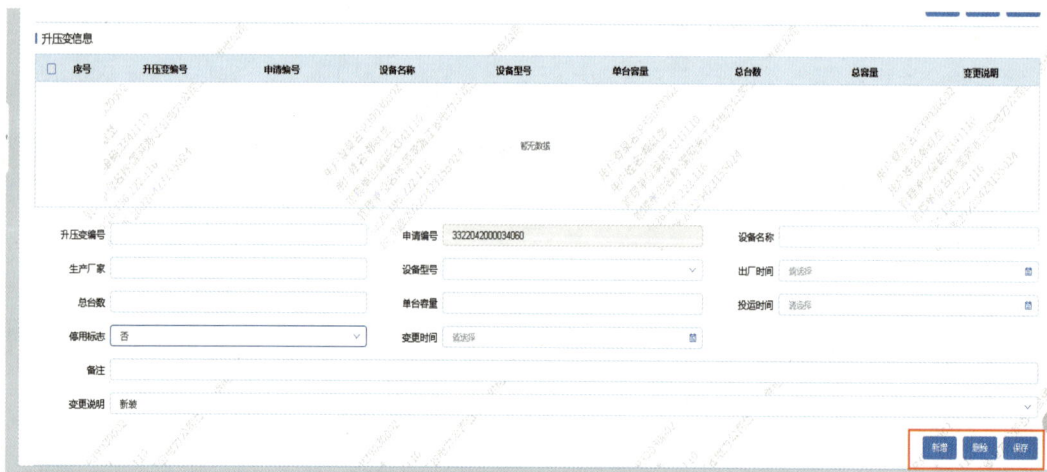

图 6-6-108　升压变信息

6）点选方案信息 tab 页，可查看接入方案、公共连接点方案、受电设备方案、计费方案、计量方案、计量箱（柜、屏）方案、采集方案的信息，如图 6-6-109 所示。

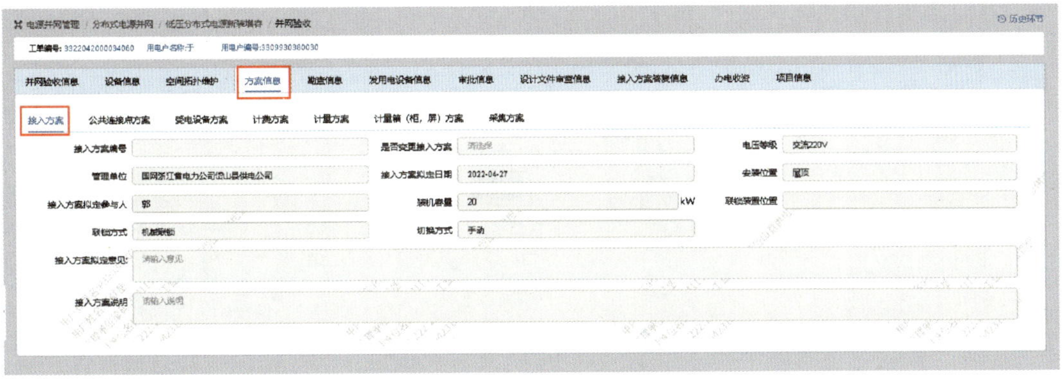

图 6-6-109　方案信息

7）点选勘查信息 tab 页，可查看发电户和用电户基本信息，如图 6-6-110 所示。

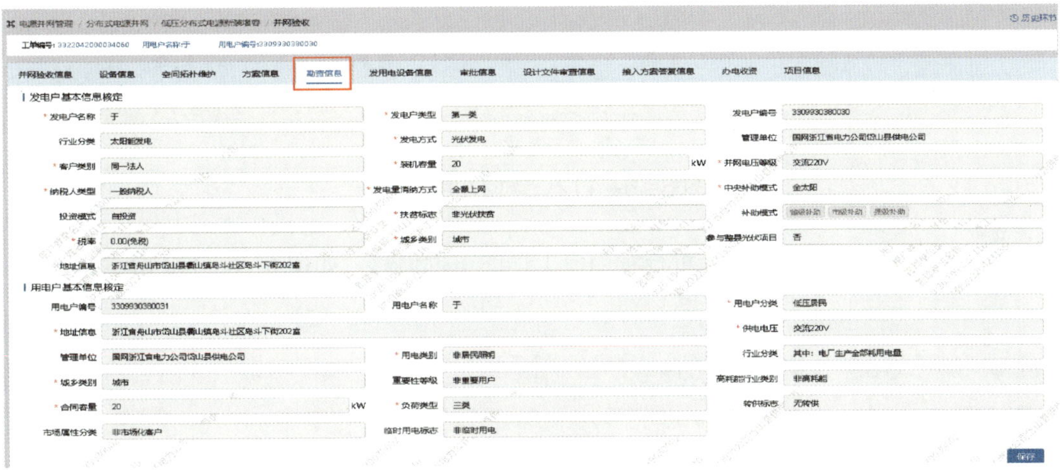

图 6-6-110　勘查信息

8）点选发用电设备信息 tab 页，点击【新增】按钮，按要求填入设备相应信息，点击【保存】按钮，如图 6-6-111 所示。

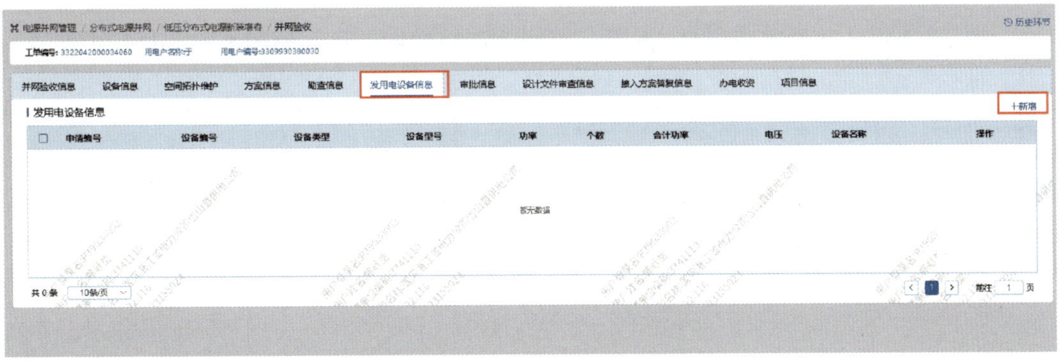

图 6-6-111　发用电设备信息

图 6-6-112　新增发用电设备

9）点选审批信息 tab 页，可查看当前工单的审批信息，如图 6-6-113 所示。

图 6-6-113　审批信息

10）点选设计文件审查信息 tab 页，可修改审核详细信息，如图 6-6-114 所示。

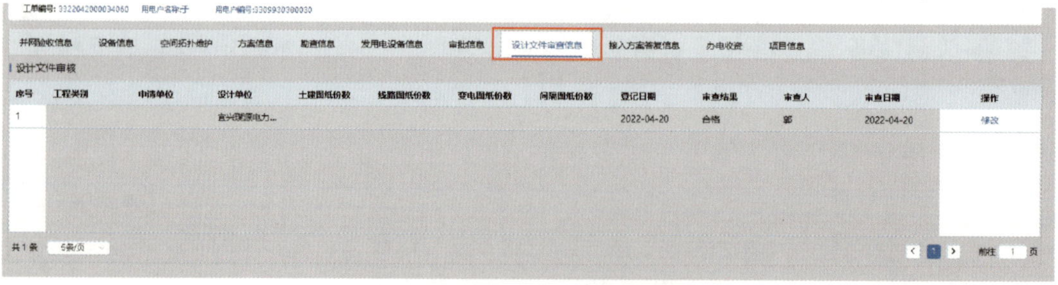

图 6-6-114　设计文件审查信息

图 6-6-115　审核详细信息

11）点选接入方案答复信息 tab 页，可查看用户的答复信息，如图 6-6-116 所示。

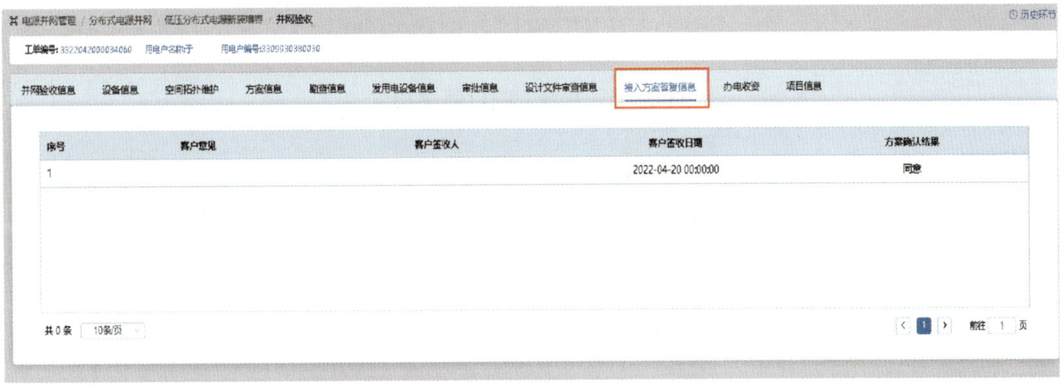

图 6-6-116　接入方案答复信息

12）点选办电收资 tab 页，如果列表中有要收取的文件，点击收集操作上传相应资料，可通过本地上传、拍照/扫描、政务平台、历史档案库共享方式进行上传，然后点击【保存】按钮，还可打印移交单，然后点击右下角的【发送】按钮，会弹出提示框，点击【确认】按钮，即可发送工单进入下一环节，如图 6-6-117 所示。

图 6-6-117　办电收资页面

13）点选项目信息 tab 页，点击【新增】按钮，填入相应信息，点击【保存】按钮，也可进行删除操作。

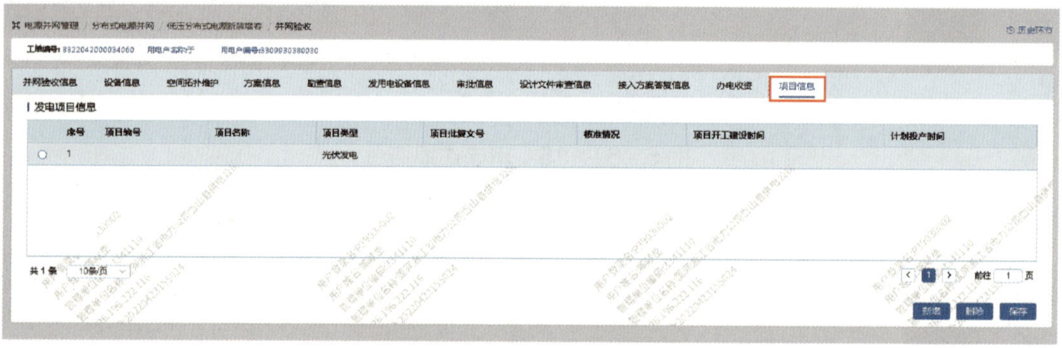

图 6-6-118　项目信息页面

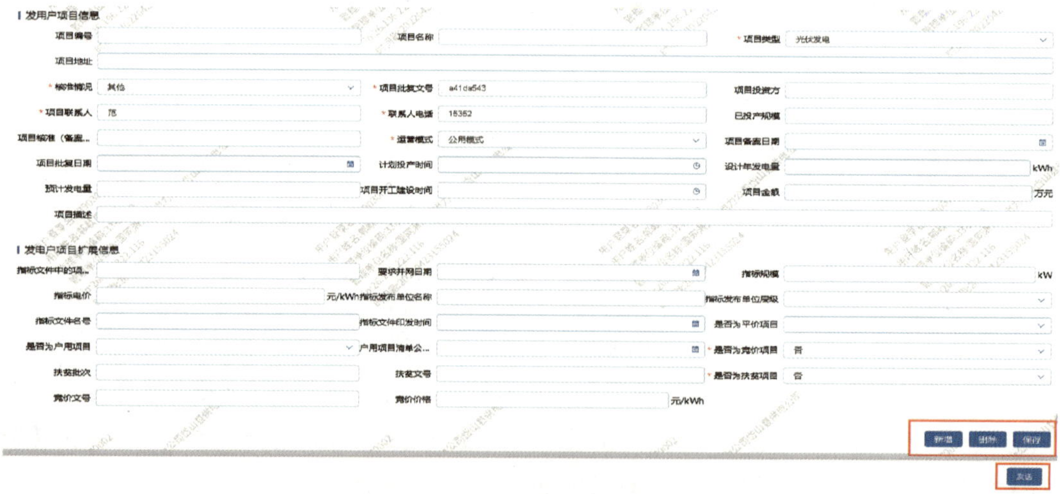

图 6-6-119　发电户项目信息

14）点击右下角的【发送】按钮，弹出提示框，点击【确认】按钮，即可发送工单进入下一个环节。

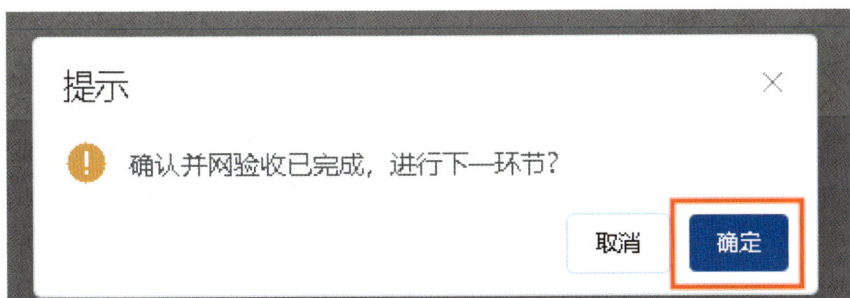

图 6-6-120　提示框

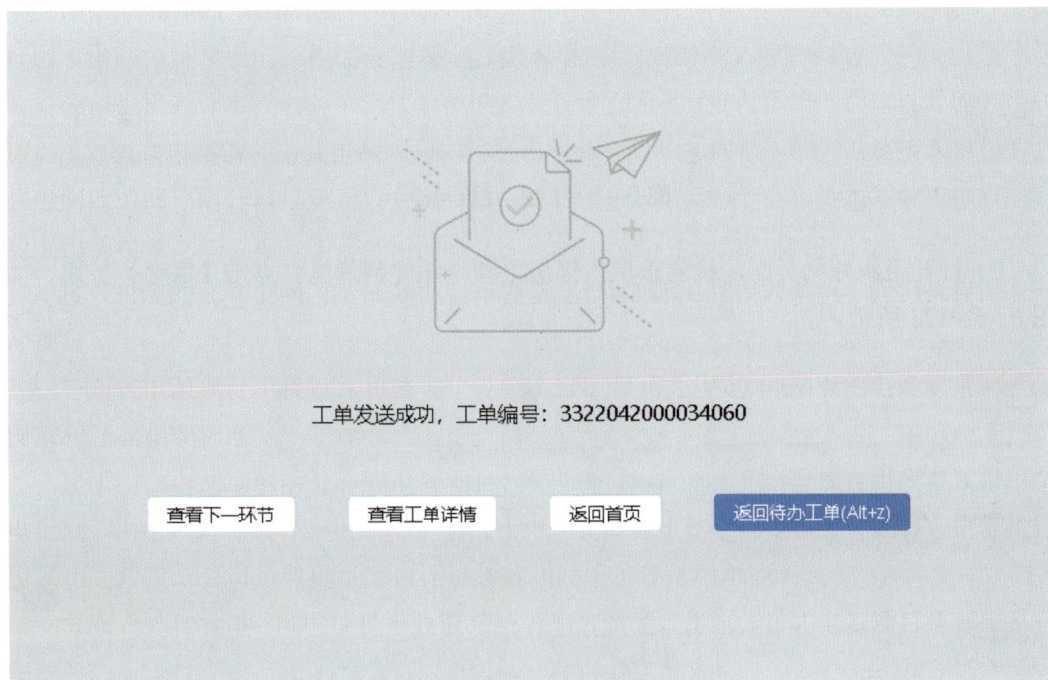

图 6-6-121　工单发送成功

17. 组织并网

（1）功能说明

组织并网是指客户经理使用电脑或移动作业终端，在组织相关部门对并网工程进行全面检查验收、并网调试，签订并网调度协议后，完成分布式电源并网，并录入相关信息的工作。

（2）操作说明

1）登录系统，点击工单管理/待办工单，填入流程名称、环节名称等信息，单击【查询】按钮，输入工单编号即可查组织并网的工单。如图6-6-122所示。

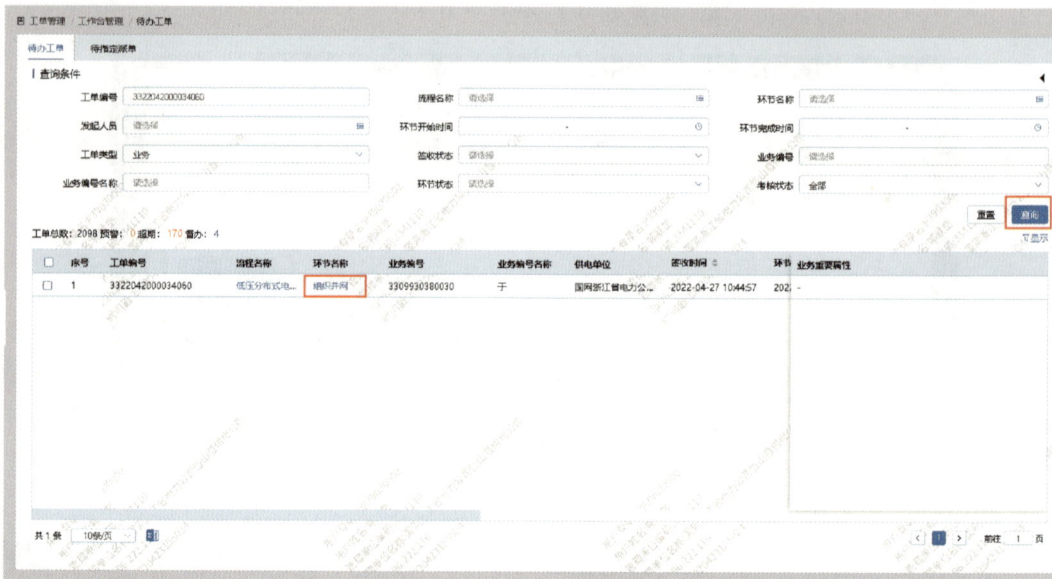

图6-6-122　组织并网

2）打开组织并网页面，按要求填入停送电和组织并网信息，点击【保存】按钮，如图6-6-123所示。

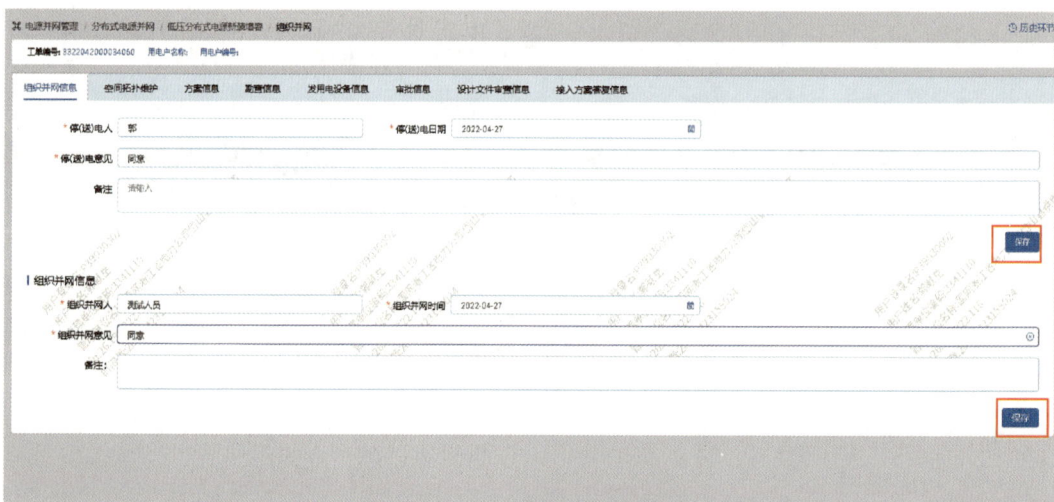

图6-6-123　组织并网信息

3）点选空间拓扑维护tab页，也可进行空间拓扑维护，点选方案信息tab页，可查看接入方案、公共连接点方案、受电设备方案、计费方案、计量方案、计量箱（柜、屏）方案、采集方案的信息，如图6-6-124所示。

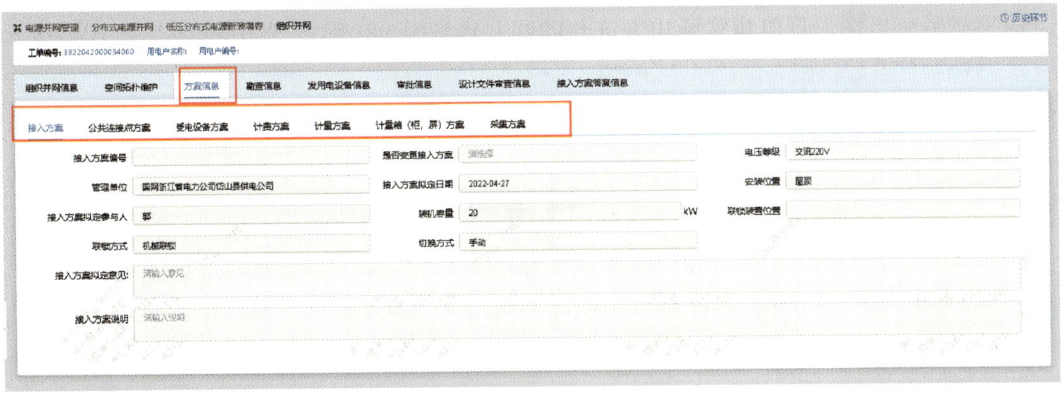

图 6-6-124　方案信息

4）点选勘查信息 tab 页，可查看发电户和用电户基本信息，如图 6-6-125 所示。

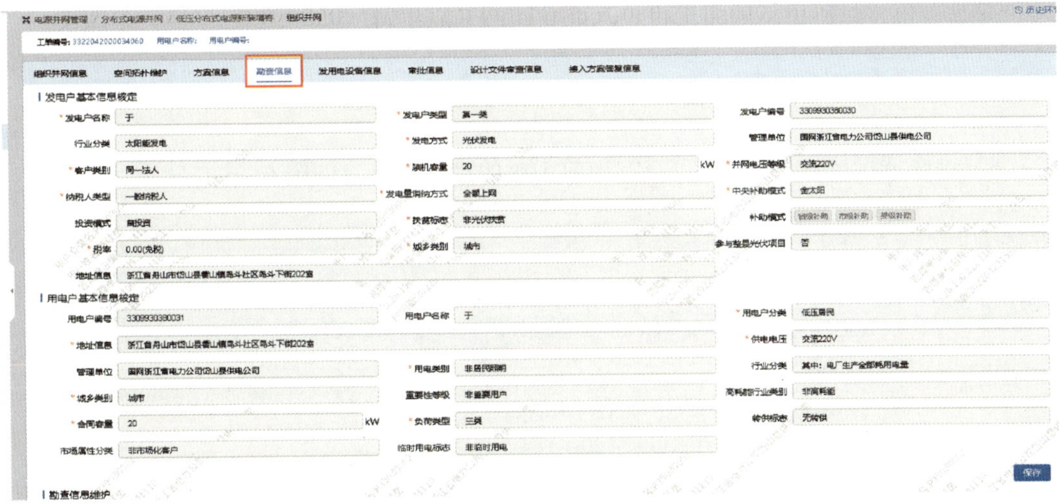

图 6-6-125　勘查信息

5）点选发用电设备信息 tab 页，点击【新增】按钮，按要求填入设备相应信息，点击【保存】按钮，如图 6-6-126 所示。

图 6-6-126　发用电设备信息

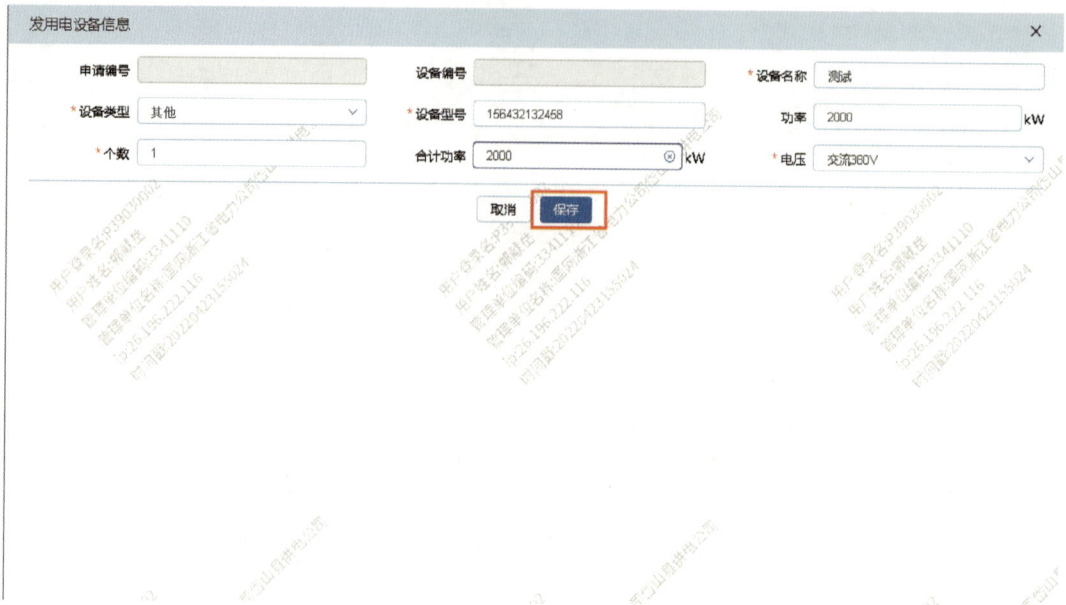

图 6-6-127　新增发用电设备

6）点选审批信息 tab 页，可查看当前工单的审批信息，如图 6-6-128 所示。

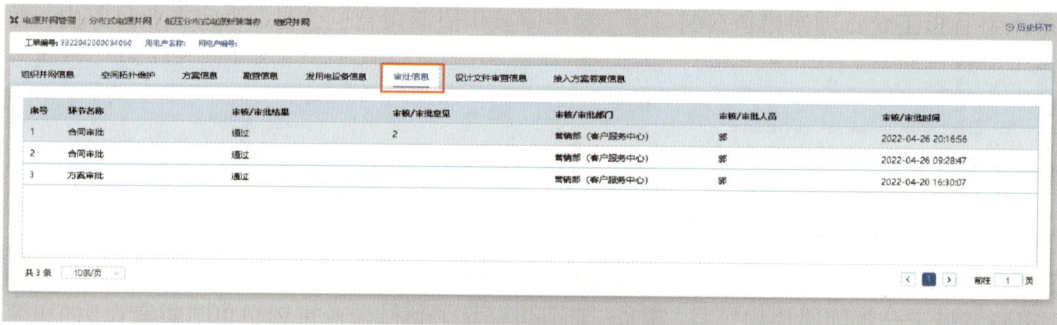

图 6-6-128　审批信息

7）点选设计文件审查信息 tab 页，可修改审核详细信息，如图 6-6-129 所示。

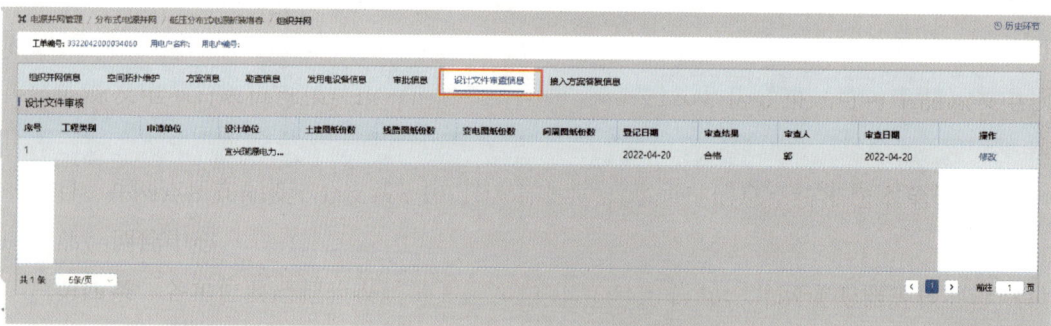

图 6-6-129　设计文件审查信息

图6-6-130 审核详细信息

8）点选接入方案答复信息 tab 页，可查看用户的答复信息，如图6-6-131所示。

图6-6-131 接入方案答复信息

9）点击右下角的【发送】按钮，弹出提示框，点击【确认】按钮，即可发送工单进入下一个环节。

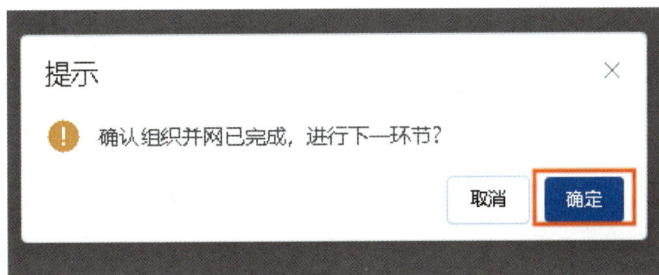

图6-6-132 提示框

图6-6-133　工单发送成功

18. 信息归档

（1）功能说明

信息归档是指在业务流程执行过程中，按照业务规则，对当前业务流程的数据进行校验；管理专职对校验结果中的业务异常进行专业审核，并对业务变更信息进行归档更新的工作。

（2）操作说明

1）登录系统，点击"工单管理/待办工单"，填入流程名称、环节名称等信息，单击【查询】按钮，输入工单编号即可查信息归档的工单。如图6-6-134所示。

图6-6-134　待办工单页面

2）打开信息归档页面，若申请符合要求，单击【通过】单选框，输入审批意见，点击【保存】按钮。然后点击【信息归档】按钮，显示信息归档成功。如图6-6-135、图6-6-136所示。

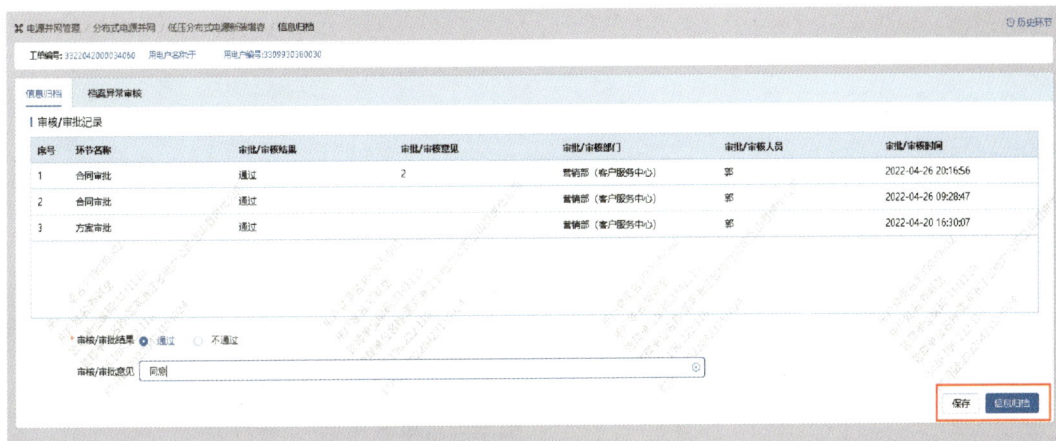

图6-6-135　信息归档

图6-6-136　审核意见

3）点选档案异常审核 tab 页，可进行档案异常审核，点击右下角的【发送】按钮，会弹出提示框，点击【确认】按钮，即可发送工单进入下一环节，如图6-6-137所示。

19. 档案归档

（1）功能说明

档案归档是指资料员使用电脑，核对客户待归档信息和资料，收集并整理纸质报装资料，完成纸质资料归档的工作。

（2）操作说明

1）登录系统，点击"工单管理/待办工单"，填入流程名称、环节名称等信息，单击【查询】按钮，输入工单编号即可查档案归档的工单。如图6-6-138所示。

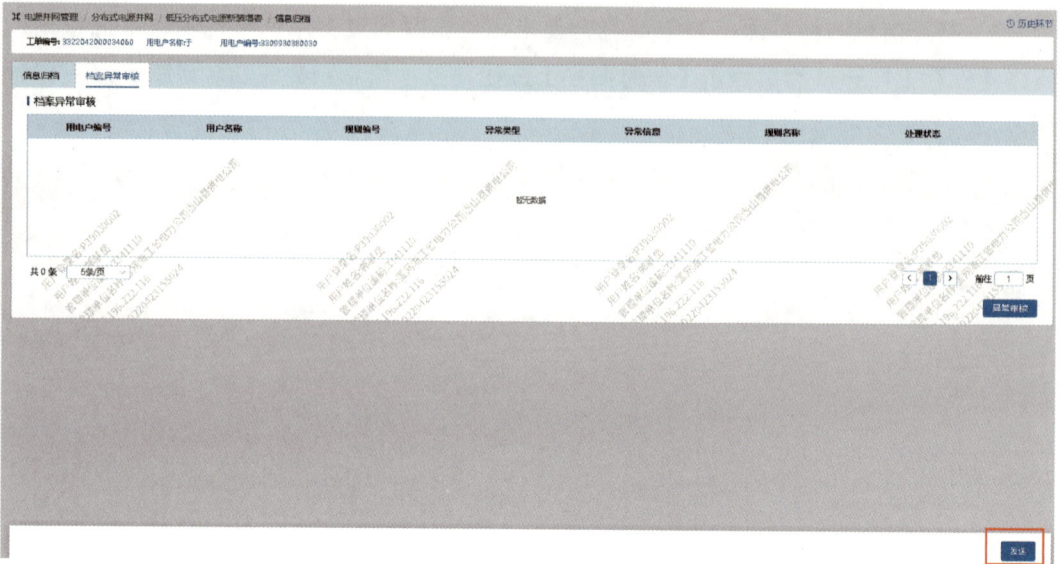

图6-6-137　档案异常审核

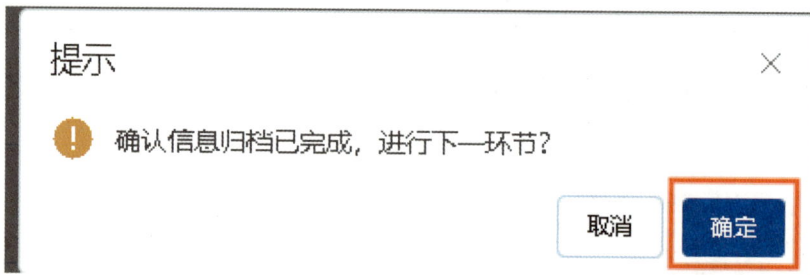

图6-6-138　提示框

图6-6-139　待办工单

2）打开档案归档界面，点选接收审查 tab 页，选择要收集的材料，通过则点击右下角的【审查通过】按钮，还可修改及打印移交单。如图 6-6-140 所示。

图 6-6-140　接收审查

3）点选整理归档 tab 页，首先在右侧档案盒信息处选择要存储的档案盒，没有档案盒的话点击右下角【新建档案盒】，然后在档案信息侧选择要存储的档案，档案盒信息侧选择要存档案储的档案盒，然后点击中间的＞按钮，点击【保存】按钮，如图 6-6-141 所示。

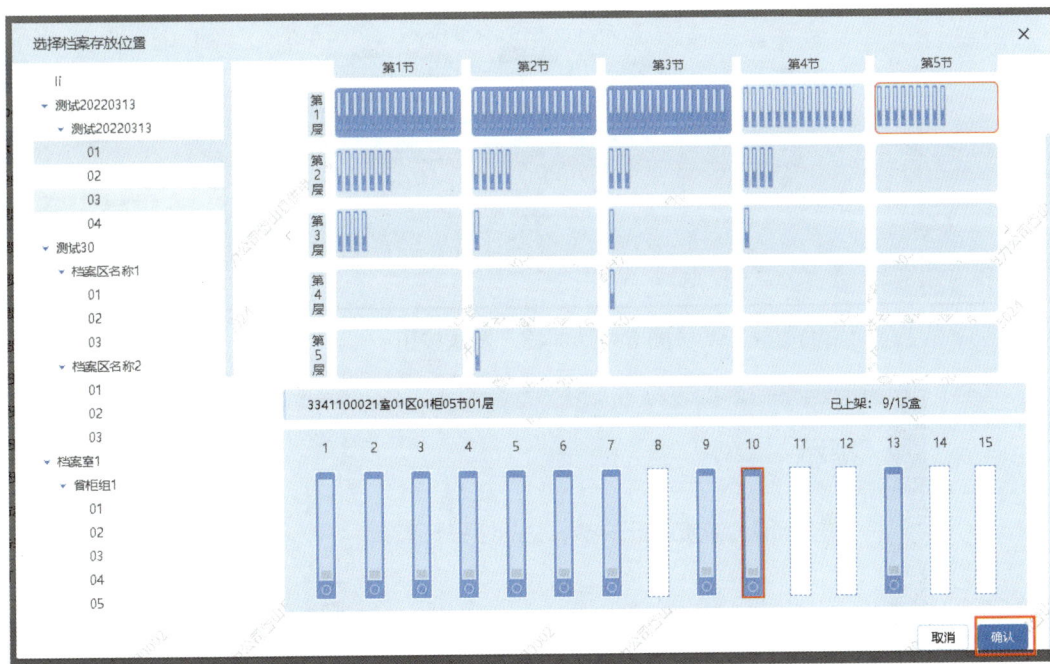

图 6-6-141　新建档案袋

图 6-6-142　档案归档

4）然后点击【发送】按钮，会弹出提示框，点击【确认】按钮，结束流程。如图 6-6-143 所示。

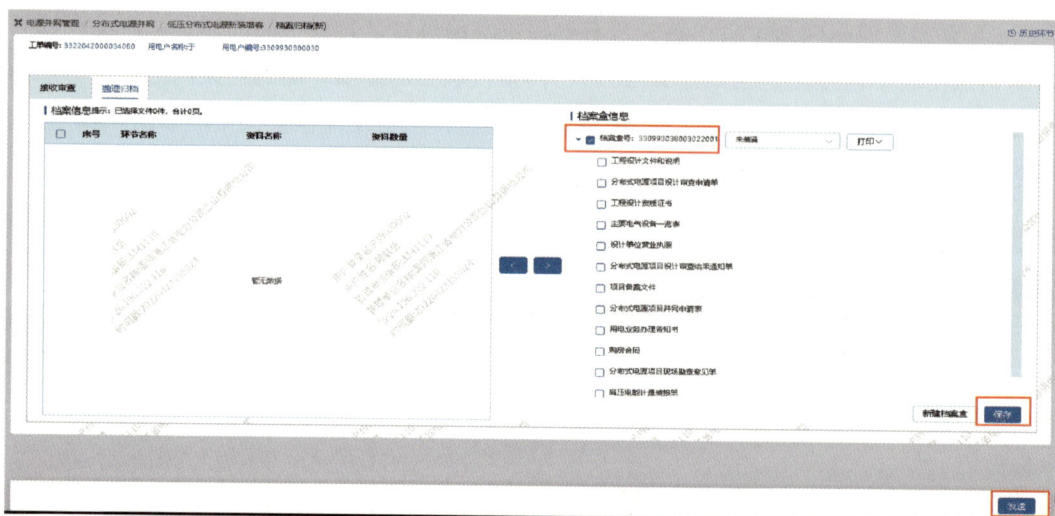

图 6-6-143　发送按钮

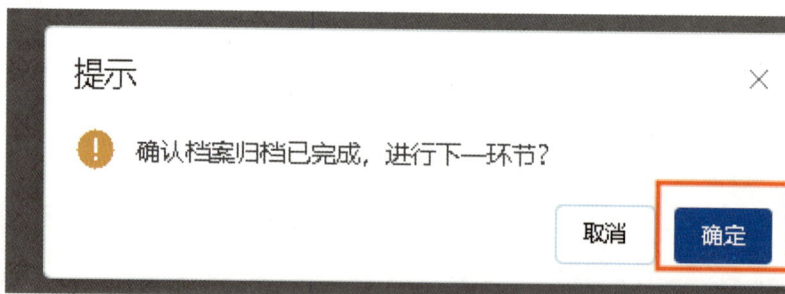

图 6-6-144　提示框

第七节 多 能 服 务

分布式电源对优化能源结构、推动节能减排、实现经济可持续发展具有重要意义。国家电网公司（以下简称公司）认真贯彻落实国家能源发展战略，积极支持分布式电源加快发展，依据《中华人民共和国电力法》《中华人民共和国可再生能源法》等法律法规以及有关规程规定，按照优化并网流程、简化并网手续、提高服务效率原则。

分布式电源，是指位于用户附近，所发电能就地利用，以 10 千伏及以下电压等级接入电网，且单个并网点总装机容量不超过 6 兆瓦的发电项目。包括太阳能、天然气、生物质能、风能、地热能、海洋能、资源综合利用发电等类型。

以 10 千伏以上电压等级接入或以 10 千伏电压等级接入但需升压送出的发电项目，执行国家电网公司常规电源相关管理规定。小水电项目按国家有关规定执行。

公司积极为分布式电源项目接入电网提供便利条件，为接入系统工程建设开辟绿色通道。接入公共电网的分布式电源项目，其接入系统工程（ 通信专网）以及接入引起的公共电网改造部分由公司投资建设。接入用户侧的分布式电源项目，其接入系统工程由项目业主投资建设。

接入引起的公共电网改造部分由公司投资建设（西部地区接入系统工程仍执行国家现行规定）。

分布式电源项目工程设计和施工建设应符合国家相关规定，并网点的电能质量应满足国家和行业相关标准。

建于用户内部场所的分布式电源项目，发电量可以全部上网、全部自用或自发自用余电上网，由用户自行选择，用户不足电量由电网提供。上、下网电量分开结算，电价执行国家相关政策。公司免费提供关口计量装置和发电量计量用电能表。

分布式光伏发电、风电项目不收取系统备用容量费，其他分布式电源项目执行国家有关政策。

公司为享受国家电价补助的分布式电源项目提供补助计量和结算服务，公司收到财政部门拨付补助资金后，及时支付项目业主。

并网服务程序

公司地市或县级客户服务中心为分布式电源项目业主提供接入申请受理服务，协助项目业主填写接入申请表，接收相关支持性文件。

公司为分布式电源项目业主提供接入系统方案制订和咨询服务。接入申请受理后 40 个工作日内（光伏发电项目 25 个工作日内），公司负责将 10 千伏接入项目的接入系统方案确认单、接入电网意见函，或 380 伏接入项目的接入系统方案确认单告知项目业主。项目业主确认后，根据接入电网意见函开展项目核准和工程设计等工作。380 伏接入项目，双方确认的接入系统方案等同于接入电网意见函。

建于用户内部场所且以 10 千伏接入的分布式电源，项目业主在项目核准后、在接入系统工程施工前，将接入系统工程设计相关材料提交客户服务中心，客户服务中心收到材料后出具答复意见并告知项目业主，项目业主根据答复意见开展工程建设等后续工作。

分布式电源项目主体工程和接入系统工程竣工后，客户服务中心受理项目业主并网验收及并网调试申请，接收相关材料。

公司在受理并网验收及并网调试申请后，10 个工作日内完成关口电能计量装置安装服务，并与项目业主（或电力用户）签署购售电合同和并网调度协议。合同和协议内容执行国家电力监管委员会和国家工商行政管理总局相关规定。

公司在关口电能计量装置安装完成、合同和协议签署完毕后，10 个工作日内组织并网验收及并网调试，向项目业主提供验收意见，调试通过后直接转入并网运行。验收标准按国家有关规定执行。若验收不合格，公司向项目业主提出解决方案。

公司在并网申请受理、接入系统方案制订、接入系统工程设计审查、计量装置安装、合同和协议签署、并网验收和并网调试、政府补助计量和结算服务中，不收取任何服务费用；由用户出资建设的分布式电源及其接入系统工程，其设计单位、施工单位及设备材料供应单位由用户自主选择。

咨询服务

国家电网公司为分布式电源并网提供客户服务中心、95598 服务热线、网上营业厅等多种咨询渠道，向项目业主提供并网办理流程说明、相关政策规定解释、并网工作进度查询等服务，接受项目业主投诉。

总则

第一条 可再生能源是指风能、太阳能、水能、生物质能（包括利用自然界的植物、粪便以及城乡有机废物转化成的能源）、地热能、海洋能等非化石能源。

第二条 分布式可再生能源接入电网全流程管理工作主要包括消纳能力研究和发布、并网前期咨询、受理申请与现场勘查、接入系统方案制定与审查、接网工程设计与建设、客户工程设计与建设、并网调试与验收、《接网协议》《并网调度协议》《发用电合同》签订等。

服务原则

第一条 坚持服务为先原则。为促进分布式可再生能源与电网协调发展、同步建设，服务分布式可再生能源发电项目经济可靠送出，保障电力系统安全稳定运行，公司及所属各县供电公司（以下简称"市公司""县公司"）遵循"公开、公平、公正"的原则，优化业务流程，提高工作效率，向发电企业（含授权的筹建机构）、自然人提供规范、优质、高效的并网服务。

第二条 坚持政策导向原则。贯彻落实国家有关政策要求，接入公司配电网的分布式可再生能源发电项目，接网工程优先由公司投资建设，对公司建设有困难或规划建设时序不匹配的接网工程，经充分论证、完全自愿，可以由项目业主投资建设。

第三条 坚持务实高效原则。加强专业协同，公司投资建设的分布式可再生能源发电项目接网工程参照业扩配套电网工程管理流程，为接网工程建设开辟"绿色通道"，优先采用可研初设一体化、物资协议库存模式，优化流程、压缩环节、减少时限，推动分布式可再生能源发电项目本体与接网工程同步建设、同步投产。

第四条 坚持安全发展原则。分布式可再生能源发电项目接入尽量避免向上级电网反送电，不应向 220 千伏及以上电网反送电，通过优化接入方式、加强运行监控等措施，保障电网安全稳定运行。

第五条 整县屋顶分布式光伏接入原则

第六条 贯彻"源网荷储"一体化理念，整县屋顶分布式光伏规模化开发按照"就地就近消纳、集中开发汇集"为主的路径实施，统筹考虑区域电网消纳能力、设备承载力、电网结构等因素，确定项目最优接入方案，降低分布式光伏接入对电网运行安全的影响。

第七条 市、县公司应积极配合地方政府及开发企业开展资源普查、编制可再生能源发展规划及整县屋顶分布式光伏开发试点建设方案，应用"新能源云""网上国网""能源大数据中心"等信息化平台，引导地方政府及开发企业合理确定开发区域、建设规模、投产时序，并与电网消纳能力及设备承载能力相匹配。

第八条 加强整县屋顶分布式光伏发电项目与接网工程的衔接，根据项目建设进展，制定细化到网格的配套电网建设方案，确保接网工程与整县屋顶分布式光伏发电项目同步建成投产。

第九条 推动整县开发按照"光伏＋储能"方式推进，应以不出现长时间大规模反送、不增加系统调峰负担为原则，综合考虑开发规模、负荷特性等因素，按照不低于装机容量15%、时长 2 小时配置或租赁储能设施，减少对其他灵活调节类电源的依赖。当电网消纳能力不足时，应提高储能配置标准。储能配置要求参照国家、省及地方政府最新要求实时调整。

第十条 整县分布式光伏优先选用"集中汇流、升压并网、配套储能"接网方案，逆变器、断路器等涉网设备技术参数、公共连接点处的电能质量应满足国家、行业标准要求，并配置必要的信息采集、远程控制等设备，能够将运行信息实时上传至地区电力调度机构及配电自动化、用电信息采集等系统，具备接收、执行地区电力调度机构指令进行功率控制、电压调整等功能，基于数据中台开展监测数据共享共用，实现项目安全接入与可观可测可调可控。

一、消纳能力研究和发布

每月 6 日前市公司营销部门通过供电营业场所、互联网渠道等线上线下方式公开发布区域电网消纳能力及设备可开放容量,对外公布上月全市各区域新增并网和当年累计并网的分布式可再生能源装机规模。当截至上月底当年累计出具并网消纳意见的装机规模超过电网消纳能力时,当月不再答复电网消纳意见,暂缓受理分布式可再生能源发电项目并网申请。

二、并网前期咨询

第一条 在可再生能源年度消纳规模及可开放容量范围内,对于需要出具接网和消纳支持性文件的分布式可再生能源发电项目,市、县公司营销部门负责受理分布式可再生能源消纳支持性文件咨询申请(附件2、附件3),在申请受理后"一口对外"向用户答复电网同意消纳的意见(附件4),并将咨询申请和答复资料存档并传递市、县公司发展部、运检部、调控中心。工作时限:不超过2个工作日。

第二条 分布(散)式风电项目并网正式受理前,应纳入政府分布(散)式风电规划,取得行政审批部门核准文件。

三、受理申请与现场勘查

第一条 市、县公司营销部门负责受理分布式可再生能源发电项目业主并网申请,提供营业厅、政务服务大厅、"网上国网"App等多种并网申请渠道,并做好95598热线电话和"网上国网"App受理业务的支撑。市、县公司营销部门受理客户并网申请时,应主动提供并网咨询服务,履行"一次性告知"义务,推广线上受理、客户档案电子化,接收、查验并网申请资料,协助客户填写并网申请表,相关资料当日录入营销业务应用系统,严禁系统外流转。并网申请资料完整性、规范性符合相关要求的,应出具受理通知书;不符合相关要求的,出具不予受理的书面凭证,并告知其原因;需要补充相关材料的,应一次性书面告知。工作时限:不超过2个工作日。

第二条 10千伏及380伏多点并网的分布式可再生能源发电项目,由市、县公司营销部组织市、县公司发展部、运检部、供服中心、供电中心(供电所)、经研所等部门(单位)开展现场勘查,填写现场勘查工作单(附件6);380(220)伏单点并网的分布式可再生能源发电项目,由市、县公司营销部门组织市公司供电中心、县公司供电所(城区供电中心)进行现场勘查,填写现场勘查工作单(附件6)。工作时限:不超过2个工作日。

四、接入系统方案制定与审查

第一条 对于380(220)伏单点并网的分布式电源发电项目,市公司经研所根据本地实际情况编制典型接入系统方案模板,市、县公司营销部门组织市供电中心、县公司供电所(城区供电中心)在现场勘查阶段,根据典型接入系统方案模板,与客户共同确定接入系统方案。对于 10 千伏及 380 伏多点并网的分布式电源发电项目，由市公司经研所免费编制接入系统方案。方案内容深度应符合相关标准、技术规范要求。工作时限：不超过 30 个工作日（其中分布式光伏发电单点并网项目不超过 10 个工作日，多点并网项目不超过 20 个工作日）。

第二条　对于 10 千伏并网的分布式可再生能源发电项目，根据部门职责，市、县公司发展部负责组织运检部、营销部、调控中心等相关部门评审接入系统方案，印发接入系统批复，并转至市、县公司运检部、营销部、调控中心等部门。工作时限：不超过 5 个工作日。

第三条　对于 380 伏多点并网的分布式可再生能源发电项目，市、县公司营销部负责组织相关部门评审接入系统方案，出具评审意见转至市、县公司运检部，并及时出具接入系统方案确认单。工作时限：不超过 5 个工作日。

第四条　对于 380（220）伏单点并网的分布式可再生能源发电项目，市、县公司营销部门组织市公司供电中心、县公司供电所（城区供电中心）在现场勘查阶段，根据典型接入系统方案模板，与客户共同确定接入系统方案，接入系统方案确认单（附件 7）由客户签字确认。营销部按月统计确认单，抄送本单位发展部、运检部、调控中心等部门。工作时限：不超过 2 个工作日。

第五条　市、县公司营销部负责将 10 千伏分布式可再生能源发电项目接入系统批复文件、380 伏多点并网的分布式可再生能源发电项目接入系统方案确认单告知项目业主。项目业主根据接入系统方案开展工程设计等工作。工作时限：不超过 2 个工作日。

第六条　市公司供电中心、县公司为辖区内自然人分布式光伏发电项目提供项目备案服务。对于自然人利用自有住宅及其住宅区域内建设的分布式光伏发电项目，由市公司供电中心、县公司每月定期（不少于 3 次）汇总备案材料后集中向当地行政审批部门报送备案。

五、接网工程设计与建设

第一条　对于公司投资建设 10 千伏接网工程的分布式可再生能源发电项目，接入系统批复文件印发后，市公司运检部牵头，发展部配合，应用可研初设一体化框架招标结果，组织各县公司、中标单位签订可研初设一体化合同。接网工程可研初设一体化合同签订后，市公司运检部牵头，发展部参与，项目业主配合，组织中标单位开展可研初设一体化方案编制工作。工作时限：不超过 8 个工作日。

第二条　10 千伏接网工程可研初设一体化方案编制完成后，市公司运检部牵头，发展部参与，组织经研所开展可研初设一体化评审，市、县公司相关部门根据职责分工参与评审。评审通过后，市公司经研所印发可研初设一体化评审意见。可研初设一体化评审意见是分布式可再生能源接网工程施工方案的主要依据。中标单位修改可研初设一体化报告的时间不计入评审工作时限。工作时限：不超过 7 个工作日。

第三条 电源项目完成备案（核准）、10 千伏接网工程完成可研初设一体化评审后，市公司发展部会同营销部在 ERP 系统生成单体项目，市、县公司运检部门 15 个工作日内与项目业主签订《接网协议》。《接网协议》应考虑电源本体和接入工程的依法合规建设和合理工期，内容包括电源项目本期规模、开工时间、投产时间、接网工程投产时间、产权分界点、并网点电能质量限值要求及控制措施、违约责任及赔偿标准等内容。电力电量计量点等内容在《发用电合同》中具体明确。

第四条 对于公司投资建设 380（220）伏接网工程的分布式可再生能源发电项目，接入系统方案确认单印发后，市、县公司运检部可依据接入系统方案直接组织开展工程建设。

第五条 10 千伏接网工程可研和初设，分别由市公司发展部、运检部根据职责分工，年底统一印发批复文件，报政府部门核准。380（220）伏接网工程以及只涉及低压台区、新增柱上开关设备（含跌落式熔断器）、高压互感器的 10 千伏接网工程，原则上每季度汇总编制一次可研初设一体化报告，由市公司经研所印发评审意见，报发展部、运检部、营销部备案，年底统一印发批复文件，报政府部门核准。

第六条 接网工程建设所需的物资，实施定额储备，公司统一制定发布定额储备物资目录，市公司在目录范围内，充分考虑周转利用频率及仓储规模，制定本单位物资储备定额（最高库存和安全库存），经公司营销部、设备部批准后执行。

第七条 接网工程 ERP 系统建项完成后，市、县公司运检部在 1 个工作日内完成物资需求计划提报，并优先选用库存储备物资，库存储备物资在提报需求后，3 个工作日内办理出库手续。库存储备物资不足时及时提报协议库存需求计划，省物资公司及时完成匹配，市公司物资部门及时完成物资供应。紧急项目实施先领料后立项的管理模式。

第八条 接网工程 ERP 系统建项完成后，市、县公司运检部按照公司配网基建工程建设管理程序组织实施，并负责工程实施过程中相关手续办理等工作。因客户原因造成工程无法实施的，由市公司营销部确认后，组织相关部门合理调配项目计划和工程物资。市公司发展部负责按月对业扩配套电网基建项目包资金使用情况进行评价分析，报公司发展部备案。

第九条 分布式可再生能源发电项目接网工程参照业扩配套电网工程实行建设限时机制，工程在取得建设工程规划许可证等相关行政审批后，10 千伏、380（220）伏工程分别于 20 个（有土建工程的 30 个）和 5 个工作日内建设完成，确保与分布式可再生能源发电项目本体工程同步实施、同步送电。

六、客户工程设计与建设

第一条 对于分布式可再生能源发电项目本体及由客户投资建设的接网工程,项目业主委托具备资质的设计单位，按照答复的接入系统方案开展客户工程设计。

第二条　市、县公司营销部门负责受理客户工程设计审查申请，接收并查验客户提交的设计文件（附件8）。对于资料不齐全等不具备受理条件的，出具不予受理的书面回复，并告知原因。工作时限：不超过2个工作日。

第三条　对于10千伏及380伏多点并网的分布式可再生能源发电项目客户工程设计，由市、县公司营销部负责组织发展部、运检部、调控中心、供电服务指挥中心、互联网部、供电中心（供电所）等部门，依照国家、行业标准以及批复的接入系统方案对设计文件进行审查，出具审查意见（附件9）并告知项目业主，项目业主根据答复意见开展接入系统工程建设等后续工作。对于380伏单点并网项目，无需开展客户工程设计文件审查。工作时限：不超过7个工作日。

第四条　因客户自身原因需要变更设计的，应将变更后的设计文件提交至市、县公司营销部，审查通过后方可实施。

第五条　客户工程的设计单位、施工单位及设备材料供应单位由项目业主自主选择。承揽客户工程的施工单位应具备政府主管部门颁发的相应资质的承装（修、试）电力设施许可证，设备选型应符合国家与行业安全、节能、环保、技术要求和标准。逆变器等涉网设备（装置），技术参数性能应符合《国家能源局宁夏监管办公室宁夏自治区能源局关于切实做好分布式光伏并网运行工作的通知》规定的相关标准。

七、并网调试与验收

第一条　市、县公司营销部负责受理项目业主并网调试及验收申请，协助项目业主填写并网调试及验收申请表（附件10），接收、审验、存档相关材料（附件11），10千伏项目资料由市、县公司营销部报市、县公司调控中心。工作时限：不超过2个工作日。

第二条　对于10千伏并网项目，由市、县公司调控部门负责组织相关部门开展项目并网调试及验收工作，出具并网验收意见（附件12）。对于380伏多点并网项目，由市、县公司营销部门负责组织相关部门及单位（供电中心、供电所）开展项目并网调试及验收工作，出具并网验收意见（附件12）。对于380（220）伏单点并网项目，由市、县公司营销部门组织属地管理单位（供电中心、供电所）开展项目并网调试及验收工作。并网容量以现场安装的发电组件的峰瓦容量为判定依据。

第三条　并网验收时，市、县公司调控、营销、运检部门分别根据职责分工，对并网逆变器等涉网设备（装置）进行验收，对项目信息采集、远程控制技术条件等情况进行确认，确保满足电网安全稳定控制要求。不满足并网安全条件的，要向项目业主一次性提出整改意见。

第四条　市、县公司营销部门负责按照公司统一格式合同文本起草、签订《发用电合同》，其中，对发电项目业主与电力用户为同一法人的，与项目业主（即电力用户）签订发用电合同；对于发电项目业主与电力用户为不同法人的，与电力用户、项目业主签订三方发用电合同。协议或合同中要约定电网企业和项目业主保障电网运行安全的责任与义务。

第五条 10千伏并网分布式可再生能源发电项目通过验收正式并网前，市、县公司调控部门负责起草、签订分布式电源项目《并网调度协议》，并审阅相关资料（附件13）。装机总容量超过400千瓦的380伏多点并网分布式可再生能源发电项目应签订《并网调度协议》，其他分布式可再生能源发电项目可不签订《并网调度协议》。

第六条 市、县公司营销部负责电能计量装置的安装工作，电能计量装置配置应符合DL/T448《电能计量装置技术管理规程》的要求。

第七条 并网调试与验收总时限不超过8个工作日。

八、其他要求

第一条 10千伏接入系统方案批复文件有效期1年，380（220）伏接入系统方案批复及确认单有效期3个月。项目在有效期内不能开工建设的，应在文件有效期届满30日前，由项目业主向市、县公司营销部提出延期申请。市、县公司根据职责分工进行接入系统批复。接入系统方案批复只能延期一次，10千伏接入系统方案批复文件期限最长不得超过1年，380（220）伏接入系统方案批复及确认单最长不超过3个月。有效期内未开工建设也未申请延期的，或虽提出延期申请但未获批复的，接入系统批复文件自到期时起失效。

第二条 接入系统方案批复后，因建设条件发生变化，确需对接入系统方案进行调整变更的，方案编制单位应重新编制接入系统设计报告，市、县公司根据职责分工进行评审、批复。

第三条 市、县公司调控中心按月汇总统计全市10千伏分布式可再生能源发电项目并网容量及并网点信息（应至少包含并网点所在10千伏主线、分支线），并抄送本单位发展部、运检部、营销部；市、县公司营销部按月汇总统计全市已出具消纳意见的分布式可再生能源发电项目装机规模，按月汇总统计全市380（220）伏分布式可再生能源发电项目并网容量及并网点信息（应至少包含用户户号、逆变器型号数量、项目经纬度、是否扶贫项目、并网点所在配变、分支线、10千伏主干线），并通过信息系统推送本单位发展部、运检部、调控中心。

第四条 各单位要严把验收质量关，2022年4月1日起，并网逆变器等核心涉网设备，需提供具备资质的第三方检测机构出具的技术性能检测报告，检测报告应满足《国家能源局监管办公室能源局关于切实做好分布式光伏并网运行工作的通知》要求。检测工作也可由电科院按照厂家设备类型及品牌型号免费进行。各单位要将政策要求对项目业主主动告知到位。

第五条 分布式可再生能源发电项目接入电网工作情况纳入公司考核管理。公司按照定期检查与不定期督导相结合的原则，对市、县公司分布式可再生能源发电项目接入电网工作进行检查和考核，持续优化提升并网服务水平。

参 考 文 献

1. Q/GDW 1591—2014　电动汽车非车载充电机检验技术规范

2. Q/GDW 1592—2014　电动汽车交流充电桩检验技术规范

3. Q/CSG 11516.8—2010　电动汽车充电站及充电桩验收规范

4. GB/T 18487.1—2015　电动汽车传导充电系统　第 1 部分　通用要求

5. GB/T 20234.1—2015　电动汽车传导充电用连接装置　第 1 部分　通用要求

6. GB/T 20234.2—2015　电动汽车传导充电用连接装置　第 2 部分　交流充电接口

7. GB/T 20234.3—2015　电动汽车传导充电用连接装置　第 3 部分　直流充电接口

8. GB/T 27930—2015　电动汽车非车载传导式充电机与电池管理系统之间的通信协议

9. NB/T 33001—2010　电动汽车非车载传导式充电机技术条件

10. NB/T 33002—2010　电动汽车交流充电桩技术条件

11. NB/T 33008.1—2013　电动汽车充电设备检验试验规范　第 1 部分：非车载充电机

12. NB/T 33008.2—2013　电动汽车充电设备检验试验规范　第 2 部分：交流充电桩

13. GB/T 27930—2011　电动汽车非车载传导式充电机与电池管理系统之间的通信协议

14. 国家电网《分布式电源接入配电网运行控制规范》

15. 国家电网《关于做好分布式电源并网服务工作的意见》

16. GB/T 29321　光伏发电站无功补偿技术规范

17. GB/T 32512　光伏发电站防雷技术要求

18. GB/T 33342　户用分布式光伏发电并网接口技术规范

19. GB/T 33599　光伏发电站并网运行控制规范

20. GB/T 35694　光伏发电站安全规程

21. GB/T 36963　光伏建筑一体化系统防雷技术规范

22. GB/T 37408　光伏发电并网逆变器技术要求

23. GB/T 36963　光伏建筑一体化系统防雷技术规范

24. GB/T 37408　光伏发电并网逆变器技术要求

25. 营销 2.0 操作手册